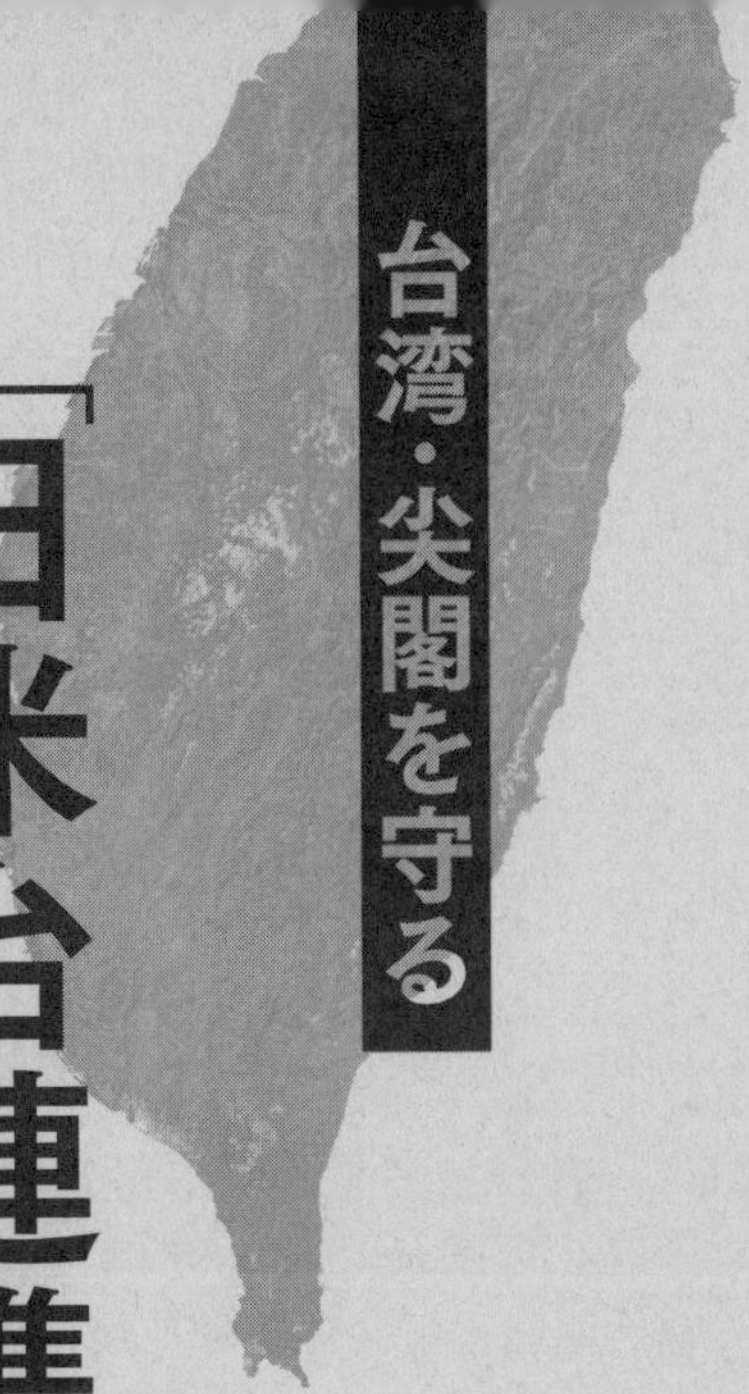

台湾・尖閣を守る

「日米台連携メカニズム」の構築

小川清史
小野田治
邱　伯浩
髙井　晉
樋口譲次
矢野一樹
矢野義昭

日本安全保障戦略研究所　編著

国書刊行会

台湾・尖閣を守る
「日米台連携メカニズム」の構築

台湾に危機が迫っている

このことは、多くの心ある日本人がマスコミ報道等を通じて感じていることであろう。そして、「真の友人」である台湾の人達の危機を懸念し、何とか支援することが出来ないかと思い悩んでいる人も多いであろう。お互いに信頼する真の友人の危機に駆け付けたいという正義感、義侠心は日本人の心の中に育まれてきた美徳であり、その気持ちは大切にする必要がある。

しかし、今まさに起こりつつある台湾危機は、隣人が直面してる対岸の危機ではない。われわれ日本人自身にも迫っている危機なのである。

第２次世界大戦後、国民党軍を台湾に追いやり、中国大陸を支配下に置いた中国共産党が打ち立てた中華人民共和国（中共）は、共産党の一党独裁体制下で着々と国力を蓄え、建国から70年を越えた今日、世界第２位の経済大国、軍事大国となり、米国に対抗して世界の覇者を目指す行動に出ている。その矛先が今まさに太平洋に向いており、いわゆる第１列島線とよばれる日本の尖閣諸島を焦点とする南西地方〜台湾〜フィリピンを結ぶラインが覇権を狙う中国にとって喉から手が出るほど欲しい要衝となっている。

この日本と台湾に差し迫っている危機に、日本はどう立ち向かえば良いのであろうか。

本書は、そうした疑問に応えるために、日本安全保障戦略研究所の調査研究成果の一端をまとめたものである。

はじめに

習近平体制による覇権主義的な現状変更の動きは、中国の夢である「中華民族の偉大な復興」を目指しており、止まるところを知らない。東シナ海における中国の海洋侵出のターゲットは、尖閣諸島と共に台湾であり、中国は、世界第2位の経済力を背景に急速に増強した軍事力によって、これらのターゲットの支配を目指していると強く懸念されている。その先には、米国の軍事プレゼンスを西太平洋から排除して、東アジアに中国の地域覇権を確立するという目標が見え隠れする。

米インド太平洋軍のフィリップ・デービッドソン司令官（海軍大将）は、２０２１年3月9日、上院軍事委員会の公聴会において、急速に軍事力を増強する中国が今後6年で台湾に侵攻する恐れがあるとの認識を示し、中国が「国際秩序における米国の指導的役割」に取って代わろうとしているとの危機感をあらわにし、日本などの同盟国や友好国との連携を深めて対抗する姿勢を示した。この認識は、２０２７年が中国人民解放軍創設１００周年であり、２０２８年が習近平政権の3期目の最終年に当たるため、習近平が外交的成果をアピールする場となることを警戒したのであろう。

さらに、同年3月23日、バイデン大統領が米インド太平洋軍司令官に指名したジョン・アキリーノ太平洋艦隊司令官（海軍大将）は、人事承認に向けた上院軍事委員会の公聴会で、中国による台湾侵攻の脅威は深刻であり多くの人が理解しているよりも差し迫っている、と証言した。同大将は、日米同盟は「インド太平洋の礎だ」とし、中国や北朝鮮の脅威に対抗するため安全保障分野で日本の能力向上を求めた。そして急速に軍備を拡大する中国による台湾軍事侵攻の可能性が「最大の懸念だ」と指摘し、日本など同盟・友好国と連携して牽制する必要があると訴えた。

このような東アジアにおける安全保障環境の下、菅首相とバイデン大統領は、2021年4月16日、就任以来初の首脳会談を行った。日米両国は、東シナ海と台湾に対して中国が覇権主義的な行動を繰り返していることに懸念を表明し、日米同盟の強化を急ぐことを内容とする共同声明を発表した。日米両国は、同声明で①台湾海峡の平和と安定の重要性に鑑み、両岸問題の平和的解決を促すこと、②日米安保条約第5条が尖閣諸島へ適用されることに合意した。

同声明は、日米両国が台湾海峡の平和と安定の重要性を強調し、中台間の武力衝突を回避して平和的解決を目指すとしているが、中国をいたずらに刺激しないよう慎重に「両岸関係」の文言を使用している。日米共同声明に台湾問題が書き込まれたのは、日米両国が中国を承認する以前の1969年の佐藤首相とニクソン大統領の会談以来であった。現在は中国を承認している日米両国がこの中台問題に触れたのは、台湾の危機的状態が深刻であることの証左であり、日本は、これまで中国との対決姿勢を見せていなかったが、外交・安全保障政策を転換したことを内外に宣明したといって過言ではない。

菅義偉首相は16日午後、米戦略国際問題研究所（ＣＳＩＳ）主催のオンライン講演会でこの日の日米首脳会談で最大の焦点だった中国について、「東シナ海、南シナ海などで一方的な現状変更の試みを継続している」と指摘した上で、「主権に関する事項、民主主義、法の支配などの普遍的価値について、譲歩する考えはない」と強調した。

本書は、一般社団法人日本安全保障戦略研究所（ＳＳＲＩ）の有志研究員が執筆したものであるが、ＳＳＲＩは、数年前から中国の海洋侵出を阻止する研究に従事しており、取り分け尖閣諸島を含む南西諸島防衛戦略に焦点を当ててきた。この研究の結論は、中国の覇権主義的な侵出に対して日本と台湾は運命共同体であり、日台両国は、米国の軍事的な支援を得て、一体となってこれに対抗しなければならないということであった。同研究の一部は『中国の海洋侵出を抑え込む　日本の対中防衛戦略』として国書刊行会から出版されている。

本書は、日米首脳会談が台湾海峡の平和と安定の重要性、及び尖閣諸島問題に言及していることに鑑み、ＳＳＲＩの研究者がこれまでの研究成果を踏まえ、専門家としての学識を傾注して緊急に取りまとめた成果である。最新の情報と資料に基づいて本書で明らかにされた分析結果が、日本の安全保障問題そして東シナ海やインド太平洋地域の安全保障問題の研究者、並びに台湾の将来に関心を有する一般読者に対して、貴重な参考資料となることを期待したい。

なお、参考にした各種資料における用語の混乱に鑑み、本書における用語の使用法は、原則として以下の通りとなっている。すなわち、日中戦争以降の中国と台湾の呼称について、日中戦争からサンフランシスコ講和条約（1951年9月）までは、中華民国及び同政府は国府、そして中華人民共和国は中共の用語を使用し、サンフランシスコ講和条約以降から日中国交正常化（1978年12月）までは、中華民国及び中華人民共和国の用語を使用している。さらに、日中国交正常化以後は、中華人民共和国を中国と表現し、中華民国は台湾の用語を使用しており、地理的な台湾を示す場合は、台湾の用語が使用されている。

本書が、新たな東アジアの安全保障問題を広く理解するために、そして「台湾が危ない、日本も危ない」という問いかけに、的確な見通しを得ることができる1冊となれば、執筆者一同の望外な幸せである。

最後に、本書の上梓に当たっては、日本安全保障戦略研究所の冨田稔上席研究員がすべての章を読み通し、洞察に満ちた助言を頂いた。ここに改めて謝意を表する次第である。

世田谷区大原のSSRIセミナールームにて　執筆者一同

目次

第１部　日台運命共同体
——日本と台湾の交流の歴史

第１部においては、運命共同体とも言える日本と台湾の関係について概観する。まず第１章で、日台関係がいかに緊密な関係にあるか、何故そう言えるのかを、次いで第２章で、現在の緊密な関係に至った日台交流の歴史的経緯をそれぞれ概説し、第３章で台湾防衛の意義と今後の日台関係について考察する。

第1章 日台の「歴史と友情の絆」が紡いだ「本当の友人の関係」

1 日本人と台湾人は相思相愛

日本人がアジアで最も親しみを感じる国は「台湾」である。台湾人が最も好きな国は「日本」であり、いわば「最大の親日国」である。

台北駐日経済文化代表処（在日台湾大使館に相当）は、一般社団法人中央調査社に委託し、2020年11月14～26日、日本人の台湾に対する意識調査を行った。その結果、77・6％の人が台湾に「親しみを感じる」と答え、アジア地域の中で、最も親しみを感じるのは「台湾」と答えた人が49・2％と最も多く、次いで「韓国」が17・1％、「シンガポール」が13・1％、「タイ」が10・

もっとも親しみを感じるアジアの国・地域

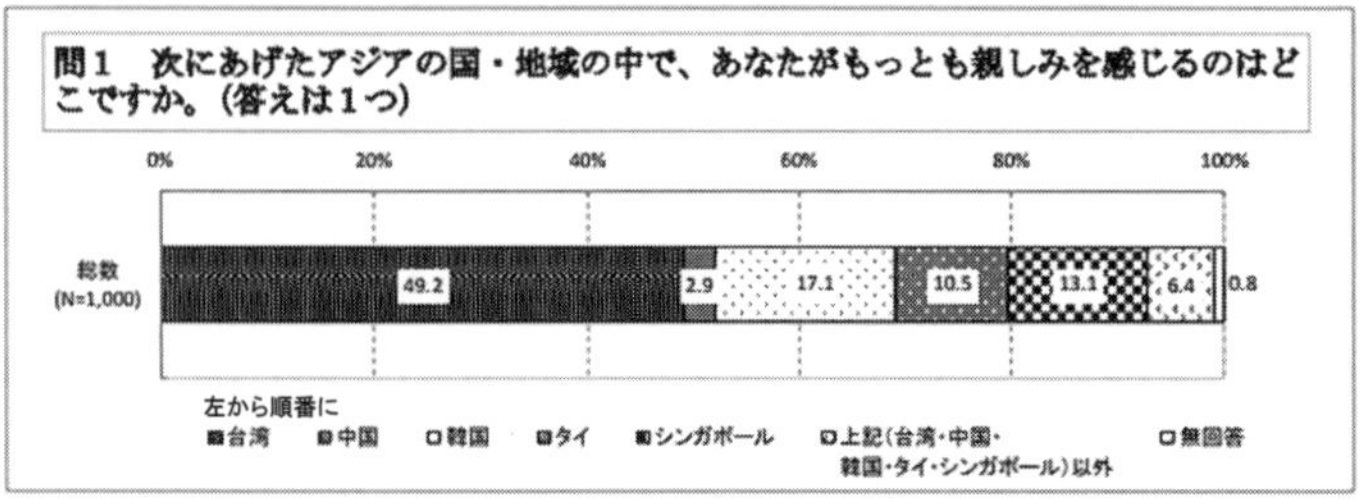

＜出典＞「台湾に対する意識調査報告書」（一般社団法人中央調査社、2020 年 12 月）

5％、「中国」が2・9％の順となった。その理由としては、「台湾人が親切、友好的」が最も多く、次いで「歴史的に交流が長い」、「日本語を話せる台湾人が多い」と続いた。性別にみると、「台湾」と答えたのは男性で56・4％、女性で42・4％となっており、男性のほうが女性より親しみを感じている割合が高い。

他方、公益財団法人日本台湾交流協会（在台湾日本大使館に相当）は、民間調査機関に委託して台湾で2018年度の世論調査を実施した。それによると、「台湾を除き、あなたの最も好きな国（地域）はどこですか」との質問に、「日本」と答えた人が59％で、2位以下の中国（8％）、米国（4％）を大きく引き離した。「日本が最も好きな国」との回答は過去最高だった2015年度調査の56％を上回った。

同世論調査によると、年齢層別では30代の70％、20代の66％が「日本が最も好きな国」とし、日本の関心がある分野として観光が80％、食文化が68％、日本人の精神・哲学が56％と続いた。

日本人も台湾人も、現在の日台関係について、「良好」、「信頼できる」と高く評価し、将来についても「発展する」との期待を

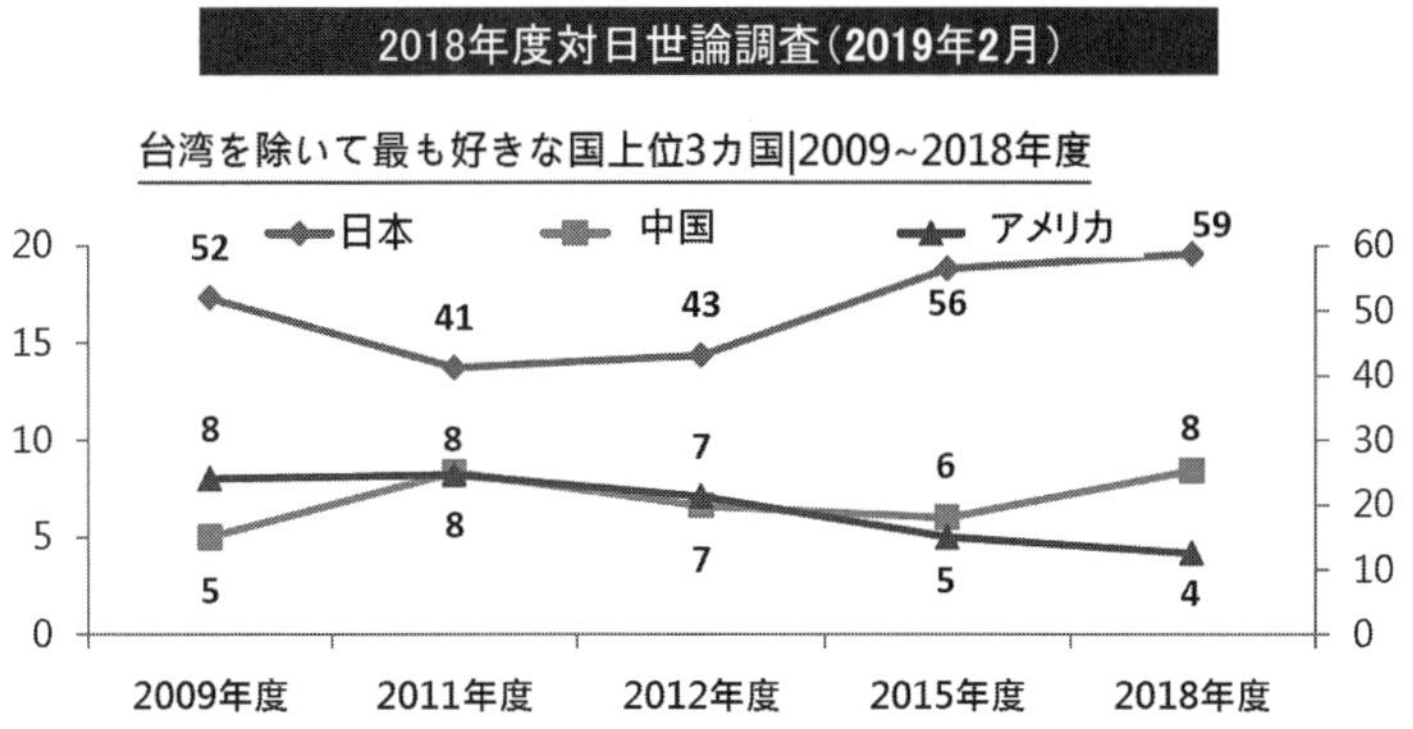

＜出典＞「2018年度対日世論調査」（公益財団法人日本台湾交流協会が台湾で実施）

共有しており、まさに相思相愛の関係にあると言ってもおかしくない。

2　地理的に近く深い関係の日本と台湾

台湾に最も近い日本領土は、日本最西端に位置する沖縄県の与那国島である。東京からは２０００㎞以上、沖縄本島からは約５２０㎞離れている。与那国島は、台湾と約１１０㎞しか離れておらず、むしろ台湾に近い。与那国島は、「国境の島」でもあり、２０１６年３月に陸上自衛隊与那国駐屯地が開設され、与那国沿岸監視隊を配備して中国の海洋侵出に備えている。

また、東シナ海に位置する尖閣諸島も「国境の島」であり、いま、中国の侵略的行動の脅威に曝されており、その防衛警備は日本の安全保障上の最大の焦点となっている。同諸島は五つの無人島と三つの岩礁で構成され、最も大き

日本の国境離島：尖閣諸島と与那国島

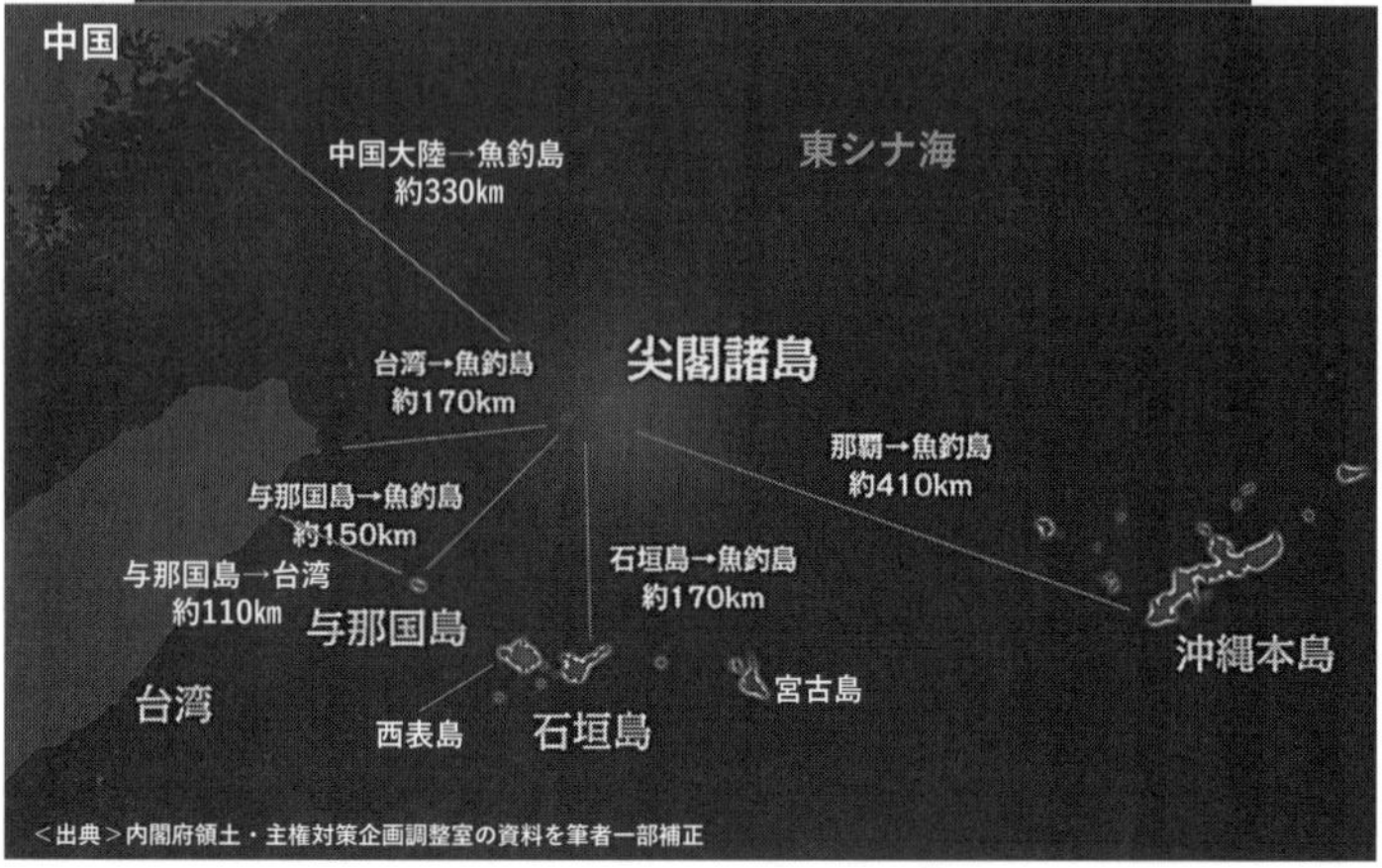

＜出典＞内閣府領土・主権対策企画調整室の資料を筆者一部補正

いのが魚釣島である。魚釣島は、沖縄本島から約４１０㎞、石垣島の北方約１７０㎞、与那国島から約１５０㎞の距離に在る。台湾からは約１７０㎞しか離れておらず、中国（約３３０㎞）よりも台湾に近い。

与那国島は、宮古島や石垣島（尖閣諸島を含む）、西表島などとともに、琉球諸島の中でも先島諸島と呼ばれ、これらの島を通じて日本と台湾は地理的にほぼ繋がっている。

先島諸島には、古くから台湾と経済や文化などで多様かつ深い相互交流の歴史がある。また、１８９５年に日本が台湾の統治を始めて以降、台湾の漁民は沖縄の漁民とともに尖閣諸島の周辺海域で操業して来た歴史がある。戦後、尖閣諸島が米国の施政権下に置かれていた時代にも台湾の漁民は自由に操業できた。

しかし、１９７２年の沖縄返還とともに尖閣諸島の施政権が日本に返還され、台湾人の操業に対して日本による取締まりが強化されたことから、日台間で尖閣諸島の領有権や漁業権の問題が浮上し、一時日台関係がぎくしゃくした。

「尖閣は日本の領土」と明言した李登輝元総統も、「戦前、尖閣周辺海域の管理は（日本の地方政府だった）台北州が行っていた。戦後、台湾と日本が別々になった際、（日本国民として操業してきた）台湾漁民の漁業権の問題をきちんと処理すべきだった」（括弧は筆者）と指摘し、この漁場を台湾の漁民に利用させるべきだと訴えた。

２０１２年９月の尖閣諸島国有地化後、日本と中国との対立が激化する中、台湾の漁船団約60隻が尖閣諸島周辺の領海に侵入し、「台湾は親日的」と思ってきた日本人に衝撃を与えた。台湾には、中国側から尖閣諸島（台湾名は「釣魚台列嶼」、中国名は「釣魚群島」）を巡る共闘の呼び掛けがあったが、それを拒否し、結局、台湾は、２０１３年４月に領有権問題を棚上げし、漁業権問題を解決する日台民間漁業取決めに調印した。この取決めにより、台湾の漁船が、尖閣諸島周辺の日本の排他的経済水域（ＥＥＺ）内でも操業できることになり、その後も、台湾には領有権を主張する少数派が存在するが、問題は沈静化しつつある。

沖縄県八重山郡与那国町は、台湾の花蓮市と姉妹都市を締結し、今や40周年を迎えようとしている。また、石垣市も行政や民間交流の取組みの一環として台湾へ駐在員を派遣している。与那国島と花蓮間ではフライトチャーター便が運航され、スタークルーズ船で台湾からの観光客も着実に増えている。２０２１年度に与那国島と台湾を高速船で結ぶ事業の社会実験が開始される予定で、数年かけてボーダーツーリズム（国境旅行）を実現させようという試みが始まる。

今後、日台間のこれらの動きを繋ぎ合わせ、沖縄県と台湾東北部とが国境を跨いだミニ自由貿易圏（free trade zone）を形成すれば、それを起爆剤に、アジア地域に最も近く位置するという地の利を活かし、中国大陸や東南アジアとの架け橋として、経済、観光、文化、レジャー・スポーツなどの分野で更にダイナミックな発展を期待することが出来るだろう。

3　半世紀の歴史を共有した日本と台湾

日台関係の歴史では、17世紀後半の中国が明帝国から清帝国に代った時代に、「反清復明」を掲げて立ち上がった日本人の母を持つ鄭成功《ていせいこう》が、当時台湾を支配していたオランダの東インド会社を駆逐した話が有名である。この話は、日本でも「国姓爺合戦」として人形浄瑠璃や歌舞伎で演じられてきており日本人に親しみを与えている。

日台関係が現在のような親密な関係になったのは、日清戦争後の下関条約（1895年）によって、合法的に日本が台湾の領有権を持つようになってから、先の大戦終了（1945年）までの半世紀にわたる歴史があったからに他ならない。

この半世紀の間、日本と台湾は一体となって、台湾の産業基盤・インフラの整備、教育制度の整備、地租制度の改革など、台湾発展の基礎を築いてきたことが、現在の日台相互の信頼関係の源となっている。

また、この半世紀の間に培った日台の絆は、終戦後の紆余曲折を経て、民間ベースの実務関係として続いている。この間、中国は、民主化を進める台湾に対して、たびたび武力攻撃や威嚇を行い台湾海峡危機等の緊張感をもたらし、日本の安全保障にも影響を与え続けたが、その規模は限定的なものであった。これに対抗した台湾の安全保障・国防戦略の変遷は日本の安全保障にとって大いに参考となる。

2010年代に入り、中国のGDPは日本を抜いて世界第2位となった。毎年2桁の伸び率を維持してきた中国の国防予算も、大幅に増加し2010年代後半には少なく見ても日本の防衛費の3倍以上になり、軍の近代化が大きく進んでいる。中国は、この経済的、軍事的な力の増強を背景に、東シナ海・南シナ海の内海化の試みなど国際法や既存の秩序を無視し、米国に対抗した覇権的な行動に出て、新冷戦と言える米中対立の時代を招いている。日本と台湾は、米中対立の最前線に立たされており、まさに運命共同体となっているのである。日台関係の歴史的経緯については第2章「日台関係の歴史」で詳述してあるで、細部は同章を参照されたい。

ここでは、日本が台湾を統治した半世紀の間に、日本が台湾の礎を築いた三つの例を簡単に紹介する。

である。

（1）農業の振興

台湾で、今も語り継がれている日本人がいる。「台湾農業の父」と仰がれる磯永吉はその1人である。

東北帝国大学農科大学（北海道大学農学部の前身）を卒業した磯は、台湾総督府に赴任して、日本種の稲をもとに実に20年近い歳月をかけて品種改良した「蓬萊米《ほうらい》」という高収量のコメを開発し、主食のコメ不足の問題を解決した。その後、蓬萊米は、さらに改良を加えられ、アジアの全域に「緑の革命（グリーンリボリューション）」を引き起こした。これがなかったら、台湾をはじめ、アジアはなお北朝鮮のような飢餓状態を続けていたかもしれない。

この蓬萊米を台湾に根付かせるために、身命を賭して東洋一の「烏山頭ダム」を完成させたのが、八田與一である。八田は、帝国大学工科大学（東京大学工学部の前身）を卒業と同時に、迷うことなく台湾に向けて出立し、総督府土木部の技術者となった。台湾の稲作適地は南西部の華南平原である。同平原は、そのほぼ中央部を亜熱帯と熱帯を分ける北回帰線が横切り、雨季には洪水、乾季には渇水を常とし、不作、凶作、豊作は天の采配次第で、水利灌漑設備の整備が大きな課題であった。

八田は、阿里山に源流を発する曽文渓の水系の烏山頭に堰堤（ダム）を構築し、烏山嶺に3000メートルを超える隧道（トンネル）を掘削して貯水した水を華南平原へ運び、荒涼たる平原を広大な緑の絨毯に変え、コメと砂糖の一大産地へと変貌させたのである。

（2）近代教育制度の整備

台湾に近代教育制度を根付かせたのも、日本統治時代の事業であった。当時、日本の帝国大学は9校で、その帝国大学へのパスポートを持ち、同世代の1％以下という超エリートが通う旧制高校は全部で35校（帝大予科は除く）あった。また、日本統治下にあった外地は、台湾、朝鮮、旅順（中国の遼東半島の西南端にあった日本の租借地、関東州）であった。

そのうち、帝国大学と旧制高校の両方が設立されたのは台湾だけである。しかも、台北帝大の創設（1928年）は、内地の大阪大学（1931年）、名古屋大学（1939年）の設立よりも早い。清国から「化外の地」として事実上、放置されてきた台湾に、近代教育制度を整備し、台湾人に高等教育が受けられる機会をつくったのは日本である。

（3）当時の日本人の頭脳を結集した統治

台湾は、初代総督の樺山資紀海軍大将から最後の安藤利吉陸軍大将まで、19代の総督によって経営された。なかでも、台湾の近代化の礎を築いた第4代総督の児玉源太郎陸軍中将と、実質ナンバー2の民政局長（後に長官）後藤新平や、同郷の後藤新平より招聘を受け、台湾における糖業発展の基礎を築き、「台湾砂糖の父」といわれた新渡戸稲造など、当時の傑出した人物や日本を代表する頭脳を結集し、その尽力によってインフラ整備や農業・商工業の振興が図られ、住民の暮らしを豊かに変えたのであった。

日本が、自らも国家近代化の過程において、海外領土の現地財政を10年で黒字化させたのは歴史上、台湾統治だけである。この台湾統治の圧倒的な成功は、日本人の力だけでなし得た訳ではなく、当時の台湾人の絶大な理解と協力そして弛まぬ献身の賜物であることは強調されなければならない。そして、日本と台湾が、相互信頼と協力の下、約半世紀にわたり一体となって台湾発展の基礎を築き、苦楽を共にした協働の歴史を紡いできたことが、今日の日台関係の強い絆へと繋がっているのは間違いのないところである。

4　経済・文化・観光交流の盛んな日本と台湾

日本と台湾の絆で実現した台湾高速鉄道は、日本と台湾の協力のシンボルである。台湾北部の台北と南部の高雄を結ぶ台湾高速鉄道は、日本の新幹線技術を海外で初めて採用した「台湾新幹線」として知られ、台湾の経済社会活動に不可欠な背骨として機能しており、これからも日本と台湾の協力関係の象徴であり続けるだろう。

1972年の日中国交正常化に伴い、日本は、それまで国交があった中華民国（台湾）と断交した。それ以来、日本と台湾との間には、国と国との正式な外交関係がなく、「非政府間の実務関係」として維持されている。

日本	輸出相手先	アメリカ、中国、韓国、台湾、香港、タイの順	・2019年 ・財務省貿易統計による
	輸入相手先	中国、アメリカ、オーストラリア、韓国、サウジアラビア、台湾の順	
台湾	輸出相手先	中国、香港、米国、日本、シンガポールの順	・2018年 ・台湾経済部国際貿易局による
	輸入相手先	中国、日本、米国、韓国、ドイツの順	
主要輸出品目	日本から台湾	電子部品、金属・金属製品、情報通信機器、一般機器、化学製品など	・2019年 ・台湾財政部統計処による
	台湾から日本	一般機器、電子部品、化学品、金属・金属製品、プラスチック・ゴムなど	

そのため、日本は公益財団法人日本台湾交流協会（東京本部、台北・高雄事務所）を、また、台湾は台湾日本関係協会（台北本部、東京・大阪事務所、札幌・横浜・福岡・那覇支所）をそれぞれ窓口とし、お互いに自国の権益を保護し、ビザ発給をはじめ貿易推進、学術・文化・スポーツ交流など、民間の機構ではあるが、実質的には大使館や領事館の役割を果たし両国の深い関係を維持している。

日本政府においては、例えば、短期滞在査証免除措置恒久化、羽田・松山空港間定期便就航、「在留カード」国籍・地域欄への「台湾」表記可能措置などの措置が取られ、粛々と協力関係を強化する努力がなされている。

しかし、「非政府間の実務関係」を前提とした政府間交流は極めて限定的であり、それを補っているのが、いわゆる民間交流である。日本と台湾の経済関係のうち、貿易について見ると上記図表の通りであり、日台はお互いに重要な貿易相手国である。

また、日台間の人的往来は極めて活発である。日本からの訪台者数は、2019年に初めて200万人を突破し、約217万人（台湾交通部観光局）となった。10年前と比較すると約2倍に拡大している。

訪台国別では、中国についで日本、香港・マカオ、韓国、アメリカの順になっており、台湾に対する海外からの訪問客全体も初めて1100万人を超えた模様だ。

一方、台湾からの訪日者数は、約489万人（2019年、JNTO）であり、日本からの訪台者数の2倍を超えている。台湾の人口は、約2360万人（2020年2月）であるので、1年間に台湾人の約20％、5人に1人が日本を訪問したことになる。

日本台湾交流協会の資料によると、2021年1月現在で日本の自治体と台湾の姉妹（友好）都市交流は約100件に及んでいる。従来の自治体間による「姉妹都市締結」という形だけでなく、議会や学校間の交流はもちろん、現在では温泉や湖、山など、観光資源に特化した姉妹締結（都市間提携）も行われるようになって来たのが近年の特徴であり、親善交流の促進と活性化を図る動きが高まっている。

文化交流は、台北の日本文化センターや東京の台湾文化センターを中心に、音楽、舞踊、展覧会、映画上映会や日台交流講座などの交流事業が活発である。

しかし、近年、台湾から日本への留学生の減少傾向が顕著である。日本の文部科学省発表（2020年4月22日）によると、2019年5月1日現在、台湾から日本への留学生は、わずか9584人で、中国（約12万5000人）、ベトナム（約7万4000人）、ネパール（約2万7000人）、韓国（1

万9000人）に次いで第5位に甘んじている。台湾からの留学生が減少しているのは、日本語を習得しても、日本に就職先が少なく、かつ限定されているからである。

台湾留学生に対し優先的に日本での就業の機会を与えれば、日台間の緊密な経済関係と友好親善に大いに貢献する。

逆に、日本から台湾への留学生は5932人で、アメリカ（約2万人）、オーストラリア（約1万人）、カナダ（約1万人）、韓国（8143人）、中国（7980人）、イギリス（6538人）に次いで第7位と少ない。台湾における日本の若者の受け入れ体制を、日本と同じように整備することも必要である。

このように、日本と台湾との間には、双方の将来を左右する青少年の育成交流などの課題があり、分かつことのできない日台関係の重要性を踏まえ、その拡大強化に向け、将来を見据えた中長期的施策について真剣に検討する時期を迎えている。

5　お互いに助け合う日本と台湾

2011年の東日本大震災で、日本人は台湾人の真心に深く心をうたれた。大震災が発生し、わが国は世界各国から多大な支援を受けた。その中で、台湾からは多くの支援物資が届けられ、寄せ

東日本大震災津波で全壊した「志津川病院」が、中華民国紅十字会（台湾赤十字）の支援で2015年12月14日、宮城県南三陸町に「南三陸病院・総合ケアセンター南三陸」として再建された。それに感謝して建立された石碑で、「台湾の皆さんありがとう」、「絆」の文字が刻まれている。
＜出典＞写真：南三陸町

られた義援金は２５３億円という莫大な額に及んだ。その額の大きさもさることながら、義援金は、台湾外交部や地方自治体などの政府機関や慈善団体、機関団体が集めたもの、そして長栄集団会長や日本台湾交流協会など直接日本に届けた個人や団体から贈られたもので、官民挙げての善意が届けられた。日本で生きる人々にとって絶対に忘れられない、忘れてはならない友好の証である。

それより前、１９９９年の台湾中部大地震では、海外から１番早く現場に駆け付けたのは、日本であった。地震発生は９月21日午前１時47分頃、マグニチュード７・７であった。

日本の第１次派遣隊15名は、同日の20時50分には台北に入った。さらに第２次派遣隊15名は、それから１時間20分遅れの22時09分には台北に着いており、最後の第３次派遣隊15名も翌22日11時20分に到着した。その後、プレハブや救援物資、義援金も送られたが、何

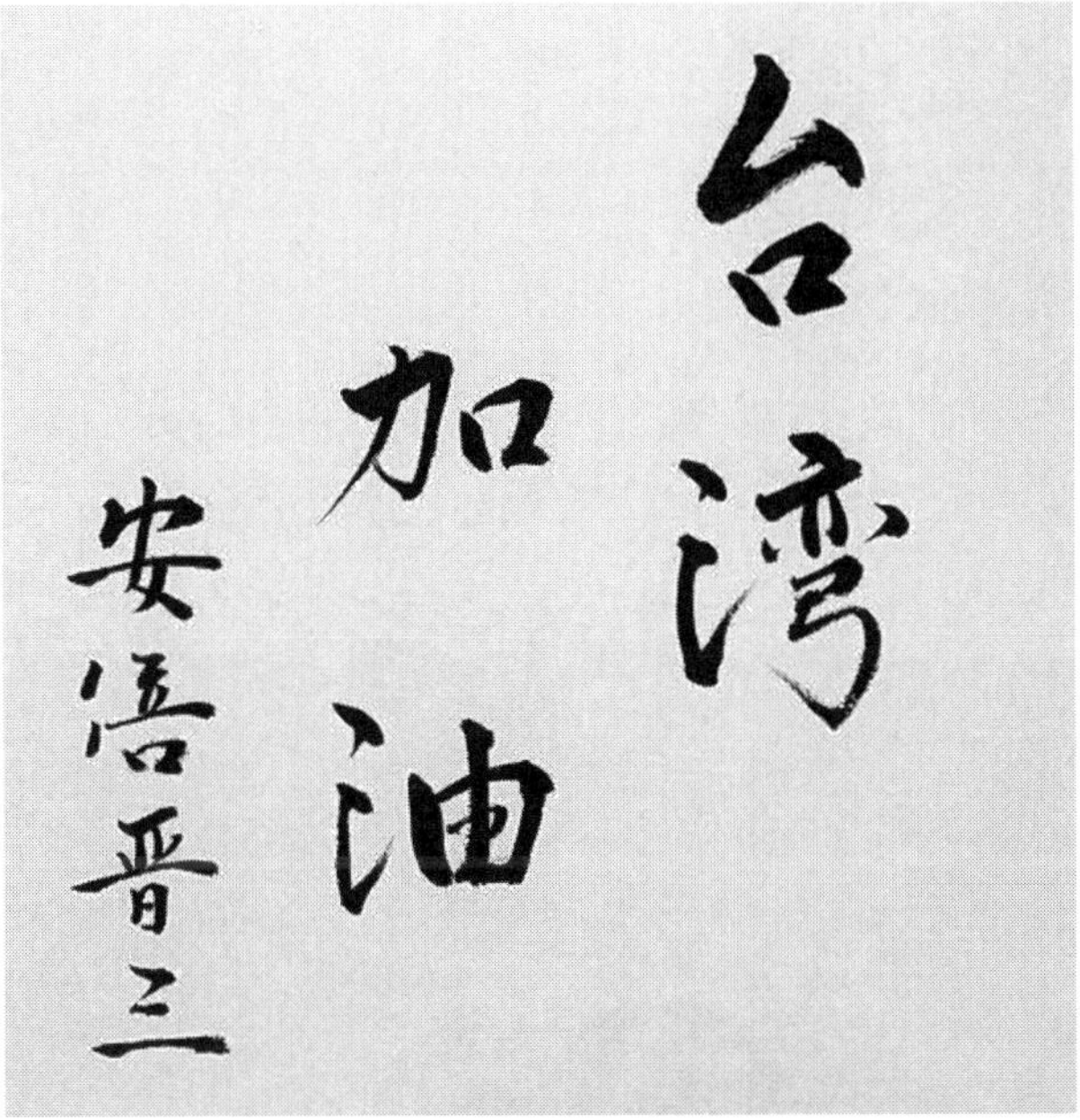

＜出典＞首相官邸のＦＢ（2018年２月８日）

よりも「日本人が一番先に駆けつけた」ことが感謝された。

日本と台湾は、地震や台風の被害が頻発する点も共通しており、２０１６年２月の台湾南部地震や４月の熊本地震、そして２０１８年の台湾東部地震（花蓮地震）などで、互いに助け合う関係を築き上げてきた。

上記は２０１８年２月６日夜の地震で多数の被害が出た台湾に向けて、安倍晋三首相が署名入りでフェイスブック上に掲載した「台湾加油（台湾頑張れの意）」のメッセージである。

最近では、コロナウイルス感染症を早期に克服した台湾から、マスク不足に困っている日本へ「日本加油（日本頑張れ）」を添えたマスク２０

0万枚が寄贈された。台北駐日経済文化代表処はマスク寄贈について、「日本への支援は台湾が国際社会の一員としての責務を果たすのみならず、双方にとっては『まさかの時の友こそ真の友』の証を刻むこととなるでしょう」との見解を示した。

日本は、マスク等の緊急支援を受けた台湾に対し、2021年6月4日、新型コロナウイルスの感染が急増し、ワクチンが不足している台湾に対し緊急性を考慮し、124万回分のワクチン（英アストラゼネカ社が開発し日本で生産された）を供与した。中国は、日本の行為を政治利用が目的だとして強く反発したが、台湾の外交部は、同日、「日本も新型コロナで深刻な状況にもかかわらず、台湾に迅速な支援を決め、心から感謝する。貴重な友人だ」との声明を発表している。

日本による外国へのワクチン支援は初めてのケースであり、茂木敏充外相は同日の記者会見で、「東日本大震災後に台湾からいち早く多くの義援金を送ってもらったことは鮮明な記憶として残っている。台湾との重要なパートナーシップや友情を踏まえた、今回の提供だ」と述べた。

このような日本と台湾との関係は、双方の国民が尊敬と信頼そして友情の言葉に裏付けられた深い感情の具体的な表れであり、何ものにも代えがたい尊い「心の絆」を感じざるを得ない。

6　米中対立の最前線（フロントライン）で中国の脅威に直面する日本と台湾

今日、米中両国は、経済・技術、外交、安全保障、情報、イデオロギーなどあらゆる分野で「本格的対立」あるいは「新冷戦」といわれる構造的・長期的な対立・闘争局面に入ったと指摘されている。その中で、日本と台湾はともに、地政学的に米中対立の最前線にあり、中国の高まる脅威に曝されている。

これまで述べたように、日本と台湾は、「歴史と友情の絆」が紡いだ「本当の友人の関係」、「世界に類を見ない特別な感情で結ばれた二国間関係」を維持強化してきたが、中国という共通の脅威に協力連携して対処する体制は残念ながら出来ていない。その最大の原因は、「非政府間の実務的関係」という政治的障害にある。

中国は、「台湾は中国の一部」で「中国は一つ」との原則を掲げ、台湾を「核心的利益」と称し、平和統一の可能性が失われたときには、武力行使を含むあらゆる手段を用いて主権と領土保全を断固守るとしている。さらに、中国は、歴史的にも国際法的にも日本固有の領土である尖閣諸島を、台湾と同じように「核心的利益」と称し、かたくなに領有権を主張している。

すでに中国は、台湾に対しても尖閣諸島に対しても、いわゆる「ハイブリッド戦」を仕掛け、力を背景とした一方的な現状変更の動きを強めている。それによる可能性が尽きた場合には一挙に軍事行動へと移行し、台湾と尖閣列島を含む南西諸島を軍事占領する構えであり、その態勢作りを急ピッチで進めている。

column

核心的利益とハイブリッド戦

1　核心的利益

中国はわが国（日本）や米国などに対し中国の「核心的利益」の尊重を強く求めている。「核心的利益」には「国家主権」「国家安全」「領土保全」「国家統一」「国家の政治制度と社会の安定」「経済社会の持続的発展の基本的保障」などが含まれ、特に領土については、台湾、チベット、新疆を指すほか、東シナ海（尖閣諸島）や南シナ海における領有権などが含まれているとの指摘もある。

これは、台湾やチベット、新疆ウイグルなどにおける中国の主権を維持するためには、武力行使を含むあらゆる手段を用いることを意味すると理解されている。（筆者付記）

2　ハイブリッド戦

軍事と非軍事の境界を意図的に曖昧にした現状変更の手法であり、このような手法は、相手方に軍事面にとどまらない複雑な対応を強いることになります。

例えば、国籍を隠した不明部隊を用いた作戦、サイバー攻撃による通信・重要インフラの妨害、インターネットやメディアを通じた偽情報の流布などによる影響工作を複合的に用いた手法が、「ハイブリッド戦」に該当すると考えています。

このような手法は、外形上、「武力の行使」と明確には認定しがたい手段をとることにより、軍の初動対応を遅らせるなど相手方の対応を困難なものにするとともに、自国の関与を否定するねらいがあるとの指摘もあります。

顕在化する国家間の競争の一環として、「ハイブリッド戦」を含む多様な手段により、グレーゾーン事態（純然たる平時でも有事でもない幅広い状況）が長期にわたり継続する傾向にあります。（括弧内は筆者）

＜出典＞令和2年版『防衛白書』

台湾の故李登輝元総統は、産経新聞（2019年1月4日付）のインタビューで「仮に台湾が中国の手に落ちれば、日米にとっては喉元にナイフを突きつけられる状態になる」と指摘した。

その指摘の通り、万一、台湾が中国に占領された場合、地政学的な激震が走り、太平洋地域の勢力バランスは決定的に中国有利へと傾き、米国は東アジアからの撤退を余儀なくされよう。また、日本は、東シナ海、台湾、さらには太平洋の3方向から軍事的脅威を受け、我が国の防衛は極めて困難な局面に陥ることになろう。台湾問題の行方は、日本・米国のみならず、東アジアひいては世界の安全保障や貿易に劇的な影響を及ぼさずには措かない。

このような情勢において、米国は、後で詳述するように、「台湾関係法」を基本に、「台湾旅行法」（２０１８年３月）や「アジア再保証イニシアティブ法（ＡＲＩＡ）」（２０１８年12月）などを制定し、台湾への大規模な武器売却を進めている。また、政府高官が台湾を訪問するなど、安全保障・防衛や貿易・ハイテク技術、医療、そして共通の価値観である自由や民主主義、人権、法の支配といった観点での米台関係の重要性を再確認しつつ中台間の軍事的バランスの維持に注力している。

一方、日本は、安倍晋三政権下で、平和安全法制を制定し、日台関係の強化に向けた進展を図った。米国の「台湾関係法」のような法律を整備するのも課題である。しかし、そのような法的整備が出来ても、日米台の３ケ国による平時からの協議、政策面及び運用面の調整、そして共同演習・訓練などが行われなければ、有事における有効な機能発揮を期待することはできない。

日本は、「非政府間の実務的関係」の枠組の中で、日台の安全保障・防衛協力を促進する方策を真剣に模索しなければならない。同時に、日米同盟の立場から米国が主導する米台安全保障プログラムに参加し、日米台３ケ国防衛協力（トライアッド）の枠組作りも不可欠である。日本と台湾は、自由、民主主義、人権、法治などの基本的価値観を共有し、地政学的な死活的利益を共有する「運命共同体」の関係にある。

その日本と台湾は、米中対立の最前線に置かれ、高まる中国の脅威によって、これからの５～10年、重大な危機の局面を迎えようとしている。このように、「台湾が危ないときは日本も危ない！」という深刻な事態が切迫しつつあることについて、台湾を訪問する日本人もそうであるが、多くの日本人が気付いていない。

いま、日本と台湾は、中国という共通の脅威に直面し、双方の最大かつ喫緊の課題として安全保障・防衛上の関係強化を迫られているのである。

第2章

日台関係の歴史

第1節　西欧列強の台湾進出と日本人の血をひく鄭成功による駆逐

1　ポルトガルとオランダの台湾進出

台湾は、タオ族、ブヌン族などの先住民だけが居住する島であったが、1544年にポルトガル人が台湾を発見し、世界史の舞台に登場した。当時、東シナ海では倭寇《わこう》と呼ばれた海賊が跳梁跋扈《ちょうりょうばっこ》し、明国はこの対策に手を焼いていた。しかし明国は、当時の台湾が風土病の蔓延地であると認識していたこともあり、倭寇をせいぜい澎湖諸島までしか追撃しなかった。また、台湾の先住民に漢人の受け入れ基盤がなかったため、明国やその承継国の清国の活動地域は、台湾には及ばず澎湖諸島までに限定されていた。

オランダは、「東インド会社」を設立し明国および日本との貿易の中継地を求めて、1622年に明国の領域であった澎湖諸島を占領した。明国は、澎湖諸島と大陸間の台湾海峡の通航を確保するためにオランダと交渉し、オランダが澎湖諸島から撤退する代わりに台湾を占拠することで合意した。オランダは、反抗する台湾の先住民を武力で鎮圧する傍ら、先住民対策としてキリスト教による教化を行った。またオランダは中継貿易を成功させるだけでなく、台湾の土地開発の労働力として大陸の福建省や広東省の沿岸部から大量の漢人を募集し、プランテーション（植民地における大規模農園）経営を行った。

オランダより少し遅れて東アジアに進出したスペインは、やはり台湾を日本と中国との貿易の中継地とするために、当時オランダ人が居住していなかった台湾北部の淡水地域を占拠し、要塞を構築した。オランダは台湾のスペイン人討伐を試み果たせなかったが、他方のスペイン人は、中継貿易のみならず先住民へのキリスト教の布教にも失敗し、風土病による人員減少なども相まって1638年に台湾から撤退し始めた。オランダは、この機を逃さず台湾北部のスペイン人根拠地である基隆を攻撃し1642年に陥落させたため、スペイン人は台湾から完全に撤退した。

オランダは、台湾先住民の統治政策として、キリスト教の教化政策やローマ字による言語教育を行った。このオランダによる統治の影響は、19世紀の台湾の社会にまで影響を与えた。また、経済的にはヨーロッパから導入した重商主義により、本来自給自足的な農業、漁労中心の経済活動であった台湾に、本格的な商業を発生させた。

2 鄭成功による西欧勢力の駆逐と台湾・澎湖諸島の統一

中国大陸では満州族が勢力を拡大し、1636年に国名を「後金国」から「清国」に改め、朝鮮半島を支配下に置き明国を脅かすほどになった。明国は、1644年、李自成の反乱によって滅亡し、混乱状況にあった中国大陸に満州族の王朝である清国が成立した。しかし明国に忠誠を誓う臣下達は、「反清復明」を掲げて「南明国」を興し清国への反攻を繰り返したが、1661年に鎮圧された。

倭寇だった鄭成功は、1661年に「反清復明」の拠点を確保するために、清国の勢力が及んでいなかった台湾・澎湖諸島へ進出した。鄭成功は、澎湖諸島のオランダ東インド会社を攻撃してこれを占拠し、1662年にはオランダを台湾・澎湖諸島から駆逐した。鄭成功は、台湾・澎湖諸島を「東寧国」と名付け、独自の政権を打ち立て開発を促進した。しかしながら、1年を経ずして病没してしまった。日本人の血を受け継ぐ鄭成功は、清国との戦いに際してたびたび日本へ軍事的な支援を申し入れていたが、鎖国体制を整えつつあった当時の徳川幕府は、火中の栗を拾うことを避けたため、台湾の「東寧国」支援を行なうことはなかった。

その後、台湾の鄭成功の後継者たちは、反清勢力の撲滅を目指す清国の攻撃を受けて1683年に降伏し、反清勢力の根拠地だった台湾・澎湖諸島における鄭一族による東寧国統治は、3代23年間で終了した。東寧国は短命に終わったが、中央集権的な官制度、すなわち土地制度、戸籍制度、行政機関を整備し、国家としての体制が確立された。鄭政権は、地方に割拠した一政権であったが、明国暦法を奉じ「反清復明」を究極の目的とし、政策立案や教育に関してもこの原則に従っていた。

東寧国は、台湾・澎湖諸島の独立国家としてイギリスや江戸幕府と貿易を行い、イギリス東インド会社との間には通商条約も締結した。また東寧国は、イギリスの史料の中で「台湾王国」あるいは「フォルモサ王国」として表記されていた事実もあり、それまで様々な名称で史料に登場していた台湾・澎湖諸島の地域を「台湾」という一つの概念にまとめた。東寧国を占領した清国は、台湾の東側半分を中華文明の教化が及ばない「化外《けがい》の地」とし、住民を蛮族と呼び統治権を行使しなかった。

3　日本による西欧列強の干渉排除と台湾の日本への割譲

1890年代に入ると欧米列強が東アジア諸国への干渉を始め、取分けロシア勢力が朝鮮半島に及ぶことを警戒した日本は、朝鮮半島の大朝鮮国（李氏朝鮮）の内政の混乱もあり、朝鮮半島のコントロールを目指したが、朝鮮半島を自国の支配下に置いていた清国と衝突することとなった。清国は、1894年8月1日に日本に宣戦布告を行い、朝鮮の独立をめぐって日清戦争が勃発した。日本は、翌年3月には澎湖諸島を占領し、1895年4月17日に日清戦争を終結させ、講和条約である下関条約を締結した。

下関条約の主な内容は、①清国は朝鮮の独立を承認すること（第1条）、②清国は遼東半島、台湾・澎湖諸島を日本へ割譲すること（第2条、第3条）、③清国は2億両（テール）の賠償金を支払うこと、④清国は日本の通商上の特権を認めること（第4条）、⑤長沙、重慶、蘇州、杭州を日本に解放すること（第6条）などであった。日本は、初めての大規模な対外戦争をきっかけに「国民国家」へと成長し、経済力や工業力が飛躍的に向上した。

日本は、直ちに台湾・澎湖諸島の割譲と占領の準備を開始し、樺山資紀海軍大将が台湾総督に任命されて1895年5月24日に台湾へ向けて出発し、29日には台湾上陸を開始した。台湾が本格的に開発されたのは日本統治時代になってからである。1895年5月25日、日本への割譲反対を唱える漢人住民により「台湾民主国」の建国が宣言され、台湾へ進駐した日本軍との乙未戦争《いつびせんそう》に発展した。日本軍の圧倒的に優勢な兵力の前に、未だ政権基盤が確立されていなかった台湾民主国は、間もなく崩壊した。1896年3月に六三法（日本統治時代の台湾において台湾総督に「特別統治」の権限を与える法律、明治39年法律第63号）が公布され、ようやく台湾総督府を中心とする日本の統治が始まった。

ちなみに、この六三法によって、台湾総督府の長である台湾総督に対し、台湾・澎湖諸島における法律の効力を有する命令（律令）を発布する権限が与えられた（第1条）。しかし、この六三法は日本本国との立法権の抵触という問題が生じることとなったため、そのような技術的な問題を解決する目的で、六三法に代わり1906年3月に三一法（明治39年法律第31号）が制定され、翌年に施行された。

第2節　日本による台湾統治の真の姿

1　日本による台湾統治の始まりと日本統治の特色

日本の台湾統治は、台湾住民による武力抵抗の鎮圧から始まり、初代台湾総督の樺山資紀、第2代の桂太郎そして第3代の乃木希典は、台湾に跳梁跋扈していたゲリラとの戦いに徹した。台湾の隅々まで台湾総督府の支配が浸透して行くにつれて、住民による抵抗も激しくなっていったが、台湾総督は、住民に対して2年間の猶予期間を設け、台湾に留まって「日本国民」になるか、あるいは所有財産を売却して台湾を去るかを選択する自由を与えた。結局、ほとんどの住民が「日本国民」を選択し、台湾島を去った者は、当時の台湾島全人口の1％以下であった。

1898年3月に第4代台湾総督に児玉源太郎が就任し、後藤新平も同時に台湾総督府民生局長として就任したことで、その後の日本の統治が、台湾の発展の礎を築いたと言って過言ではない。台湾総督府の後藤民生局長は、中央研究所を設立して台湾・澎湖諸島の土地や人口調査を行い、台湾統治の法制を整備して適切な政策を検討した。それ以降、日本による台湾統治の基盤として、後藤新平が中央研究所の調査を基に港湾、鉄道、道路、通信網、公衆衛生等のインフラを整備していった。農業分野では、灌漑事業が功を奏し、精糖、米の生産が増加し、台湾は財政的に独立した。こうして進められた日本による台湾統治には日台間の微妙な問題も含まれており、それぞれの立場からの意見は手前味噌になり客観性を欠く嫌いがあるので、事業の細部について述べる前に、まず、英米は日本の台湾統治をどうみたのか、第三者の評価に耳を傾けることとする。

下関講和条約の交渉中、当時の清国台湾省（1885年に設置）の台湾巡撫（巡行撫民に基づく名称で各地を回って人心を鎮め安んずる意、地方長官）であった唐景松は、台湾の割譲に反対し台湾の軍官民によって建国された台湾民主国の副総統兼全台義軍統領で、「台湾才子」の誉れ高い邱逢甲《きゅうほうこう》に、「台湾の割譲はやむにやまれぬことで、台湾も重要だが京師（首都・北京）と比べれば軽い。また、台湾は海外の孤島であり、守り抜くことはできない」と述べた。これに対し、邱逢甲は「台湾はすでに朝廷（清国政府）に見捨てられた土地であり、住民には頼るべきところなく、ただ死守あるのみである」と声明し、台湾独立の意向を表明した。

このように、当時清国は、台湾を「化外の地」（清国の統治の及ばない地方）と見下して、放置していた。

当初、日本の台湾統治は、抗日武装勢力の強力な抵抗に手を焼き、日本軍は台湾全土の鎮圧に長い年月を要し、以来、反乱的な騒擾が散発する中で台湾の近代化に着手した。

その一端を拓殖大学の渡辺利夫学事顧問（前総長）は、近著『台湾を築いた明治の日本人』（産経新聞出版、２０２０年）の最終章「英米は台湾統治をどうみたか」で紹介している。紹介の内容は、日本の統治開始から10年もたたない時期の１９０４年9月、英紙タイムズと米紙ニューヨーク・タイムズが掲載したロンドン発の同一論説記事（約2万字）である。同記事は、「日本人によって劇的な変化を遂げた台湾《フォルモサ》という島他の誰もが成し得なかったことを数年で達成した驚くべき成果。他の植民地国家に対する一つの教訓」との長いヘッドラインで始まっている。記事は、前述の「化外の地」を示唆するかのように、下関条約に調印した清国全権の李鴻章が、「台湾がとてつもなく劣悪な島であることに日本は間もなく気づくことになろう、と嘯《うそぶ》いたという」と書いている。また、日本統治以前の台湾で、「スペインやオランダは、台湾の植民地化に乗り出したものの惨めな失敗に終わった」ことや、「フランスと英国は台湾を領有する力を十分に擁してはいたものの、台湾島の内部に足を踏み入れようとはしなかった」と指摘している。

特に注目されるのは、「台湾住民を重視した寛容な法治」や「学校教育の制度の導入」、さらに「農業・林業・鉱業」、「道路・鉄道網や郵便・銀行・通貨」といった産業やインフラ整備などの近代化政策であった。その結果、「衝撃的な経済成長」で「住民は繁栄を享受」し、「人口も急速に増加」したと記していることである。

ではなぜ日本が「特記すべき成功」を台湾であげたのか。記事は「アヘン吸引者を減らす方法」を一例に引いた。英国は、麻薬であるアヘンを清国に輸出し、人々をアヘン漬けにした上、巨額の利益を得た。反発した清国側とアヘン戦争（1840〜42年）も引き起こした。一方で日本の台湾統治では、アヘンは罪悪でありその吸引者を減少するため、「住民の慣行を可能な限り尊重し、…文明化の方向に彼らを寛容に導くよう努めた」と分析し、「取引を政府の専売とし、…認定された者以外は吸引を許さず、…収益をアヘン吸引者数を漸減させるための費用のみに用いた」と記した。欧米人のような強権で封じ込める策はとらず、日本人の「我慢強く、寛容な教化」を、台湾の「驚異的な進歩」の理由として好意的に評価している。

以上が、タイムズと同一記事のニューヨーク・タイムズの報道の一部である。これらは、欧米列強の植民地政策への反省とも読めるが、これが台湾に対する欧米の見方のすべてでないことは、付言しておきたい。

2　台湾の資本主義化と基盤産業の奨励

日本による台湾統治によって、台湾の資本主義経済体制が始まったと言えよう。日本は、台湾の資本主義化を推進するために、その基礎として、先ず度量衡の統一及び中央銀行の設立と貨幣制度の統一を実施した。資本主義経済体制では、商品化しようとする生産物は統一化された価格によって価値が評価される必要があるからであり、日本統治前の台湾では商品を量る度量衡の制度も、商品の経済的価値を決定する貨幣も統一されていなかった。台湾総督府は、1902年に「台湾度量衡条例」を公布して、1905年までに古い制度を廃止した。

さらに台湾総督府は、1899年に台湾銀行法を施行するとともに、「台湾事業公債法」を制定して土地調査事業や鉄道建設、港湾設備に必要な費用を公債で調達した。同時に、公債を消化するために専売事業収入を充当することを決め、公債発行の地位を与える台湾銀行を設立する必要性が生じたため、同年に台湾銀行を設立し営業を開始した。当時の台湾における貨幣制度は、清国の統治下で貨幣の種類が多種多様の状況で、各貨幣の価値も混乱を極めていた。そのため台湾総督府は、刻印付き円銀の発行という経過的措置を経た後、1906年に台湾銀行に金貨兌換券を発行させた。このようにして、貨幣制度の統一と中央銀行創設により、台湾を資本経済方式で統治することが可能となったのである。

日本の台湾統治の基本政策は、台湾農業の発展に尽力することで日本本土の食糧需要を満たす一方で、日本製の工業製品を台湾に供給するものであった。換言すると、台湾は日本の産業の原料供給地であるとともに、台湾の主要な農作物であった米、砂糖の生産をはじめ、農作を積極的に奨励するという方策が、台湾統治の初期より台湾総督府が採った政策であった。日本統治初期の台湾の産業振興の中心は精糖業であり、「台湾製糖」を皮切りに次々と大規模製糖工場が設立された。

第2次世界大戦時には、工業それも軍需工業が飛躍的に発展した。戦前の台湾では精糖業に代表される食品加工業と軽工業が中心だったが、台湾が「南方作戦の兵站基地」となってからは、軍需関連産業が驚くべき早さで成長し、鉄鋼、化学、紡績、金属、機械の近代的工業が活発になった。1939年には工業生産額が農業生産額を上回ったほどである。台湾の工業化に伴って、インフラ整備も一層推進され、日本統治が終了するまでの間に、鉄道網や大都市での水道の整備、基隆港や高雄港の整備拡張、路線バス網の整備、航空路線の開設、ラジオ放送の開始、電話の普及などが行われた。

このような高度な技術レベルでの工業化という統治政策は、ヨーロッパ列強によるアジアやアフリカの統治政策と全く異なるところであり、第2次世界大戦後に台湾に首都を移転した中華民国が、工業先進国としての経済政策を維持し、国際社会における先進資本主義国として発展する基礎を築いたと言っても過言ではない。

台湾総督府

＜出典＞ http://www.suzukishoten-museum.com/photo_archive/post-694.php（as of 15/April/2021年）

3　台湾における教育制度の整備

前述のとおり、日本による台湾統治が1895年に開始されるとともに、台湾総督府は、台湾の教育制度整備に着手した。台湾総督による教育制度の整備は、先ず義務教育制度を取入れた小学校を設置したことに始まる。この当時の台湾には、日本人、漢人、先住民が居住しており、それぞれ3種類の学校が設置された。また、初等教育を行なう公学校、小学校、国民学校以外に、伝統的な固有文化を重んじる先住民の教育施設として、台湾先住民を対象にした蕃童教育所や蕃人公学校も設置された。その後も台湾総督府の教育普及政策は推進され、1896年には国語伝習所が設置されている。

中等教育については、台湾における学校教員の不足を補うため師範学校制度が採用され、台北師範学校、台南師範学校などが設立された。さらに台湾総督府は、教員育成以外にも農業教育を振興して農業人材の育成のみならず、例えば1919年には台湾人子弟を対象とした「農林専門学校」などの実業学校の設置にも重点を置き、農工商漁などの学校を次々と開設した。政治の安定によって台湾人に基本的な実業技術を伝授するという実学教育重視は、台湾総督府の産業開発に必要とする人材の養成が必要となっていたからである。実学教育はその後も総督府の教育の重点科目として重要視された。

さらに台湾総督府は、高等教育機関として1928年に台湾の台北市に日本で7番目の帝国大学となる台北帝国大学（後の國立臺灣大学）を設立した。日本の帝国大学は、文部省の管轄下に置かれていたが、台北帝国大学は台湾総督府の管轄下に置かれた。台北帝国大学設立当初は、文政学部と理農学部の2学部が設置され、1928年4月より開講した。さらに1941年には予科が設置され、1945年度時点での学部構成は、文政学部、理学部、農学部、医学部、工学部であった。

このようにして、台湾における教育制度は、統治初期の官僚の補助官吏を速成するための知識人に対する国語訓練所から、全住民を対象とする初等教育へと展開していった。台湾人が初めて体験した日本の教育は、職業訓練所の国語速成班のような教育機構であったが、台湾人の教育レベルの向上を目的とした新たな教育制度は、実質的に台湾統治に必要な人材の養成が目的であったことも否めない事実であった。しかし、今日の台湾の教育レベルの高さは、日本統治時代の教育制度がもたらしたものであると言えよう。

4　地租制度の改正とインフラ整備

日本が統治を開始した頃の台湾・澎湖諸島の土地制度は、複雑で土地に関する権利関係は混乱していたため、統治の基礎である徴税の根本を定めることができなかった。清国時代は大租戸、小租戸、個人の一田両主の制度であった。すなわち、土地所有者は大租戸と呼ばれ、小租戸に土地を貸して大租を徴収し、清国に地租を納入する仕組みで、小租戸は個人に又貸し、小租を徴収するシステムであった。台湾総督府は、大租戸に大租補償を与えて所有権を没収し、小租戸一個人という土地所有関係にして、小租戸を地主と認めて地租納税者と認定することにより、１９０５年までに地租収入を確保して台湾財政を安定させた。

他方、後藤新平により本格化したインフラの整備はその後の文官総督の時代にも引き継がれ、１９１７年には台湾北部の基隆から南部の高雄までの鉄道幹線が開通し、水利灌漑事業用の整備が進み、耕地面積を拡大させて、米、砂糖の生産も飛躍的に増加するとともに、貿易高も増大して人口も３６０万人に達した。その後、鉄道は八堵〜蘇澳間の宜蘭線、高雄〜屏東間の屏東線が開通し、基隆港の拡張工事や道路網の拡張整備が行われた。

烏山頭ダムと八田與一

＜出典＞左写真：http://bittercup.blog.fc2.com/blog-entry-3989.html?sp（as of 15/April/2021）
右写真：http://jhfk1413.blog.fc2.com/blog-entry-1237.html（as of 15/April/2021）

また、日本の統治時代の特徴として、多くの日本人が台湾の近代化に寄与したことがある。例えば、医学者の堀内次雄は、疫病が蔓延していた台湾における衛生面を改善して伝染病の撲滅などに貢献した。土木技師の八田與一は、台湾南部で大規模なダムと水路を組み合わせて広大な平野を一大穀倉地に作り変え、それ以降、台湾人は飢えることがなかった。農学者の磯永吉と農業技師の末永仁は、米の品種改良を重ねて台湾の気候に合った「蓬萊米」を生みだした。さらに実業家の松木幹一郎は、台湾中心部の湖である日月潭に巨大な水力発電所を建設して島内の工業化を支えた。これらの日本人は、現在でも「台湾の発展に寄与した功労者」として称えられている。

この他、農業用の水利事業としては、嘉義や台南を中心とする南部平野の嘉南大圳と桃園を中心とする北部平野の桃園大圳があり、この水利事業で全耕地の55・5％に水利灌漑が及ぶようになった。さらに日月潭発電所に始まった発電所は、水力発電所が26ケ所、火力発電所が9ケ所を数え、増大する台湾産業の動力となり、その後、長期にわたって台湾の経済発展を支えるエネルギー資源を賄うことになった。

5 第2次世界大戦の終戦に伴う国府軍の台湾進駐と日本統治の終了

中華民国は、1911年の辛亥革命を契機に1912年1月1日に南京で樹立された。当時、北京にはまだ清国政府が存続していたが、南京臨時政府の孫文は、清国の全権を握っていた袁世凱と交渉して、宣統帝の退位等を条件に袁世凱を臨時大統領にした。2月12日に宣統帝が退位したため、中華民国が中国大陸を代表する国家となった。袁世凱は、自らの軍事的基盤である北京で専制体制を強化したため、反袁世凱勢力が結集したがこれを鎮圧した。

その後袁世凱は、日本の「対華21ケ条要求」（1915年）を批准し、自らが皇帝となることを前提に国号を「中華帝国」に改めたが、国内外からの非難で権威を失墜させ病死した。袁世凱の死後、大陸を完全に統治する政府が存在しなくなり、軍閥が群雄割拠する内乱状態になった。このような中で孫文は、1919年に民族（中華の回復）、民権（民国の建設）、民生（土地の平等）を標榜する「三民主義」を基本綱領とする中国国民党を創建し、1921年に後に国民政府となる革命政府を広州に樹立したが、1925年に死去した。

安藤利吉台湾総督（右）の降伏を受諾する陳儀台湾省行政長官（左）

＜出典＞ https://www.wikiwand.com/ja/%E6%97%A5%E6%9C%AC%E7%B5%B1%E6%B2%BB%E6%99%82%E4%BB%A3%E3%81%AE%E5%8F%B0%E6%B9%BE,（as of 20･April/2021）

孫文の後継者となった蔣介石の国民革命軍は、上海や武漢などの地方で共産党員の掃討運動を指導し、南京を占領した。その後、中華民国は、蔣介石の南京国民政府と汪兆銘の武漢国民政府に分裂したが程なく両者は合流し、北方軍閥の張作霖の息子の張学良がこれに合流した。1937年には盧溝橋事件が発生して中華民国は日本と全面戦争に突入し、日本は、汪兆銘を首班とする新たな国民政府を支援してこれに対抗した。

日本は、1941年12月にイギリスやアメリカと第2次世界大戦（大東亜戦争）を開始し、英米と友好関係にあった中華民国（国府）は、主要連合国としてこれに参戦した。日本は、1945年9月2日、東京湾の米国戦艦ミズーリ号において降伏文書に署名し、連合国との戦争に敗戦した。同日に発せられた連合国軍最高司令官総司令部が「一般命令」第1号に基づき、日本帝国大本営が中国大陸、台湾、北ベトナムに在る日本軍に対し、国府軍への投降を命じた。しかし同覚書の前日、四川省重慶の蔣介石を中心とする国府政権は、「台湾省行政長官公署」と「台湾警備総司令部」を設立し、陳儀を行政長官兼警備総司令官に任命していた。10月17日には国府軍約2万2000人と官吏約200人が30隻の米軍艦船に分乗して基隆港から上陸し台北へ進駐して、国府は台湾を支配下に置いた。

国府の行政長官兼警備総司令官の陳儀は、10月24日に米軍機で上海より台北に入り、翌25日に国府戦区台湾省の降伏式典が午前10時に台北公会堂で行われ、日本側は台湾総督安藤利吉陸軍大将が、国府側は陳儀がそれぞれ全権として出席した席上で降伏文書に署名され、台湾省行政長官公署が正式に台湾統治に着手した。国府は、翌年1月12日に台湾人の国籍を「中華民国」とし、日本統治時代からの台湾人は「本省人」、中国国民党とともに中国大陸から渡来した住民は「外省人」として区別した。

このように日本は、第2次世界大戦に敗北し、1945年8月15日の玉音放送は台湾でも流され、日本人の台湾からの引上げもほぼ終了した1946年4月13日、最後の総督の安藤利吉陸軍大将が戦犯として逮捕された。安藤大将は、上海に送られた後、戦犯としての屈辱をきらい割腹自殺して果てた。翌年の5月31日、勅令により台湾総督府は廃止され、約50年間続いた日本の台湾統治は、ここに終了したのであった。

6　国共内戦の継続と中華民国国民政府の台湾への撤収

１９４５年、日本の降伏により、第2次世界大戦が終結し、日本は連合国の統治下に置かれた。中国方面においては終始優勢裡に戦局を維持していた旧日本帝国陸海軍が終戦に伴い引き揚げた（又は抑留）後、中国大陸は一種の力の空白地帯となった。戦争中は表面的な協力関係にあった中華民国国民党政府（以下、国府）と中国共産党政府（以下、中共）との間には、この空白地域の支配権、武装解除した日本軍の軍事装備品等を巡る争いが激化し、翌１９４６年に内戦（国共内戦）が勃発するに至った。内戦当初は米国の軍事支援を背景とした国府側の優勢裡に戦闘は推移したものの、ソ連の支援を受けた中共側が次第に勢力を盛り返し、１９４８～４９年における「三大戦役」（中共側の呼称：遼瀋、平津、淮海戦役）に中共軍が勝利し、大兵力を喪失した国府側は、以後の内戦における主導権を完全に喪失する結果となった。

この間、米国は、国府側と中共側の調停を画策するも、この調停過程において次第に国府側に対する肩入れ姿勢に変化が生じ、共産政権たる中共側に対し不合理と表現できるほど融和的なスタンスを示した。なおこの不可思議な米国の姿勢は、時代により揺れ幅は存在するものの、基本的には２０１７年の米トランプ政権の誕生まで継続される。

一方、国府側に対する支援は次第に抑制的となり（当時の国府のモラルの低さから、米国が、支援の実効性が低下したと判断した側面も大きいものと考える）、内戦の激化に伴い、中国大陸駐留米軍を急速に撤退させるとともに、１９４９年８月には国府側の統治能力に疑問在りとして、苦境に立つ同政府に対する軍事援助の停止を決定した。この結果も影響して、同年10月１日には中共により、中華人民共和国（中共）建国が宣言され、以後、国府側の士気、勢力はなし崩し的に衰退、中国大陸におけるほとんど全ての拠点を喪失し、１９４９年12月には日本による50年間の統治が終了したばかりの台湾への撤収を決定、実施した。

第３節　中華民国統治初期の台湾と日台関係

１　中華民国と２・28事件

中華民国（国府）の蔣介石は、１９４９年12月７日に首都を南京から台北に移し、１９５０年までに台湾島と付属島嶼、澎湖諸島に、福建省沿岸の馬祖列島・烏坵島・金門島、および東沙諸島と南沙諸島の一部（太平島、中洲島）を加えた範囲を実効的に支配する国府として再編成した。

台北へ首都を移転した直後の国府は、大陸反攻を前提としていたため、台湾の拠点は暫定的なものとし、台湾は国府の一省で台北は臨時首都であった。対日平和条約の締結が全面講和でなく単独

中華民国（台湾）のＥＥＺと大陸棚の範囲

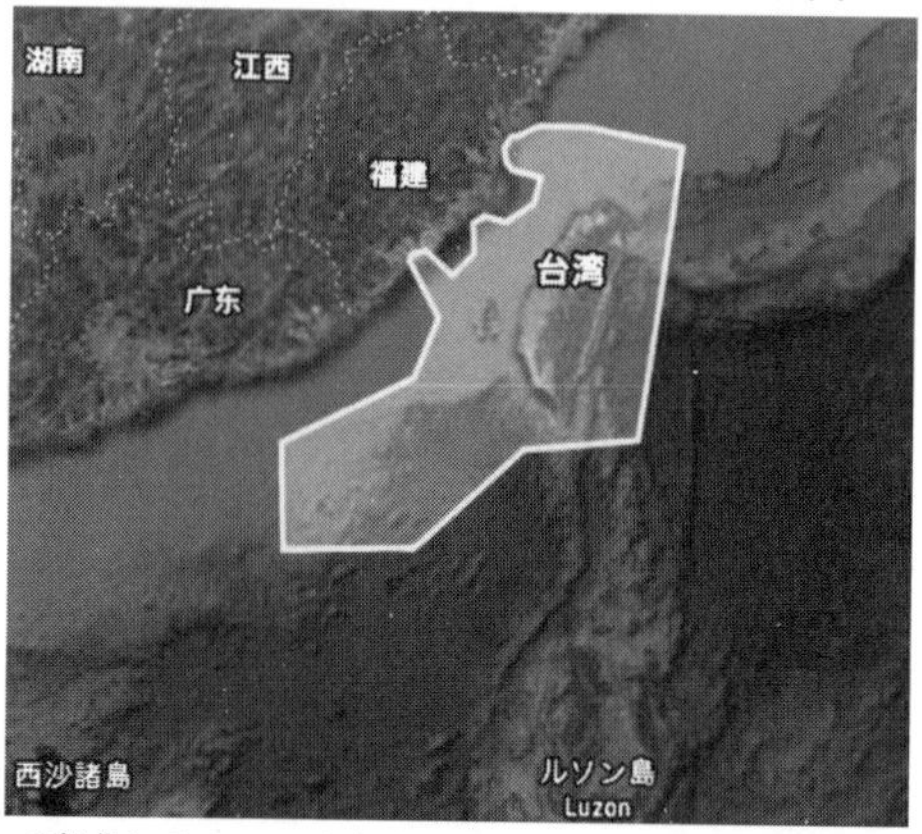

＜出典＞https://pbs.twimg.com/media/EeekzglU8AEJDmc.jpg（as of 20/April/2021）を筆者加工

講和となったため、日本は、１９５２年４月28日、中華民国と「日華平和条約」を締結し、中国の正統政府として中華民国を承認した。蒋介石総統は、老子の言葉「報怨以徳（怨みに報ゆるに徳を以ってす）」を示し、日本からの賠償金を要求しなかったが、中国国民党は、日本や日本人が台湾へ残してきた莫大な資産を手に入れ、台湾統治の財政的基礎を固めたのであった。

台湾における生産物は中華民国経済の一部として取入れられ、日本に輸出されていた砂糖や米はすべて国内向けとしたが、中華民国通貨の元と中国貨幣との間の交換レートを固定レートとし中華民国元を不当に低くしたため、中華民国の経済は破局的困難に陥った。さらに、国共内戦の前線から台湾へ帰還した外省人の軍人、軍属、軍夫を受け入れる職場も無く、中国国民党政権の意図的な本省人の排除もあり、当時の台湾人の失業者は30万人以上に上った。

中華民国の治安は悪化の一途をたどり、日本統治時代の「法治国家」から「無法地帯」になった。本省人の不満が鬱積していた1947年2月27日、台北市淡水河沿いの台湾人商店街で起きた、密輸タバコ売りの取締りに端を発したいざこざは、たちまち全台湾規模の「2・28事件」に発展した。中国国民党は、本省人に対して無差別な殺戮を行い、高雄、基隆から始まり約2週間で全島を制圧した。このとき機関銃が使用され、捕らえた本省人の手のひらに針金を通し数人を1組に繋いで連行したり、麻袋に詰めて海や川に投げ捨てたりしたという。

column

「2・28事件」

1947年2月28日に発生して台湾全土に広がった、当時の政府軍による民衆に対する流血弾圧事件。

〈出典〉台北駐日経済文化代表処HP

中国国民党の兵員が本省人に対して行った強奪、狼藉、そして国府内の官吏の腐敗と貪欲は限りを知らず、本省人は「同胞」という新支配者に失望し不満を募らせて行った。

「2・28事件」関係者の逮捕は1949年になって緩和されるが、「要注意人物」の逮捕はまだ暫く続いた。中国国民党の発表によると、事件後1ケ月間に殺された本省人は2万8000人に上り、有罪判決を受けて有期・無期の投獄に処せられた人数は計り知れないという。中国国民党政権による本省人への見せしめは、野蛮きわまりない手口であり、それ以降、外省人に対する本省人の抜きがたい不信感の元になった。

2　旧日本軍人による台湾支援

圧倒的優勢裡に国府軍を大陸から駆逐した中共側は追撃の手を緩めず、国府側の支配する島嶼に対する侵攻を計画、準備した。

この状況下、国民政府主席の蔣介石はかつての強敵であった精強な旧日本軍関係者の支援を得ることを画策した。連合国の占領下にある当時の日本の状況に鑑みれば、この種支援を表立って実施することは不可能であり、旧軍関係者への支援要請は知己を頼った様々な手段、チャンネルを通じて非公式に実施された。

現在、当時の旧日本軍関係者による有効な国府支援として判明しているものは次の2件である。

（1）根本グループによる国府軍支援

1件目は、元北支那方面軍司令官兼駐蒙司令官であった根本博元陸軍中将のグループ（旧軍将校等7名）による台湾渡航である。当時の蒋介石の窮状に鑑み、その支援を決意した根本グループは南西諸島沿いを漁船等で移動し、1949年7月に台湾に到着したが、当初は密入国として官憲に逮捕、投獄された。しかしながら、その後、国府軍当局により、その身分が確認され、同年8月蒋介石と面談し、福建・厦門方面の軍事顧問として派出されるが、同地は防御困難であるとして金門島に防御重点を指向することを提言したとされる。この根本グループの巧みな作戦指導と文字通り背水の陣を敷く国府軍の奮戦により、金門島北岸に侵攻した中共軍約9000人は、その主力を同島古寧頭付近で包囲殲滅され、国府側は1948年後半から継続した中共軍の一連の攻勢を阻止することに成功した。以後、中共側は金門・馬祖及び台湾方面に指向された積極的な侵攻意図を喪失して事大主義に陥り、結果的に現在の中華人民共和国と中華民国（台湾）が並立する図式を形成するに至った。

この古寧頭の戦いについて中華民国政府は長年、旧日本軍人の関与を公的には認めていなかったが、根本の日本帰還にあたり、現在、蒋介石の顕彰碑である中正紀念堂（衛兵が配置された広大な施設であり、衛兵交代儀式も含めた台北の一大観光スポット）に保管されている貴重な花瓶と対の花瓶（他の2対は英王室、日本の皇室に贈呈）を与えていること、及び2009年10月、古寧頭戦役60周年において当時の馬英九総統が本戦役に関わった日本人等の親族を招待し、時の国防部常務次長から、「雪中送炭」（困った時に支援を行なう）の行為であるとして感謝の意が表明されていることからも根本グループの業績は国府側から十分に評価されていたことが確認できる。

（2）軍事顧問団「白団」による国府軍支援

2件目は「白団」と呼称される旧日本軍将校からなる軍事顧問団である。「白団」については、中村祐悦氏の著作『白団』（芙蓉書房）によって紹介され、徐々に注目を集めるに至っている。

「白団」結成の立役者は、当時、国府駐日代表団第1処長であった曹士澂陸軍少将（陸士43期卒）と元支那派遣軍総司令官の岡村寧次元陸軍大将の2名であり、岡村と接触した曹は、旧日本軍軍人による国府支援を要請した。その後、蔣介石の裁可を経て、旧軍将校による顧問団の結成・派遣が合意され、第1陣17名が1949年9月から台湾側が用意した交通手段により順次、台湾に到着した。「白団」とは、第1陣の団長であった富田直亮元陸軍少将の現地名「白鴻亮」が由来とされる。「白団」は、1950年2月、台北に円山軍官訓練団を設立し、若手将校の教育を開始するとともに、台湾の防衛体制の整備に関する助言等を実施した。その活動の概要は、左記図表の通りである。

このように、根本グループと「白団」は共に、米国が国府に対する軍事援助を中止した時期に前後して台湾に到着し、図らずも米国に代って旧日本軍有志による援助が開始される結果となっており、これが当時の国府側の士気に及ぼした影響は計り知れないものがあった。

この「白団」による教育開始に先立つ1950年1月、米大統領H・S・トルーマンは「台湾海峡不介入」声明を発表し「米国は台湾海峡に関する如何なる紛争にもかかわらない」ことを宣言し

「白団」の活動

軍官教育訓練		
時期	班隊 訓練に参加した軍官の階級、期數	人數
1950年5月22日～ 1952年1月25日	学員班中高級軍官、10期	4,059人
1951年4月9日～ 1952年6月22日	高級班 高級將帥、3期	657人
実践学社（1940年2月1日－1965年8月31日）		
1952年12月27日～ 1963年12月27日	党政軍聯合作戰研究班 12期、上校以上人員	694人
1958年3月1日～ 1964年6月30日	兵学研究班 4期、優秀軍官	67人
1959年6月15日～ 1964年1月30日	科学軍官訓練班 3期、科学軍官	163人
1963年4月22日～ 1965年7月3日	高級兵学研究所 6期、中將、上將	118人
1964年3月31日～ 1965年7月3日	戰術教育研究班 3期、中上校	160人
1952年10月27日～ 1959年3月	動員幹部訓練班 31期、動員幹部	9,208人
実践小組（1965年9月1日－1979年10月）		
1965年11月2日～ 1968年5月11日	陸軍指揮參謀大学教官特訓班 2期、参謀大学教官	約80人
1965年12月6日～ 1968年12月28日～	戰術推演指導講習班 8期	228人
1968年4月1日～ 1968年5月3日	裁判資格講習班 1期	45人
1968年1月～ 1979年10月	三軍大学への講義を支援日籍の専門家を招待した台湾で臨時講義（富士倶楽部のメンバー、源田實将軍数名と）や台湾軍の幹部との会見を行っている 戦史資料を編集 退職した白団教官への慰労 反共産党団体と交流	

日籍教官が関与した、台湾国防部軍事計画および作戦演習訓練	
1950年「台湾防衛計畫」	17名の日籍教官の協力で、旧日本軍の基礎防衛の上で「台湾防衛企画」を完成
1958年「外島防衛計畫」	金門砲戦期間、金門、馬祖、東引、澎湖等の列島の防衛任務に協力した。
1950年指導「軍事演習」	台湾軍隊の北、中、南で3回大規模軍事演習を開催した。
1950年7月「軍事動員演習」	台湾の総動員と兵役制度の基礎を定めた。台湾徴兵制開始
1951年1月～1952年6月	台湾湖口基地で旧日本軍の訓練方法で、台湾の新編成軍隊を訓練
1954年	国防部計画局の成立に協力 陸軍の研究発展に協力 中国大陸への反攻計画
「白団」教官の待遇は、中華民国の将官階級の待遇を標準としていた。台湾での授業期間、家族には手当金、退職には慰労金が支払われた。「白団」の団長白鴻亮が他界した後、中華民国政府は白鴻亮に陸軍1級上将に等しい栄耀と待遇を与えた。	

＜出典＞各種資料を基に筆者作成

た。次いで当時の国務長官D・アチソンは共産主義の膨張に対応する「不後退防衛線（アチソンライン）」を示した。このアチソンラインには台湾は勿論、朝鮮半島も含まれていなかったことが、大陸側の共産主義国家の領土拡張意図に大いなる野心を生じさせる結果となる。このため、この宣言を逆手に取るかのように１９５０年2月「ソビエト社会主義共和国連邦と中華人民共和国との間の友好、同盟及び相互援助条約」（以下、中ソ友好同盟相互援助条約）が締結され、中ソ両共産主義国家の一体感が強調された。

同条約は「日本帝国主義の復活、侵略防止を共同で防止する決意」を表明しており、対日同盟の一面を色濃く有していた。また、これら一連の極東情勢を受けた形で、１９５０年6月、北朝鮮軍が突如南進を開始し、朝鮮戦争が勃発した。この、あからさまな共産主義勢力の挑戦

蔣介石と白団の教官たち

<出典>台湾国防部史政編譯處『實踐檔案、國防大學日籍教官史料專輯』（2013年6月）、（中央）蔣介石、（2列右から）江秀坪、白鴻亮、喬本、賀公吉、楚立三、（3列右）台湾軍國防部長陳大慶、（3列左）參謀總長高魁元

によって米国は漸く覚醒し、直ちに海、空軍に韓国支援を下令した。これに引き続き、陸軍の投入、国連軍の創設に着手し、同戦争に実力をもって介入した。また、同時に第7艦隊を台湾海峡に派遣するとともに、同海峡の不介入宣言を撤回して国府に対する軍事支援を再開した。

前述した米国による国府軍事支援再開に伴い、1951年中頃から米軍事顧問団が台湾に到着し、この米顧問団との摩擦を避けるため、「白団」の活動は同年8月、台北の石牌に移転し、石牌実践学社として1965年に至るまで15年間、主として高級幕僚教育に専念することとなった。このため、この教育に使用する膨大な資料が必要となり、日本に資料送付を依頼せざるを得ない状況となった。これに応える形で東京飯田橋に旧軍将校からなる「富士倶楽部」と称する研究所が創設され、同所における資料の

民國五十年六月，岡村寧次(右)訪臺，與實踐學社兼主任彭孟緝上將(中)、白鴻亮(左)餐敘。

民國四十一年七月二日蔣中正總統於陽明山莊宴請全體日籍教官。

(國史館提供)

＜出典＞台湾、国防部史政編譯處『實踐檔案、國防大學日籍教官史料』

募集及び軍事研究の実施により、多数の教育資料を台湾に送付し得る態勢が整備された。この石牌実践学社における教育努力の結果、当時の国府軍には「石牌実践学社出身者でなければ師団長以上には昇進できない」という不文律まであったとされる。「白団」で活動した日本人は総計83名にのぼり、最盛期には40名近くが教育に従事していたが、順次人数は低下し、1965年には5名にまで減少し、じ後、中華民国陸軍指揮参謀大学に吸収される形となり、1968年にその活動を終焉させて

1952年蒋介石と白団教官と学員、団体写真

<出典>台湾、国防部史政編譯處『實踐檔案、國防大學日籍教官史料』

いる。

(3) 根本グループと白団の国府軍支援の理由

根本グループと「白団」、この二つの旧日本軍将校による文字通り命がけの国府支援が実施された理由について「白団」の著者、中村氏は次の4項目にまとめている。

① 天皇制の護持：1943年のカイロ宣言策定の会議において、蔣介石は、天皇制強制廃止を唱える米英に対し、本件は日本民族の意思を重視して自ら決定させることを主張。国体の護持に対する日本人の心情に理解を得たことに関し、旧軍人が感謝の念を持ったこと

② 賠償請求権の放棄：当時、当然の措置と目されていた日本に対する賠償要求を破棄し、日本の早期復興に多大な影響を与えたこと

③ 日本の占領政策：日本の分割占領に反対し、米

国による単独占領を示唆、ソ連による日本分割の危機を未然に防止したこと

④　国府支配権下の日本人早期送還：推定約150万（当時の大陸における日本人数からの推定値）の軍人、軍属、居留民引揚者に対し、その安全を保障。捕虜として労役等に従事させることも無く、早期送還を実現（国府支配地域からの引揚者は1人30kgの荷物と一定の現金所持を許可）したこと

この4項目に関して、当時の旧日本軍軍人は蔣介石の寛大な措置に多大な感謝の念を抱いており、特に最高責任者たる高級指揮官に、この措置に対する報恩の思いが強かったことは大いに首肯できる。

しかしながら、筆者はもう一つ大きな理由があったものと考えている。それは旧日本軍人なら誰でも思考の根底にあったであろう日本の防衛、特に赤化防止である。明治以来、日本がその国防の基礎としてきたことは朝鮮半島の安全確保と日本近海の制海権の確保である。そのような中、中国大陸が赤化し、中ソが対日同盟を締結した当時の日本にとって、台湾の喪失・赤化は国防上の重大な危機であり、敗戦国として武力を喪失した我が国にとっては、あらゆる手段で台湾を支援すること以外、その危機を防止する手段がないという戦慄すべき状況に置かれていた。

日本は長年、台湾を統治していた関係上、日本の防衛における同地の重要性は十分認識しており、共産勢力が急速に伸長する中、アチソンライン等に見られる米国の台湾、朝鮮半島軽視の政策に対し多くの日本人が断腸の思いで、これを視ていたことは想像に難くない。この眼前に迫る祖国に対する危機感が、旧日本軍人をして台湾支援に立ち上がらせた大きな理由の一つであると推察される。

この一連の旧日本軍人による台湾支援の動きは、当然GHQ及び日本政府の知るところとなり、岡村はGHQの召喚、喚問を受け、また当時の国会においても、共産党代議士による「元陸軍大将を中心とする特別の軍事協定を提唱する組織」等の追及を受けたが、結局は黙認され、表沙汰になることは回避された。これは、GHQ、日本政府共に、この種の行為が米国、日本の利益に相反するものではないと認識した結果である。

「日本が何を成そうとしていたのか今理解できた」とは、朝鮮戦争を戦っていたマッカーサー元帥が述べた言葉である。

第4節　サンフランシスコ講和条約後から日中国交正常化直前まで（1950年代から1960年代まで）

1　日華平和条約の締結

1951年9月サンフランシスコ講和条約が連合国48ケ国との間で署名された。同条約は、日本に対する領土の放棄と信託統治の移管を規定しており、この第2条（b）において「台湾及び澎湖諸島に関する全ての権利、権原及び請求権を放棄する」ことが明記された。しかしながら、台湾・

澎湖諸島が何処に帰属するのかは明確に示されていない。その背景には、米国が、日本・中国間の講和締結にあたって、中国側当事者は当然、日中戦争を戦い抜いた国府であるとした一方で、英国は香港統治を継続するため、中華人民共和国を国家として承認し、これを支持せざるを得なかった関係上、米英両国の意見が対立、結局、日中間の講和については独立後の日本の判断に任せることとし、「中華民国（国府）」および「中華人民共和国（中共）」は、共に同講和条約には招聘されなかったことにある。ちなみに、「ソビエト社会主義共和国連邦」（以下、ソ連）は同講和条約に代表は出席させたが、条約には署名しておらず、周知のとおり今に至るも同国（ロシア）との間に講和条約は締結されていない。また、「大韓民国」（以下、韓国）」は署名国としての参加を再三表明したが、日本と交戦状態にはなかったと認定されたことから、講和条約署名国としての資格は無いと判断された。

前述したとおり、日中間の講和条約締結については、中華民国（国府）、中華人民共和国（中共）いずれを選択するかの判断は日本に委託されることとなったが、日本の同盟国となった米国は当然、中華民国（国府）との締結を要請する。これを受けた形で、日本は同国との単独講和条約締結を決意し、1952年4月に「日華平和条約」が締結され、日中間の戦争状態に終止符が打たれ、国交が回復するに至った。また、時を同じくしてサンフランシスコ講和条約も発効し、日本は、再び国際社会への復帰が認められることとなった。

日本が単独講和の相手として中華民国（国府）を選んだ理由は、前述した米国の要請の他、

①　日中戦争の当事国が中華民国（国府）であったこと（中共はゲリラ戦を展開してはいたが、日本軍との正面衝突は徹底的に回避しており、この点に鑑みれば、現在の中華人民共和国（中共）の正当性を喧伝している根拠としての大陸からの日本軍の駆逐については実績が全く無い）

②　中華民国（国府）は国連安保理の常任理事国であり、同国は唯一の中国を代表する政府として国連に承認され、その他の国際条約にも加入していたこと

③　前述した「中ソ友好同盟相互援助条約」は対日同盟の性質を色濃く反映しており、この点からは中華人民共和国（中共）は敵対国であると認識されたことの3点が挙げられる。

日華平和条約の特徴としては、

①　台湾、澎湖諸島等に対する日本の領土権放棄は明記されているが、帰属については触れていないこと

②　平和条約の適用範囲は第10条の規定により、中華民国（国府）の現に施行し又は今後施行する法令によるものを含むとされ、これを中華民国（国府）の実効的な支配地域に限定したこと

③　中華民国（国府）はサンフランシスコ講和条約の認める「役務賠償」を自発的に放棄し、同条約は「賠償」の規定を含まない異例の条約となったこと

しかしながら、一方で戦後の経済発展を優先させる日本にとって、広大な国土と人口を有する中国大陸の市場価値が計り知れないものと映ったことも事実であり、前述した①、②は将来の中華人民共和国（中共）との交渉の余地を残したものと言える。ともあれ、この平和条約締結に伴い、日

華間の国交は正常化し、相互に在外大使館を設置することにより両国間の関係がより緊密なものとなったことには疑いない。

2 中国の国連代表権問題

1949年10月「中華人民共和国」の成立により、同政権は「中華民国」の否認を国際連合に通告し、中華人民共和国（中共）の代表権承認を要求した。1950年、ソ連が安全保障理事会に「中華人民共和国（中共）の代表権を認める決議案」を提出したが、評決に敗れ、中華民国（国府）の代表権が継続された。これを不当としたソ連及び同衛星諸国は国際連合への出席を拒否したため、同時期に生起した朝鮮戦争への国連軍創設・派遣の阻止に後れを取る事態が生起している。

1951年以降、中国の国連代表権問題は総会に移管され、以後、毎年、この問題が提起されるも米国の妨害により、審議は棚上げされた状態が継続する。然しながら、フランス、カナダ及び新興国家が中華人民共和国（中共）を承認したことに伴い、棚上げ方式での問題回避が困難となった。

この情勢に鑑み、米国は日本等と協力し、1961年に同問題を「重要事項指定決議案」として国連に提出し、可決させた。重要事項指定決議案とは、総会での決定事項を「重要問題に関する決定」に指定することで、多数決ではなく、出席国の3分の2以上の多数で成立する事項として取扱う決議となすことを言う。このため、1970年の「アルバニア決議案」（中共への代表権移譲：台湾に代わって中国代表権を認める決議）では、同案が過半数の支持を得たものの3分の2には達せず、日米等の「重要事項指定決議案」の可決が先行していたため、同案は成立しなかった。このように、台湾の国際的な地位を維持、確保する観点からも、日本は米国を主軸とする陣営と共同歩調を採り、台湾を支援する姿勢を堅持していた。

3　日米安全保障条約の締結と台湾問題

この時期、安全保障面においても米国を中心とした極東方面の防衛態勢が着々と強化された。前述したサンフランシスコ講和条約において、日本は主権国家として国連憲章第51条に掲げる「個別的自衛権」または「集団的自衛権」を有することが承認された。しかしながら、講和条約発効時において日本は自衛権を行使する有効な手段を保持し得ないことから、同講和条約締結と同時に米軍の駐留を認める「日本とアメリカ合衆国との間の安全保障条約」（以下、旧日米安保条約）が締結された。一方、中華民国と米国との間には1954年「米華相互防衛条約」が締結され、日本と中華民国は、共に米国の同盟国として位置づけられ、安全保障面においては米国を中心とする明確な提携関係が成立した。

その後、旧日米安保条約は、時代の推移に伴う情勢の変化を受けて刷新され、1960年1月「日本とアメリカ合衆国との間の相互協力及び安全保障条約」（以下、日米安保条約）が締結された。

この日米安保条約においては、その第6条（極東条項）において「日本の安全に寄与し、並びに極東における国際平和及び安全に寄与するため、米国は、その陸軍、空軍及び海軍が日本国内において施設及び区域を使用することが許される」ことが明記され、同条約における「極東」とは「大体において、フィリピン以北並びに日本及び周辺の地域であって、韓国及び中華民国の支配下にある地域もこれに含まれる。」（1960年2月26日衆議院安保特別委員会）との日本政府の統一見解が示された。これは、「台湾有事」の際に、米軍は日本の施設及び区域を使用して中華民国を軍事的に支援することが可能であることを意味している。

1972年の沖縄返還に先行した日米外交交渉において最も問題となったのは、沖縄返還に伴い、同地に展開する米軍事力に依存する極東地域に対する抑止力の低下についての懸念である。当時、朝鮮半島においては1968年、北朝鮮による韓国大統領官邸青瓦台襲撃未遂事件及び米情報収集艦「プエブロ」号拿捕事件が連続して発生し、台湾方面においても中華人民共和国による金門島等への砲撃（多分に形骸的な状態ではあったが）が継続している情勢であり、極東における米抑止力の低下は中華民国・韓国共に容認し難い状況にあった。また、中華民国、韓国と軍事同盟関係にある米国としても同条約における防衛義務の遂行上、沖縄からの米軍の戦力投射能力の低下は絶対回避すべき課題であった。

他方、日本の沖縄返還に対する態度は、日本本土以外の安全保障環境には無頓着ともいえる姿勢であり、周知のとおり、沖縄の「核抜き・本土並み」を提唱した。この本土並みとは、「事前協議制度」を返還後の沖縄に適用することを意味している。「事前協議制度」とは、米軍が日本以外で戦闘行動をとる場合の日本国内施設等の利用（第6条）、および核兵器を日本に持ち込む場合に日本政府と事前協議を行なうとの日米安保条約の運用に関する合意を指している。したがって、事前協議の場において日本側が拒否回答をした場合、中華民国、韓国を支援する戦闘行動に甚大な支障を生じる可能性が存在した。

この米国側（中華民国・韓国を含む）の懸念を取除くため、1969年「佐藤栄作総理大臣とR・M・ニクソン大統領との間の共同声明」が発表された。日本は独立国として事前協議の返答には当然裁量権を有するとの立場は堅持しつつも、同声明第4項において「韓国の安全は日本自身にとって緊要である」（韓国条項）と同時に「台湾地域における平和と安全の維持も日本の安全にとって極めて重要な要素である」との、いわゆる「台湾条項」が盛り込まれた。また、同第7項には沖縄返還が「日本を含む極東の諸国の防衛のために米国が負っている国際義務の効果的な遂行の妨げとなるようなものではない」との見解が加えられた。

この共同宣言により、米国に対して沖縄返還後も同地域の米軍基地の使用について保証を与えるとともに、近隣の自由陣営諸国の安全保障上の懸念を払拭することが可能となった（当該行為は、もし実施に移されたら、中華民国有事においては明らかに日本の中立義務違反となり、中華人民共和国への敵対行為となる)。この共同宣言の趣旨は、当然ながら、中華人民共和国の許容するところとはならず、同国政府は激しく日本政府を批判した。他方、これにより、日本は安全保障面においては一貫して中華民国側に立つ姿勢を堅持したため、両国の防衛面における交流も当然の行為として活発に実施されていたことが確認できる。

4 日華間の防衛交流

日華平和条約締結以後の、主要な軍事関係高官の公式の中華民国訪問と同国からの来日状況は次のとおりである。

・1957年:岸信介総理訪台、槇智雄防衛大学校校長訪台
・1962年:田中義男統合幕僚学校長訪台
・1967年:佐藤栄作総理訪台、蔣経国国防部長来日
・1968年:梅沢治雄陸上自衛隊幹部学校長訪台

これと並行して1966年から断交までの間に、中華民国軍将校5名が自衛隊の幹部学校等に留学するとともに、日本からも2名の自衛官が中華民国に留学している。

また、海上自衛隊の練習艦隊は次に示すとおり、2度に亘って同国を訪問・寄港している。

・１９６６年　寄港地：基隆　兵力：護衛艦４隻　練習艦隊司令官：海将補　水谷秀澄
・１９６９年　寄港地：高雄　兵力：護衛艦４隻　練習艦隊司令官：海将補　本村哲郎
（海上自衛隊資料による）

今も昔も外国の艦艇に寄港を許可することは、国家間の相互信頼の象徴であると言える。２０１７年、米トランプ政権が「２０１８会計年度国防授権法」において、「米海軍と台湾海軍の相互寄港の可能性の検討」に言及したケースでは、中国の要人は「米艦の台湾寄港は『反国家分裂法』に抵触、中国は台湾の武力統一を発動する」とまでヒステリックに反応したことを想起すれば、この当時の日本と台湾間の防衛交流が、かなり踏み込んだ形で相互に緊密に実施されていたことが容易に認識できる。

5　日華間の経済関係

中華民国との貿易は、１９５０年に締結した「日台貿易協定」と１９５３年に調印した「日華貿易弁法」に基づき、貿易計画とオープンアカウント制度（双方の輸出額を貿易計画で調整、定期的に貸借差額を支払う制度）により開始された。その後１９５０年代末には、日本の外貨準備高の増加に伴い、両国の経済関係は急速に拡大した。1960年代に入るとオープンアカウント制度の限界が認識され、1961年「日華貿易支払取極」を調印し、現金取引へ移行した。以降、日華貿易の総額は急速に拡大し、60年代中期までには双方共に1、2位の貿易相手国としての地位を占めるに至った。(日本側輸出品目：鉄鋼、自動車部品、化学肥料、電気機械、中華民国側：砂糖、バナナ、米、木材)

これに伴い、貿易差額は徐々に拡大し、中華民国側から多額の対日赤字を補填するための円借款の要請がなされ、この額と返還条件を巡る交渉が開始された。

一方、戦後の経済復興を目指す日本においては、広大な国土と人口を有する中国大陸の経済的価値は計り知れないものと映り、対中貿易再開の機運が高まった。他方、中華人民共和国側は大躍進運動の失敗及び中ソ対立による経済打撃により対日関係打開への動きが加速し、1962年には中華人民共和国との間に「日中長期総合貿易に関する覚書」(LT貿易)が調印された。以後、日本は国家間の政治と経済を個別分離したものとする「政経分離」の方針を掲げ、中華民国、中華人民共和国間に存在する複雑な問題の間隙を、言を左右に渡り歩く政策を推進した。この日本の政治的姿勢は両国に深刻な対日不信感を生起させ、数々の問題を惹起させる結果となった。

1963年8月、日本は中華人民共和国に対し、日本輸出入銀行の融資によるビニロン・プラントの延払輸出を許可し、これに対し中華民国は政府系金融機関の関与が「政経不可分」の原則に反するとして反発した。また、同年10月、来日した中華人民共和国の通訳、周鴻慶が台湾に亡命しようとしたが、同年12月日本政府はこれを強制送還した。これにより中華民国は駐日代理大使を召還し、日華間は国交断絶の危機に陥った。

この危機を打開すべく1964年2月、日本政府は吉田茂元総理を台湾に派遣し、相互の政治的な原則事項を再確認するとともに「本年度中、日本は中国向けのプラント輸出に日本輸出入銀行の融資は実施しない」とした、いわゆる「吉田書簡」を発出し、両国の外交関係は正常化された。この日華関係を更に好転させるため、兼ねてから中華民国が要望していた円借款問題が浮上し、1965年4月、総額1億5000万ドル相当の円借款協定が成立した（一部プロジェクトには年利3・5％、返済期間20年の優待条件付与）。

この円借款は1951年以来、米国が継続してきた年間1億ドル相当の援助を停止する前に成立し、これが中華民国の工業化、引いては国力の増進に与えた影響は想像に難くない。以後、1971年には第2次円借款が実施され、第1次と第2次併せて日本円にして総額621億円の資金が投入され、中華民国の発展、強化に貢献した。なお、同借款の債務返済は予定通り実施され、1988年10月をもって完済されている。

しかしながら、他方で日本は、中華人民共和国への経済的な肩入れも継続しており、1965年に同国との間で「政治3原則（①中華人民共和国を敵視しない、②米国に追随する「二つの中国」をつくる陰謀に加担しない、③日中両国関係が正常化の方向に発展するのを妨げない）、及び政経不可分の原則は日中関係において順守されるべき原則であり、（中略）この政治的基礎を確保するため、引き続き努力を払う旨、決意を表明した」と書かれた「日中覚書貿易会談コミュニケ」に調印し、いわゆるMT（覚書貿易 Memorandum Trade）貿易が開始されている。

経済力は国家の基盤であり、同活動の拡大を図ることは当然であるにせよ、経済利益獲得の前には国際的信義も国家の安全保障も二の次という典型的な政経分離に立脚した戦後日本の姿勢は、両国から如何に非難されても弁明の仕様がない。政経分離と言えば聞こえはいいが、要は二枚舌外交であり、多くの日本人は気付いていないが、国家の生存を脅かしかねない危険性を孕んでいる（これについては後ほど詳述する）。この状況は１９７０年代に入ると、更に悪化する。

第５節　日中国交正常化と台湾防衛

１９７１年７月、突如「ニクソン訪中宣言」（いわゆるニクソンショック）が発表され、日本と中華民国の双方は衝撃を受ける。それに引き続き、１９７１年10月、国連総会において、中華人民共和国が中華民国に代わって国連における唯一の代表であり、安保理常任理事国の一つであることを承認するとした「アルバニア決議案」（国連総会２７５８号決議）が採決され、中華民国は中国代表としての議席を喪失し、自ら国連を脱退するに至った（但し、国連憲章は改訂されていないため、同23条第１項は、依然、中華民国を安全保障理事会常任理事国として規定している）。

前述したとおり、この中国代表権問題に関しては、日本は一貫して中華民国を支持し、１９７１

年9月以降、同国支持の共同提案国として国連における多数派工作を強化した。しかしながら、ニクソンショックの後、米国の中華民国支持に疑念を持った各国が相次いで中華人民共和国支持に回り、同提案の敗北は決定的となった。この時、日本が最後まで中華民国支持の姿勢を貫きとおしたことは、日本の国際信義に対する評価を高めるとともに、日本に中華民国支持を強固に表明する勢力が存在することを同国政府に深く印象付けた。

他方、中華人民共和国の国際舞台への復帰を歓迎した日本のマスコミは、中国一辺倒ともとれる偏向報道を展開し、当時、老耄《ろうもう》の域にあった中国人民共和国の指導者をもろ手を挙げて賛美した。そしてそれ以後、政界、経済界を含めて、日本が民主主義国家であることも日本の国益も置き去りに、その時々の中国政府の関心の擁護に狂奔し、終始中華人民共和国に手玉に取られるという醜態を演じ続けることとなった。

この流れを受けて、1972年7月に発足した田中内閣は、中華民国側の抗議を封殺し、拙速ともいえる姿勢で日中国交正常化に向かい邁進した。

日本が共産主義国たる中華人民共和国と国交正常化を果たす上では当然、米国の事前承認が必要となる。このため、田中総理は、同年8月31日に訪米し、2日間にわたり、当時のニクソン大統領と会談を実施した。この「田中・ニクソン会談」において、「中華人民共和国（以下、中国）との国交正常化を果たし、その結果として中華民国（以下、台湾）との外交関係を断絶する」旨を伝え、了承を得るとともに「日米関係に変化はなく、日米安保体制は維持される」（括弧は筆者）ことを確認した。

この会談の要旨は次のとおりである。

○　日本側

・中国との国交は、国民の強い世論もあり、正式に回復せざるを得ない。

・中国との国交回復はメリット、デメリットが拮抗するが、大きな流れである。

・中国との関係改善が日米の基本的な関係に影響を及ぼすことは無い。

・中国と外交的な対話が可能となれば、「北朝鮮の支援、台湾の武力解放、我が国への内政干渉を止めよ」とはっきり述べることが可能である。

・中国と国交を回復する以上、台湾との関係は消滅せざるを得ないが経済関係は継続したい。台湾防衛は米台同盟がある限りは大丈夫と考える。中国による台湾の領有については日本が、これを独自に認定することはあり得ない。このため、中国の主張を、理解し尊重する「オランダ方式」と同様に対応する。

・韓国に対する援助は継続する。

○　米側

・米国の大原則は同盟国たる台湾、韓国を裏切らないことにある。これは日米安保条約に基づく日本に対する防衛コミットメントの維持にも不可欠である。

・米国と中国の関係は当面、接触の拡大に止める。
・中ソ両国は経済基盤なくして軍事大国になり得ないことは十分承知している。これが、両国が日本の経済力を評価する理由である。

この会談の記録を見る限り、前述した「日米安保は維持される」との確認は肯定できるが、米国が「日中国交正常化を承認した」との表現は見いだせない。事実、会談後の共同声明においても「日米安全保障体制の維持」については明記されているが、田中訪中については「中国訪問がアジアにおける緊張緩和の傾向の促進に資することを希望した」と表現されているのみである。

また、日本が政経分離を駆使して台湾との経済関係の維持を希求する反面、憲法上の制約から日本の経済力を軍事力に転換することは不可能であるとし、台湾防衛については、米台同盟頼み一辺倒の姿勢を示している。これに対して、同盟国を守ることを大原則とする米国は、明らかに日本側の姿勢に当惑していることが読み取れるとともに、「中ソが軍事大国たるには経済基盤が重要であることは認識している」として、日本の政経分離に立脚した拙速とも言える対中国政策に対し警鐘を鳴らしていることが伺える。記録には残されなかったものの、会談後、田中総理は「訪中、正常化に対して、米側から好意ある態度が示されたわけではない」と述べていることから、同会談がかなり紛糾したことが推測できる。

また、この会談で、日本側は、日中間で外交的対話が可能となれば、中国に対し、国際的、内政的な問題に関して、相互に忌憚のない意見を交換することが可能と再三言明している。しかしながら、その後、日本は、経済的発展願望に拘泥し、中国との関係においてリスクを回避するため過剰な自己規制を課す結果となった両国外交の推移に鑑みれば、当時の日本が如何に中国政府と日中国交正常化を楽観視していたかが、容易に見て取れる。

この後、1972年9月、田中総理は訪中し、中国との間に「日本国政府と中華人民共和国政府の共同声明」(以下、日中共同声明)を宣言し、外交関係を樹立した。田中内閣成立から僅か2ケ月後であり、迅速な決断と言えば聞こえはいいが、台湾等周辺諸国との関係を考慮すれば、世論に迎合した「バスに乗り遅れるな」的な拙速性が目立ち、根底に戦略的な思考を欠く判断と評されても致し方のないところである。このため、同正常化交渉では、日本側の外交関係の早期締結願望が丸見えであり、この結果、中国に主導権を握られ、日本側が提起した「尖閣諸島問題」についても、「今は問題にすべきではない」との一言で先送りされ、以後、解決のチャンスは遠ざかり情勢は悪化する一方の結果となった。

日中共同声明における台湾の位置づけについては、その第3項に示され、「中国は、台湾が中国領土の不可分の一部であることを重ねて表明する。日本は、この中国の立場を十分理解し、尊重し、ポツダム宣言第8条に基づく立場を堅持する」とした。これは、中国は台湾が自国の領土の不可分の一部と主張するが、日本は、これを理解し、尊重するのみで承認はしていないこと、及び中国が一度も台湾を実効的な支配を行っていない現実に鑑みれば、台湾の帰属について、全ての権利・権原等を放棄した日本が言及できる立場にはないとの姿勢に立脚したものと解釈される。日中国交正常化に際して、日本がこの解釈を採ることは、既に「田中・ニクソン会談」においても日本側から確認されており、織り込み済みの措置であったと言える。このように、日本は、日中共同声明において台湾の立場を擁護した。その一方で、「日華平和条約」については、同声明発出直後に「日中国交正常化の結果として、存続の意義を失い、終了したものと認められる」との声明を発表し、米国の「台湾関係法」によるような政治的・公的な関係を構築することなく、台湾との外交関係に一方的に終止符を打ったのである。

この日本側の動きに対して、台湾外交部は即時対日断交を宣言し、相互に大使館を閉鎖した。然しながら、台湾は「すべての日本の反共民主の人士に対し、依然、引き続いて友誼を保持する」として両国間の交流を継続する意志を示し、日本政府も台湾との実務関係を維持する方針を採った。この結果、１９７２年12月、日本側に「財団法人交流協会」、台湾側に「亜東関係協会」が設置され、双方との間に「財団法人交流協会と亜東関係協会との間の在外事務所相互設置に関する取決め」を締結し、２０１７年にそれぞれ「公益財団法人日本台湾交流協会」と「台湾日本関係協会」に改称して現在に至っている。

この取決めによる双方の業務は、事実上、大使館機能の多くを引き継ぐものであり、スタッフの多くが官公庁から出向する形式をとっている。然しながら、あくまで表向きは民間機関であるとの建前から代表は双方とも民間人が務めることとなっている。また、日本が国家安全保障に対する視点を欠いたことから、交流協会に防衛関係者が配置される配慮は無く、外交関係の断絶下、日台間の防衛交流は以後、ほとんど機能しない状態となった。なお、極東情勢の緊迫化を受け、自衛官OBが交流協会に配置されたのは2003年以降である。

他方、当時の日本が台湾防衛の重要性をなおざりにしたことを、周辺諸国は重大な危機と受け止めた。日中国交正常化成立後、周辺のアジア諸国からは、一斉に日本が共産党一党独裁の中国を援助することに対する安全保障上の不安感と、日本の国際信義に対する不信感が表明された。特に、韓国は俊敏に反応し、説明に赴いた日本特使が日米安保条約第6条を根拠とした「韓国条項」を守ることを強調した際、既に「台湾条項」が無視されている現状を挙げ、警戒感を露わにしている。その後の中国の軍事的伸長に伴う、現在のアジア情勢に鑑みれば、これら周辺諸国の不安感は、安全保障を蔑ろにした日本の楽観的な姿勢に比して、余程正鵠を射たものであったと評価できる。

周知のとおり、その7年後の1979年に米国と中国は国交を正常化した。この結果、米国は台湾と断交し「米華相互防衛条約」を破棄したが、直後に「台湾関係法」を制定し、「米国と中国の外交関係樹立決定は、台湾の将来が平和的手段によって決定される期待に基づくものであり、それ以外は西太平洋地域の平和と安定に対する脅威として米国の重大関心事」として、引き続き台湾防衛に責任を有することを明言し(防御的な性格の兵器を台湾に供与)、他の米同盟国に対して、台湾を取引材料として中国との交渉を成就させたとの印象を回避した。

ここに示した通り、米国は「米中和解」と「国交正常化」を段階的に進め、結果として中国、台湾双方に均衡的な情勢を作為したと言える。一方、前述したとおり、日本は性急に「国交正常化」のみを希求し、その代償として何の留保もなく一方的に台湾を切り捨てたことは、後世に大きな課題を残す結果になった。

そのため、台湾は、1971年以降、一方的に厳しい国際環境に置かれる結果となったが、日米が、その状況をやむを得ず選択し肯定した理由を考察すると、次の3点に要約できると考える。

①米国はベトナム戦争の泥沼からの脱出と対ソ連包囲網の強化の一環として中国の協力が必要であったこと

②日米ともに中国の市場価値に大きな可能性を見出していたこと

③日米安保体制が機能している限り、中華民国の安全が近未来において直接脅かされる懸念が無かったこと

が挙げられる。

中国は、当時においても核兵器を保有する軍事大国ではあったが、その軍事ドクトリンは旧態依然としたものであり、大規模兵力を有するものの、その実態は旧式兵器の集合体に過ぎなかった。また、海・空軍戦力に至っては領域外に戦力を投射できる能力は皆無に近く、到底、日米同盟側の近代化された戦力に対抗できる性質のものではなかった。このため、当面、台湾の国際的な存在意義をある程度犠牲にしても中国に与する実利が大きく、何より、日米同盟が正常に機能している限

り、台湾の安全は、これを担保できるとの判断が、日米両国の戦略思想の根底に存在し、この変化を許容したことは疑いない。

しかしながら、その後の冷戦構造の崩壊と西側の関与政策によりもたらされた中国の急速な経済発展が、日本周辺の戦略環境を劇的に変化させたのであった。

第3章　台湾防衛の意義と日台関係の今後

第1節　台湾の戦略的重要性

1　自由民主の「第1列島線」

台湾はユーラシア大陸と太平洋、東北アジアと東南アジアが交わる地点に位置する。西太平洋の第1列島線の軸上の中心点に位置し、軍事地政戦略における極めて重要な地位を占めている。台湾の位置は、中国の海洋戦略の発展にとって、中国大陸の東南沿海（東・南シナ海）の海運航路を制する要域である。台湾を制すれば、中国海軍が第1列島線を突破して、太平洋に進出し、もしくは海域を制する能力がもたらされる。日米両国にとっては、日本の南方海上に防衛戦略の前線を保持し、安全を保障し相互支援が可能な要域である。台湾の戦略的位置は周辺海域に軍事力を投射する上での利便性を持っている。日本、米国、中国いずれにとっても、西太平洋における戦略的利益との関連において、戦力バランスを有利にすることができる。台湾はアジア地域の安定した発展にとり、キーポイント（枢要な要域）である。

2　インド・太平洋地域の地政戦略上のキーポイント

２０１７年1月、米国のトランプ大統領は就任直後、直ちに「米国第一」の戦略を打ち出した。その後継続的に、『国家安全保障戦略』（National Security Strategy, NSS）、『国家防衛戦略』（National Defense Strategy, NDS）、『核態勢見直し』（Nuclear Posture Review, NPR）などの報告書を公表した。それらの中で中国は米国の世界的な指導国家の地位に挑戦する「修正主義大国」（revisionist power）であると明言し、戦略的競争者として定めた。そして中国の飛躍的進歩は、米国が最も注目している安全保障上の挑戦であるとの認識を示した。

２０１６年、当時の安倍政権は対外政策の中核として「自由で開かれたインド太平洋」構想を掲げた。翌年トランプ政権も「自由で開かれたインド太平洋戦略」（Free and Open Indo-Pacific: FOIP）のビジョンを打ち出した。２０１８年には戦略が強化され、日本、オーストラリア、インドとその他の同盟国及びパートナーとの外交戦略上の連携を強化するとし、域内の国家間の軍事交流を促進し、国際海域の自由航行を維持し、紛争の平和的解決に尽力すること等が謳われた。

米国国防省は、２０１８年5月に「米国太平洋軍」(U.S. Pacific Command)を「米国インド太平洋軍」(U.S. Indo-Pacific Command)に名称を変更した。担任する地域は従来どおりだが、中東やアフリカと接続するインド洋から太平洋に至る広範な地域をＦＯＩＰとの関連であらためて定義することを狙ったものとみられる。米国インド太平洋軍の担当地域には台湾が含まれており、その防衛に関する事項は台湾関係法により定められている。台湾はインド太平洋地域の戦略的キーポイントに位置し、台湾海峡での状況は国際交通の安全とグローバルな経済発展に重大な影響を与える。長年、台湾が実績を積んできた自由と民主、経済発展、テクノロジー、災害救助の

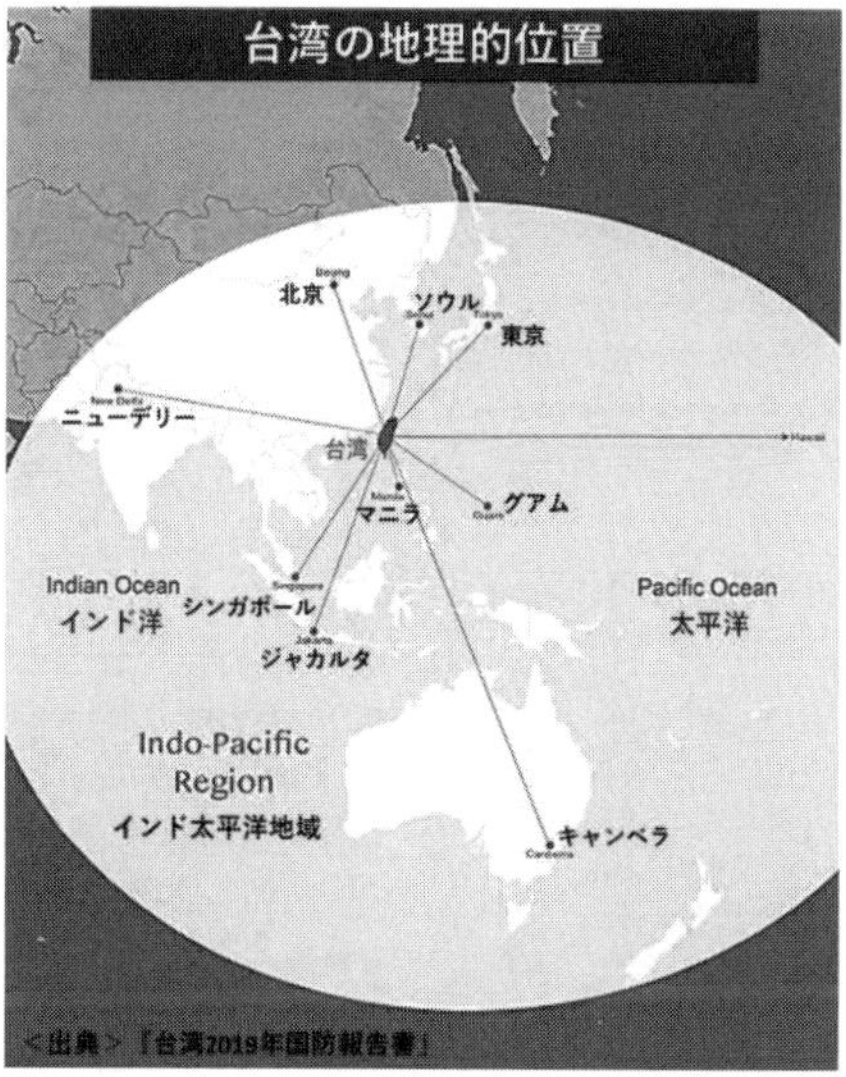

台湾はインド・太平洋地域の地理戦略上のキーポイントに位置し、台湾海峡の状況は国際交通の安全とグローバルな経済発展に重大な影響を与える。
＜出典＞『台湾2019年国防報告書』

経験とその能力は地域の中でも模範とされている。台湾は、民主国家と共通した価値観を持っており、共に安全保障上の利益を維持し、発展のために協力できる。

国際社会は、インド太平洋地域を自由で開かれた地域として発展させ続けるには、海上と航空の航行の自由を確保することが不可欠であり、そのため台湾がインド太平洋の平和の鍵であるとみている。台湾海峡は地域間の運行と国際貿易の交通の要である。したがって現在の台湾海峡の平和と安定を維持することは、インド太平洋の他の諸国の利益とも一致する。また台湾の自由民主と開かれた存在は、自由で開かれたインド太平洋地域の永続的繁栄にも寄与する。したがって台湾はより積極的な役割を演じ、インド太平洋諸国の安全の鍵となることができる。

3　日本にとっての台湾の重要性

日本にとって、台湾海峡とバシー海峡をコントロールできる台湾の戦略位置は、極めて重要である。日本の貿易量の54％、原油と天然ガスの88％はここを通る（中国は80％の原油が通る）。台湾が中国による東シナ海、南シナ海進出の通航路をコントロールできることは、日本がこの海洋における航行の自由を確保することにつながる。米軍の対Ａ２／ＡＤ戦略の確保、すなわち中国軍の太平洋進出を抑止する戦略は全てこの海域で行われる。従って台湾は、米軍（自衛隊）と中国軍が必ず争奪を競う要域となる。もし台湾が中国の一部となれば、日米の第1列島線の防衛ラインが崩壊するだけでなく、東シナ海、南シナ海は中国の内海となり、直接に日本と第2列島線、西太平洋の米軍にまで脅威が及ぶ。その脅威が現実に迫っているのである。

第2節　中国の「核心的利益」としての台湾と尖閣諸島

1　中国の言う核心的利益の意味

中国は、胡錦涛政権下の2011年9月に発表した『中国の平和的発展』において、国家主権、国家安全保障、領土保全、国家統一、憲法で確立された政治制度と社会の安定、社会の持続可能な発展の基本的保障といった、いわゆる「核心的利益」を断固守るとしている。

これは、台湾やチベット、新疆ウイグルにおける中国の主権を維持するためには、武力行使を含むあらゆる手段を用いることを意味するとされる。

例えば、台湾について中国は、台湾との平和的統一を指向しているとした上で、外国勢力による中国統一への干渉や台湾独立の動き（米国による台湾への武器売却等）に反対し、「反国家分裂法」等で武力行使を放棄しないことなどを表明している。

2　台湾は中国の一部

反国家分裂法（2005年）は、その第1条で「「台独」分裂勢力（「台湾独立」をめざす分裂勢力）が国家を分裂させるのに反対し、これを阻止し、祖国平和統一を促進し、台湾海峡地域の平和・安定を守り、国家の主権および領土保全を守り、中華民族の根本的利益を守るため、憲法に基づいて、この法律を制定する」と定めている通り、同法は台湾独立を阻止する目的で制定された法律である。そして、第2条で「中国は一つ」、「台湾は中国の一部」と述べ、「台湾を中国から切り離すことは絶対に許さない」としている。

第3条は、「台湾問題を解決し、祖国の統一を実現することは、中国の内部問題であり、いかなる外国勢力の干渉も受けない」とし、第8条（末条）で「「台独」分裂勢力がいかなる名目、いかなる方式であれ台湾を中国から切り離す事実をつくり、台湾の中国からの分離をもたらしかねない重大な事変が発生し、または平和統一の可能性が完全に失われたとき、国は非平和的方式その他必要な措置を講じて、国家の主権と領土保全を守ることができる」と規定している。

つまり、中国は、台湾の分裂勢力や外国勢力の干渉によって台湾独立の事実をつくるか、平和統一の可能性が失われたときには、非平和的方式その他必要な措置、すなわち武力行使を含むあらゆる手段を用いて主権と領土保全を断固守るとしている。

一方、中国外交部は、1971年12月30日、魚釣島などの島嶼を沖縄返還協定の「返還区域」に組み入れているのは、「中国の主権に対する大っぴらな侵犯である」との抗議声明を発表した。その根拠として「早くも明代にこれらの島嶼はすでに中国の海上防衛区域に含まれており、それは琉球すなわち今の沖縄に属するものではなくて、中国台湾の付属諸島である」ことなどを挙げた。

3 魚釣島（尖閣諸島）は中国固有の領土

中国は、2012年9月25日に発表した「釣魚島は中国固有の領土である」と題した白書（釣魚島白書）において、「釣魚島およびその付属島嶼は中国台湾島の東北部に位置し、台湾の付属島嶼である」という独自の主張を改めて繰り返した。

野田政権下の日本政府は、2012年9月11日に民有地であった尖閣諸島の3島を購入し国有地化した。それ以降、中国は反発を強め、中国公船等による尖閣諸島周辺の接続水域内入域及び領海侵入の常態化など海洋進出を活発化させるとともに、中国航空機による初の日本領空侵犯（12月）も行った。

2013年には、中国艦艇が東シナ海において海自護衛艦搭載ヘリに火器管制レーダーを、また海自護衛艦に火器管制レーダーを照射する事案（いずれも1月）が発生した。さらに、東シナ海に防空識別区を設定（11月）するなど、中国は日本への圧力を強め、領土問題の存在を認めるよう迫った。

これらを背景に、中国が尖閣諸島を、妥協の余地のない国益を意味する「核心的利益」と公式に位置付けたのは、問題を新たな段階に押し上げ日本に対する極めて重大な挑戦状を突き付けたことに等しい。

4　覇権的拡張の口実に使われる核心的利益

中国は、2012年11月の米中戦略経済対話において、載秉国《たいへいこく》国務委員が、フィリピンやベトナムなどと領有権を争う南シナ海を中国の核心的利益であると発言している。

日本の防衛白書（令和2年版）によると、2016年6月、中国の常万全国防部長は、訪中した火箱芳文元陸幕長と面会した際、「日本は、東シナ海、南シナ海等の中国の核心的利益に関わる問題に対してあれこれと批評し、『中国の軍事的脅威』を誇張している」と発言した。何をか言わんやである。

歴史的にも国際法的にも日本の固有の領土である尖閣諸島や領有権が争われている南シナ海を、

勝手に中国の核心的利益と主張し、台湾と同じように、武力行使を含むあらゆる手段を用いて奪い取ろうとする異常な行動は、中国が海洋進出によって覇権的拡張傾向を強めている証左であり、日本や台湾を含む地域と国際社会の安全保障上の強い懸念材料となっている。

このように、力を背景とした一方的な現状変更を推し進めている中国に対しては、法の支配の原則に基づく行動に服するよう、地域や国際社会が強い姿勢で臨むとともに、中国の軍事的冒険を抑止し対処する同盟国や友好国による安全保障・防衛の枠組を早急に構築することが必要である。

第3節　日中、日台関係の変化と新たな日台関係の模索

1　日中関係の変化

中国の経済が飛躍的に成長したため、日中の間は経済の相互依存関係と言うより、競争関係へと変化しつつある。中国の軍事力の増強により、日本の防衛の重心は北から南へ移行した。ロシアからの脅威が徐々に低下し、中国からの脅威が増大して中国が主要な脅威対象国となった。現在の日中間の戦略的利益に関する矛盾は以下のポイントに現われている。

・中国は名目上、東アジア、太平洋の地域を占有しておらず領域主権は保有していない。しかし、

尖閣諸島の主権など、中国が主張する核心的利益に関わる問題では、主権要求を追求して止まず、日本と主権を争っている。

・中国が主体となって始まった「一帯一路」戦略は、計画的に周辺国間の協力連携関係を分離する狙いがあり、同戦略にとり最大の障害は「日米同盟」である。

・「日米同盟」は中国が主権問題を処理する際の障害である。特に尖閣諸島の主権、台湾問題において、「日米同盟」が存在する限り、中国は、日本を挑戦的な脅威と見なす。

したがって、日本は現在、中国を将来的に最も大きい脅威と見なしており、日本の中国に対する戦略思考には以下の面が伺える。

・「日米同盟」体制により、中国による尖閣諸島への侵入と台湾へ軍事攻撃の実行を抑止する。相対的に台湾に対しても防衛上の抑止力を提供している。

・「日米同盟」を強化し、継続する。

・「自衛隊」の防衛力を強化する。

米軍のＪＡＭ－ＧＣ（Joint Concept For Access and Maneuver in The Global Commons）戦略構想の履行にあわせて、現在の「自衛隊」の防衛予算を、ＧＤＰの1％からＮＡＴＯと同じ2％に増額する必要性が高まっている。また米軍と自衛隊の作戦思想を一致させ、両軍の相互運用性をさらに強化する必要もある。今後、米軍に全面的に依存している攻勢作戦能力を保有する可能性もある。

2　日台関係の変化

日台関係では1972年の断交以降、一貫して、「政治冷淡、経済活発」という状態が続いてきた。しかし日本は安倍政権になってから、台湾に各種の善意の手を差し伸べるようになった。さらに、トランプ政権になり、国防授権法（NDAA）、台湾旅行法の制定など、米国の台湾に対する政策も大きく変化した。日台関係も、蔡台湾総統の「日台安保対話の強化」の呼びかけにより、「政治冷淡、経済活発」の状態から、徐々に正常な国家間の交流という新形態へ移行しつつある。「日米同盟」と同様に、米国と台湾も密接な軍事交流を保ち、情報を共有している。台湾は地政学上、日本にとり絶対的な重要性がある。日本は、中国との関係に配慮して、台湾に対する外交関係を意図的に抑制してきた。しかし、中国の東シナ海を支配しようとする野心に変化が見られない今日、台湾防衛の重要性は猶予のない状況になっており、日本は台湾防衛にコミットしていくことを真剣に考えなければ自らの安全をも脅かされることになる。

また、中国は日本経済に対して一定の貢献をしているが、中国経済政策への過度の依存は外的環境の変化により困難となっており、東シナ海の主権争いでは中国から経済面での報復を受けかねない。そのため中国に対する依存を減らし、台湾との経済協力を拡大させる必要があることは論を待たない。

3　日台間の新たな戦略的関係の模索

（1）政治・経済面

台湾の政権与党の現在の中国に対する政策は「両岸の現状維持」であり、日本に対しても、例えば台湾が「沖ノ鳥島」への巡回行動を取りやめる等、前政権よりも友好的になっている。そのため、日本は友好的な台湾政府に対し、「自由貿易協定」（ＦＴＡ）の早期交渉を即座に開始した。台湾と経済面で安定したパートナー関係となり、経済的な結合を基礎として同盟関係を作り出すこともできよう。

（2）軍事面

米国のトランプ前政権は、台湾のために「国防授権法」「台湾旅行法」などを制定し、軍事支援の強化と政府高官と軍関係者の交流を解禁した。中国は猛烈に反対しているが、米国は継続して親台政策を繰り出している。日本は時期を見極めて、米国経由で台湾に対し軍事上の支援を行なうべきである。

日本は１９７０年代以降、台湾と正式な外交関係がなく、台湾と交流できる様々なルートを断ち

「日米台軍事同盟」の可能性

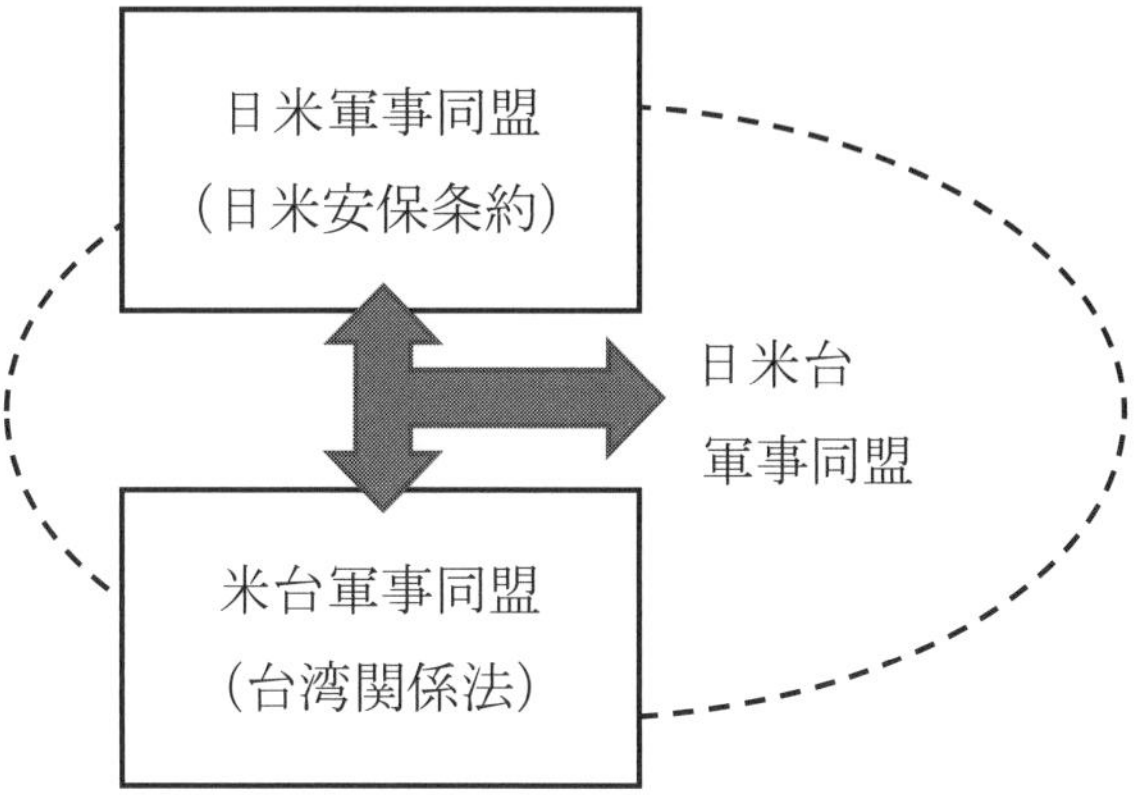

＜出典＞筆者作成

切った。しかし日台間では50年代から70年代には、「白団」のように、日本が台湾に軍事教育および教官の支援を行っていた。台湾と外交関係を結んでいた時には、「日華平和条約」の下、軍事交流では長い時期にわたった交流経験がある。

いま中国は日本の最大の脅威対象国となり、米国も台湾に対する軍事政戦略を修正している。現在は、日本が台湾に対する安全保障政策・戦略を変更し、調整する好機である。日米安保条約を通じて、「日米軍事同盟」に台湾をその一環として取込み、日米台が共同して東シナ海の安全と台湾海峡の安全、および領土の主権と安全を維持することを大いに期待したい。

第2部　台湾の危機は日本の危機
——台湾の安全保障と日本

中華民国（台湾）は、1949年末に中国大陸から台湾に撤退し、中華人民共和国（中国）が独立宣言して以来、台湾海峡を挟んで二つの政府が併存・対立する厳しい歴史が続いてきた。

1990年代になり、中華民国（台湾）は台湾で完全に自由な民主国家に変化した。他方で中華人民共和国（中国）は、独裁者による一連の社会運動（文化大革命など）を経験し、唯一経済発展が国家を強くする道だと悟った。中国は、80年代に「改革開放」を始めて外資による投資を招致し、21世紀となった今日では世界的な覇権国となった。

台湾と中国はそれぞれの政治体制と経済制度を発展させ、今日までに両国は掛け離れた価値観とイデオロギーを持った国となった。また、経済のグローバル化、中国による台湾資金ファンドの積極的勧誘によって、現在では台湾と中国の間には極端に危険な現象が形成されている。つまり台湾と中国との間で厳しい軍事衝突や対峙（例えば「古寧頭戦争」、「八二三砲戦」、「1996年ミサイル危機」（3次台湾海峡危機）等）があっても、経済面では依然として親密な交流が続く現実がある。

本第2部においては、日本にとり戦略上重要な台湾の安全保障・防衛について、第2次大戦後の安全保障の面から見た両岸関係（台湾海峡危機）、台湾の防衛戦略の歴史的な経緯と現状そして現在台湾及び日本が直面している危機の概要について紹介する。

第1章 台湾海峡危機の歴史

第1節　台湾海峡危機の歴史

1　国府の台湾統治と国共内戦の継続

中華民国政府（国府）は、1949年に中国大陸の南京から台湾の台北に転進した。それ以降は台湾本土に根付き統治を行って来た。当時政権を担当していた国府は、中国共産党の脅威に対抗するため、そして中国大陸での失敗の教訓を生かして、「戒厳令」を発布して台湾を統治していた。台湾人民は、言論、出版、集会、結社等の自由が制限された。また国府では、一党（中国国民党）支配が維持され、自由が制限された状況はしばらく続いたが、１９８７年に「戒厳令」が解除された。その後、国府は民主化に向けて動き始めた。

中華人民共和国（中共）は、政府を樹立させた後、間もなく国府の「解放」を急いだ。中共は、中国大陸にある全ての政治権力を受け継いだと認識していたため、１９５０年代から武力による「解放台湾」を建国後の主要目標としていた。国際共産主義が拡張し、１９５０年に朝鮮戦争が勃発した。中共は、ソ連陣営に入り、義勇軍を派遣して朝鮮戦争に参加させた。米国も共産主義の拡張を阻止するために、朝鮮半島に兵を派遣した。また米国は、国府を共産主義拡散阻止の包囲網の一翼とするために第７艦隊を台湾海峡に派遣し、台米間で共同の防衛条約が締結された。

国府は、正式に米国を中心とする「反共産主義陣営」の一員となり、国家の安全は完全に米国の保護を受けることになった。台米両国は、１９５４年に「華米相互防衛条約」を締結した。

その後の国共の戦いは台湾海峡を挟んだ争いとなり、３次に亘る台湾海峡危機を招来させることとなる。

2　台湾海峡の危機の始まり——第１次台湾海峡危機

「華米相互防衛条約」が締結された翌年の１９５５年に、中共は、江山島と大陳島の戦いを発令

台湾海峡危機の歴史

危機の区域	年代	中国の動機	結果
第1次 台湾海峡危機 浙江省群島 江山島戦役 大陳島撤退	1954～ 1955	•華米共同防衛条約の不満から、米国が国府を支持する程度を試す。•国際社会における「台湾地位未定論」と「二つの中国」の見方に対し、行動で決心を表した。•米国が東南アジア地区で建てた包囲網（東南アジア諸国連合）に対する不満。	国府が維持していた中国浙江省沿岸の群島（一江山島、大陳島）に対して解放軍が攻撃して占領した（米国の支援、米国海軍第7艦隊の援護により大陳島から国府国民を台湾本土へ撤退させた）。浙江省の離島拠点を全部放棄した。
第2次 台湾海峡危機 金門島馬祖島 閩江口海戦 金門砲戦（八二三砲戦） 大膽島戦役 料羅海戦	1958～ 1979	•中東イラン危機の反米をきっかけに、台湾海峡にも同様の危機を起こさせ、反米、反覇権イメージを樹立•国府と米国が大陸東南沿海で起こした騒動への復讐•米国の国府への支持の程度を試す。	中国軍は金門島守備隊に砲撃を開始し、国府側は空中戦を仕掛けそれに勝利した。米国の支援を受けた国府は反撃の砲撃を開始し、共産軍は、米国との全面戦争を避ける為、「人道的配慮」から金門・馬祖島の封鎖を解除した。1979年の砲撃停止以降、人民解放軍と国府軍との武力衝突は発生しておらず、2021年時点では第2次国共内戦最後の戦闘行為となっている。
第3次台湾海峡危機 台湾海峡 基隆港附近 高雄港附近	1995～ 96	1　米国に李登輝元総統の訪米の承諾を変えるため、中国は不満を表明した。 2　台湾の実務的外交を弾圧。 3　台湾独立を脅迫して阻止。 4　米国の台湾に対する支持の程度を試す。 5　台湾総統選挙に影響を与える。	中国の軍事演習の結果、米国による台湾への武器販売についての支援は強固なものとなり、日米間の軍事協力が強まり、台湾防衛で果たす日本の役割が高まった。

<出典>各種資料を基に筆者作成

した。いわゆる第1次台湾海峡危機である。これは、米軍の介入によりすぐに収まったが、徐々に国府が台湾海峡と領海内における実力を弱める結果をもたらした。

毛沢東は、１９５８年には「華米相互防衛条約」に挑戦するとの企図をもって、「金門砲戦（八二三砲戦）」と台湾海峡間の空中戦を発令した。その後20年余り続くことになる第２次台湾海峡危機の始まりである。

金門島の八二三砲戦記念館

＜出典＞『台湾2019年国防報告書』

第２次台湾海峡危機（金門砲戦（八二三砲戦））は、第２次世界大戦以来の砲戦火力密集度の最高記録を破った。金門島は、中国共産軍砲兵による５３０門の大砲で約１００日間の砲撃を浴び、砲弾44万発で攻撃された。当時子どもだった住民は「雨のように降り注いだ。サイレンが鳴るたびに防空壕に駆け込んだ」と当時を振り返る。しかし中共は、結果的に金門島を占拠することができず、国府軍の損害は、たったの大砲30門ほどだった。中国大陸と金門島との間での砲撃合戦は、その後ルーティンワークのようになり17年続いた。

第２次台湾海峡危機の期間中（１９５８〜７９年）は、米国大統領アイゼンハワーが国府を訪問した際（１９６０年６月）に砲撃が激しくなった以外、多くは宣伝弾として互いが発射し合った。中共と米国の関係は70年代から徐々に改善され、鄧小平が副総理に就任した後に、中共は米国と１９７

1960年に台湾を訪問したアイゼンハワー米国大統領と蒋介石総統

＜出典＞台湾 Photo Credit：達志影像

9年1月1日に「建交公報」を締結した。中華民国（台湾）と米国間の「華米相互防衛条約」は廃止され、中国も金門島への砲撃をやめた。中共は、直ちに「平和統一、一国両制」で過去の武力解決論に取って代わり、基本政策の主軸とした。米国の国会では「台湾関係法」が制定され、台湾との関係を規定した。

3　台湾の民主化と第3次台湾海峡危機

90年代から登壇した李登輝総統は、台湾の民主化に邁進した。台湾人による直接の総統選挙で独裁政治が消失した。しかし自由民主化によりメディアが頭角を現し、各種の政治主張が現われた。加えて民族の自己認識と政党の政治利益等から、台湾内部で台湾独立の支持、現状維持、中国との統一などに意見が分かれた。台湾がアイデンティティ危機に陥った。

1996年の総統選挙で、中国は、台湾の選挙に影響を及ぼそうと試みて、親中派の候補者を支持し、台湾海峡でミサイルの軍事演習を実施した。中国大陸から発射されたミサイルは、台湾の高雄と基隆からそれぞれ約40キロ付近の海上に着弾した。この事で台湾人民は相当緊張し、台湾軍は戦争準備態勢に入った。米国は空母を台湾海峡に派遣し、台湾を支援した。この事件は、台湾海峡の両岸関係が70年代以来で最も緊張した瞬間で、後に第3次台湾海峡危機と呼ばれた。

第2節　台湾の国防戦略の変遷

6個の期間とその特色

1949年に蔣介石が中華民国政府を移転した以降、台湾は中国との間で軍事的な衝突、平和安定、緊張状態を経験してきた。その時々における台湾の国防戦略は、以下の六つに区分できる。この6個の時期における変化の過程は、米国と日本のグローバル戦略、アジア太平洋情勢、中国と台湾の関係性、これら全てと密接な関連がある。次頁の6個の時期の中で、台湾国防戦略の発展を紹介する。

(1) 攻勢作戦時期（1949〜69年）

台湾国防戦略の変遷

年代	期間	戦略	目標	国際情勢
1949〜1969	軍事衝突	攻勢作戦	大陸反攻作戦	冷戦開始、朝鮮戦争、日米軍事同盟 第1次・2次台湾海峡危機、台米軍事同盟（「米華相互防衛条約」）
1969〜1979	低度衝突	攻守一体	中国による金門、馬祖列島の占領の防止	ベトナム戦争、台湾の国連脱退、台日・台米断交 中国文化大革命
1979〜1994	平和対立	守勢防衛	台湾防衛	冷戦終結、中国経済の改革開放、台湾と中国が交流を始める、老兵による里帰り（離散家族）、文化・観光・ビジネス交流
1994〜2009	衝突交流	攻勢防衛防衛固守、有効抑止	台湾防衛	WTO（世界貿易機関）成立、ビジネスのグローバル化、イラク戦争、台湾民主化、第3次台湾海峡危機（ミサイル危機）
2009〜2016	平和交流	守勢防衛有効抑止、防衛固守	台湾防衛平和会談	台湾と中国の全面交流、ECFA（両岸経済協力枠組協議）貿易条約の締結、ひまわり学生運動
2016〜	軍事脅威	攻勢防衛防衛固守重層嚇阻	台湾防衛中国の東沙、太平島占領の阻止	日米インド・太平洋戦略 中国戦闘機の台湾巡回軍事訓練 日米共同声明による台湾海峡安定重視、台湾の第1列島線戦略の地位上昇

<出典>各種資料を基に筆者作成

1949年から、世界情勢は二極化され、対抗する時代に入った。ヨーロッパでドイツは東西に分かれて建国され、ヨーロッパは分裂した。東アジアでは、国民党と共産党による内戦により、台湾と中国の二つの政治体制が対抗する状況になった。中国はこの時期の対台湾政策として、武力による「台湾解放」を主な政策とした。中国は、「台湾血洗」（台湾を血で丸洗いすること）を宣言し、連続した台湾侵略戦争を発動した。翌1950年の3月から5月、中国は海南島、舟山群島と萬山群島を攻撃した。しかし、1950年

6月25日に朝鮮戦争が突然に勃発し、米軍が中朝国境に迫ると、中国人民義勇軍（志願軍）が10月19日に「鴨緑江」を越え、米軍に対抗するために参戦した。

中国が朝鮮戦争に介入した後、米国は戦略的な中国包囲態勢の構築を開始した。米国と台湾の軍事関係を強化し、1950年6月に米国は第7艦隊を派遣して台湾海峡に展開し、さらに、1954年6月までに台湾に対し総額14億ドルに達する資金援助を行った。当時の中華民国国民党政権は、米軍の力を借りて、中国大陸に戻って中国共産党軍を攻撃することを主張していた（大陸反攻作戦）。したがってこの時期の中国に対する軍事戦略を「攻勢戦略」と位置付け、攻勢作戦による「大陸反攻の機会を創出する」との作戦用兵指導方針に基づき、大陸に対する攻撃能力を維持していた。

1954年、朝鮮戦争が終わり、台米間で実質の軍事同盟「華米相互防衛条約」を締結した。その際のコミットメントの内容として米軍は、台湾本島と澎湖島を防衛し、米台相互防衛の目標を達成した後、台湾は直ちに「台澎金馬（台湾領の澎湖島・金門島・馬祖島）を確保して、大陸への反攻の態勢をとる」という戦略方針を提示した。

そのような中、1958年の中国による金門砲撃事件で、第2次台海（台湾海峡）危機が発生した。これにより、台湾と米国による台湾澎湖共同防衛の関係はより強化された。また1962年、中国内部の「大躍進政策」が失敗し、台湾はこの機会に中国に軍事行動を起こすことを準備したが、米国の反対により取りやめた。この二つの事件がきっかけとなり、台湾は軍事行動による中国大陸への上陸戦争の考えを取りやめた。1966年、戦略方針を「復興基地（台湾を中華民国復興の基地と

キッシンジャーと会談する毛沢東

＜出典＞パブリック・ドメイン

する考え方）を堅固にし、大陸地区での抵抗を導き、台湾海峡を制御し、軍事戦備を強化し、即時に大陸に反攻する」に修正した。

（2）「攻守一体の時期」（1969～79年）

この時期に、国際的な安全保障環境は大幅に変化した。キューバ危機（1962年）以降、米国は中国に対する戦略関係を変化させ始めた。「中国カード」を利用してソ連の勢力拡張を制約した。1971年にヘンリー・キッシンジャー大統領補佐官は中国を訪問し、1972年に米国と中国は「上海コミュニケ」を共同発表した。双方はこれをきっかけに関係を正常化した。

このコミュニケの中で米国は「一つの中国」政策以外に、「台湾からの米軍と軍事施設の撤退」にも同意した。米国の戦略方針の変化に応じて、台湾の戦略も「攻勢」から「防衛」へ転換し、軍事力建設及び戦備を攻勢主体から防衛主体へと調整していった。軍事の重点を防衛作戦の強化に置き、中国に対する空中偵察活動を徐々に取りやめた。しかし一方で、米国は台湾との軍事協力関係を強化した。1972年に米台は共同生産による350機のF－5E戦闘機の製造を決定し、台湾に3隻の駆逐艦を供与して台湾の防衛作戦能力を強化した。

（3）守勢防衛時期（1979～94年）

1979年元旦、中国と米国は正式に国交を始めた。同時に米国と台湾の「米華相互防衛条約」は破棄された。一方、米国は「台湾関係法」（Taiwan Relations Act: TRA）を制定し、台湾を保護した。米国は「一つの中国」という原則のもとで、台湾の安全を脅かす全ての危機に対応できるように、台湾防衛用に限り米国製兵器の提供を行なうことになった。

中国は経済改革開放を始め、鄧小平党副主席は1979年に『台湾同胞に告ぐ書』を発表した。平和による統一が武力による解放政策に取って代わるかのように宣告し、金門などの大陸沿岸諸島への砲撃を停止し、交渉によって軍事対立状態を終わらせることを希望した。一方台湾は、政治の民主化と経済の自由化を加速した。中国に「三民主義（民族主義、民権主義、民生主義）による中国統一」を提示し、「三不政策」で応じながら中国の統一戦争を目指す攻撃的体制と和解した。

column

「三不政策（三つのしない政策）」

三つのしない政策は、台湾が中国に対して取っている「不接触、不談判、不妥协」【接触せず、談判せず、妥協せず】を指し、台湾人の大陸訪問を【禁止せず、奨励せず、援助せず】を新しい「三不政策」と呼ぶ。

＜出典＞各種資料を基に筆者作成

何文徳さんの里帰り講演

＜出典＞人民網：台灣頻道
http://tw.peopledaily.com.cn/BIG５/n１/2017/1201/c14657-29679205-2.html

その後台湾は１９８７年、「老兵（大陸から撤退した国軍の退役兵士）」が中国大陸の家族と親戚を訪問することを解禁した（離散家族問題）。１９９１年３月に台湾政府は「財団法人海峡交流基金会」（略称「海基会」）を設立し、同年12月に中国も同様の組織である「海峡兩岸関係協会」（略称「海協会」）を設立した。これによって台湾と中国は新たな交流段階に入り、双方が会談と貿易投資の条約の締結を模索し始めた。

台湾と中国の人民の交流が頻繁になる一方、台湾と中国の経済貿易政策は、政治の意識形態に大きな変化のないまま、「政治」は政治、「経済」は経済と割り切る、いわゆる「政冷経熱」時代の到来という現象が発生した。

1996年第３次台湾海峡危機（ミサイル危機）基隆と高雄の港で演習

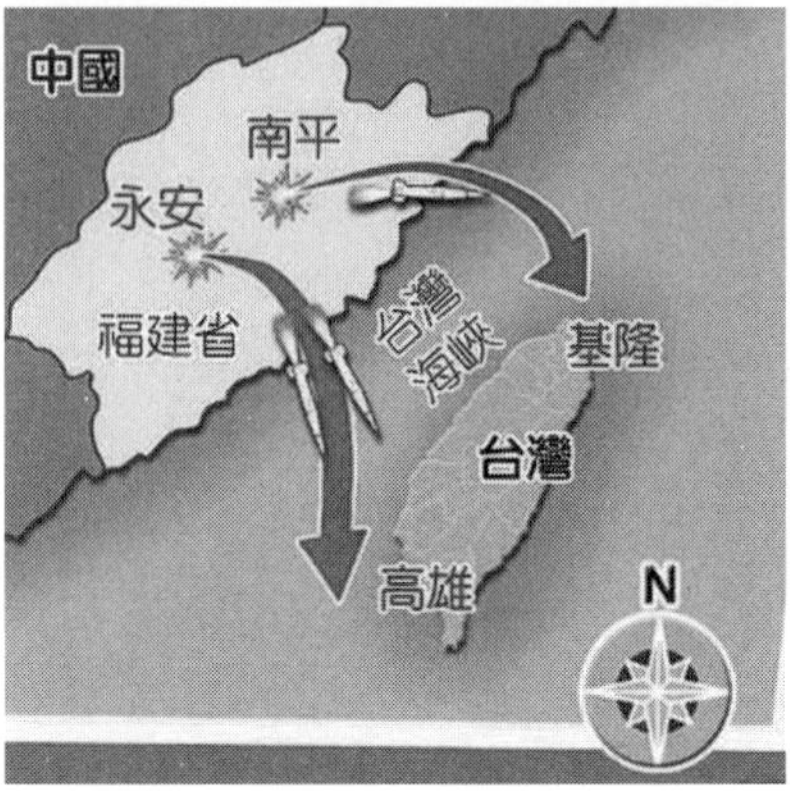

＜出典＞蘋果日報
https://tw.appledaily.com/headline/20130101/IEMPAIMR 3 VALSCQVKSVSAQFEZM/

グローバル化により中国の経済が発展した結果、台湾は中国大陸の市場への依存度を増した。それにより中国と台湾の経済貿易関係の発展に、偏りが発生した。

台湾の国防戦略も調整の必要に迫られ、軍事戦略を「防衛固守、有効嚇阻（有効抑止）」（以下、括弧内は筆者）、国防戦略を「制空、制海と対着上陸」に変えた。台湾軍の使命も、「台湾、澎湖、金門、馬祖を防衛し、共産党の軍事的な冒険行為を抑止し、台湾海峡の平静を確保し、両岸の平和的競争に保障をもたらすこと」、「中華民国憲法を擁護し、民主法治を保障」し「自由世界と西太平洋地区の防衛責任を分担することである」とされた。

（４）攻勢防衛時期（１９９４〜２００９年）

１９９６年に台湾で行われた第１回総統選挙は

李登輝を選出する選挙であった。中国政府は台湾の総統選挙に関し、李登輝に投票することは戦争を意味するとする、「台湾独立＝戦争」というメッセージを送ろうとした。中国は、同年3月23日の選挙日直前の3月8日から3月15日にかけてミサイル発射演習を行った。同演習では、基隆市と高雄市の港から25マイルから35マイルの地点（台湾の領海にわずかに入った位置）に向けてミサイルが発射された。

1996年台湾で行われた第1次総統選挙で李登輝当選

▲ 總統玉照由國史館提供

＜出典＞台湾総統府　https://www.president.gov.tw/Page/86#

この事件は、前述の通り第3次台湾海峡危機と呼ばれる。米軍が派遣した2個空母打撃群の協力のもとに、事態は平和的に解決され、李登輝は「第1次民選（1回目の民主的選挙）」により選ばれた総統となった。

第3次台湾海峡危機時の中国による軍事演習の結果、米国による台湾に対する武器売却への支持は強固なものとなり、日米間の軍事協力が強まるとともに、台湾防衛に果たす日本の役割が高まることとなった。

２０００年、台湾は第2回総統直接選挙を行なった。野党である民進党の陳水扁が当選し、さらに2004年に陳水扁総統は再選された。台湾の国防戦略も次の段階に入った。新たに「決戦境外」という作戦概念が提示された。陳水扁政権の「決戦境外」の軍事指導方針とは、「軍隊は、遠距離攻撃力を強化し、中国大陸への攻撃能力を確保し、有事の際、大陸に先制攻撃を実施し、大陸側の上陸作戦を実施不可能にする」という考え方である。

台湾の戦略目標は、「台湾が21世紀の間、十分な防衛能力を維持できるように保障すること」となった。その次の目標として、「新たな安全」を作り出し、「自信が持ててかつ安全な軍建設措置」を推し進める。そのうえで、中国との「互信（相互信頼）」の制度を築き、軍備競争の緩和及びアジア太平洋の平和を確保する。この三つの目標に達することを期待し、台湾の国防戦略全般も、受動を主とする「防衛固守」から、能動的な「有効嚇阻（有効抑止）戦略」の考えに変わった。

（5）和平交流（2009～16年）

2008年、「中国との交流拡大」を主張する国民党の馬英九は台湾民選の第3回総統直接選挙に当選した。馬英九は、「中華民国憲法の枠組の下で、統一しない、独立しない、武力行使をしないという現状を維持し、『九二共識、一中各表（一つの中国の中身についてはそれぞれが解釈するとの、1992年のコンセンサス）』の基礎の上に、両岸の交流を推進する」とした政策綱領を採択した。台湾と中国の間で全面的な交流が始まり、飛行機の直行便の新設、経済貿易の往来、中国観光客の来台などが始まった。同時に中台経済協力枠組協定（Economic Cooperation Framework Agreement, ECFA）も締結された。

馬英九政権の大陸政策は、外交面では中国と外交関係の争奪戦をしない「外交休兵」を方針とし、軍事面では「軍事相互信頼メカニズム」を促進することに努力した。経済面では中国大陸との経済交流の活発化を指す「西進政策」を牽引することにより、両岸関係に「ウィン・ウィン関係」を実現することを目指した。中国との「経済戦」・「外交戦」・「軍事戦」などを避けて、台湾自身と周辺地域の平和と安定に大きな成果をもたらした。

2014年には、台湾と中国の間では、毎日118便の航空機が往来し、中国観光客の来台人数は285万人に達した。24000人余りの中国人留学生が台湾の各大学で勉強していた。この頃に、中国と台湾の交流はピークに達した。2014年4月、台湾と中国は21項目の協議、二つの共識（共通の認識）を締結した。その内容には、経済貿易、金融、交通、社会、衛生、司法の互助などが含まれている。台湾の経済にとり、大きなプラス成長をもたらしたが、中国への依存もより一層深まった。この状況は一部の台湾人の反感を呼び、2014年には学生団体が立法院を占拠するという事件、いわゆる「ひまわり学生運動（太陽花学運）」が発生した。その流れを受けて2016年の総統選挙立法院選挙では政権交代が行われ、中国への抵抗と台湾独立を目指す民主進歩党が台湾の政権与党になった。

馬英九政権の時期には、台湾の国防戦略は以前の戦略にならい、「有效嚇阻（有効抑止）、防衛固守」に戻った。また徴兵制を取りやめ、募兵制（志願制）に変わった。2000年以前は、台湾の成人男性は2年間の服役が義務化されてきた。しかしその後に幾度か短縮されたのちに、2013年から服役期間は4ケ月に短縮され、軍隊は精兵主義をとり、軍隊の規模を徐々に縮小した。「防衛固守、有効な抑止」を軍事戦略構想とし、「戦争したくないが戦争に怯えていない、戦争準備をしているが戦争を求めるものではない（止戰而不懼戰、備戰而不求戰）」を理念として、戦争が不可避になった際に、軍の統合力による、全国民と連携し統合的な防衛体制による防衛作戦を遂行し、国家の安全を確保するとされた。

しかし一方で中国は2000年から、急速な経済成長を背景に、継続的に高水準で国防費を増加し、それをベースとして軍事力を質・量ともに広範かつ急速に強化した。台湾と中国の間の軍事パワーに不均等が生じた。2015年時点で、中国の陸上兵力40万人に対して台湾は13万人、中国戦闘艦艇67隻に対して台湾27隻、中国戦闘機1700機に対して台湾388機となった。このように中台間の軍事バランスは大きく中国優位に傾きつつあり、将来この傾向がさらに大きくなった場合、中国が台湾に対し武力行使をする可能性は高まるとみられた。

（6）軍事脅威時期（2016年以降）

台湾では、2016年1月に行われたダブル選挙（総統選挙・立法委員選挙）で、民主化後3度目となる政権交代、そして民進党による初めての「完全執政」が確実となった。「92年コンセンサス」を認めない蔡英文政権が誕生したことで、前政権（馬英九政権）期に中国との間で醸成されていた

「相互信頼」が失われる形となり、ＥＣＦＡによる交流は、「ひまわり学生運動」という政治運動などによって棚上げ状態に陥った。

両岸の経済交流には、23件の協議しか存在しない。さらに、馬英九政権に於ける両岸の経済業績については、一部の両岸協議が白紙化され、政権交代後の民主進歩党が実施する「南進政策」（大陸に代わって東南アジアを貿易対象にする経済政策）によって解消される状況にある。

中台間の相互不信の下で、中台の政権間レベルの対話・交流のチャネルは事実上途絶えているが、経済・文化を中心とした民間交流は継続されている。しかし、対話と交流は、現状では徐々に減少中である。

column

「ひまわり学生運動」（太陽花学運）以降の台湾のアイデンティティの変化

台湾アイデンティティのベクトル

①は中華民国を支持し、大陸との統一を希望する者（少数）

②は中華民国の独立を希望し、大陸との統一は必要としない者（多数）

③は台湾を自己同一視（identify）するが、大陸との統一を望むという者で論理的に存在しえない

④は中華民国自体を否定し、台湾として独立を希望する者（少数）

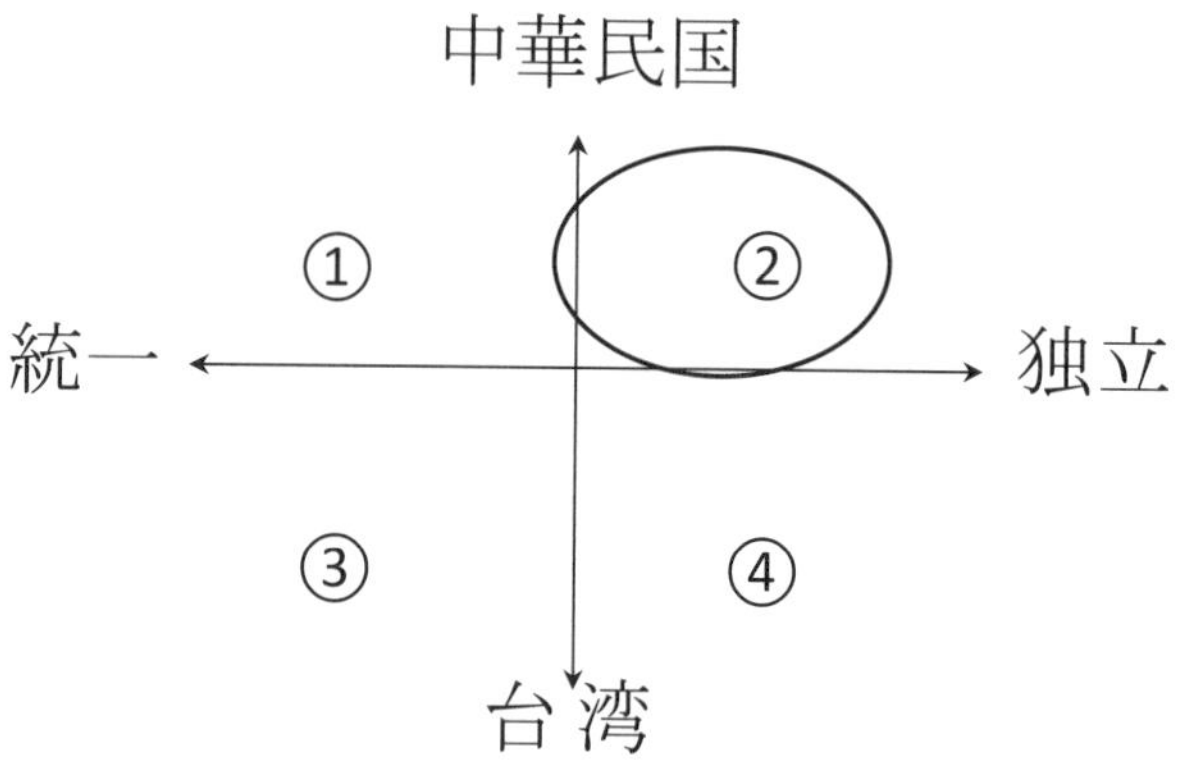

≪出典≫各種資料を基に筆者作成

1985年～2016年、台湾人における国家・民族アイデンティティの変化

項目	1985年	1995年	2016年
自分は台湾人と認識	44%	55%	73%
台湾人と中国人、両方にアイデンティティがある	31%	20%	11%
台湾人イコール中国人との認識に共感	15%	14%	10%
自分は中国人との認識	4%	5%	1%

＜出典＞聯合報「聯合報系民意調査中心」
https://ws.mac.gov.tw/001/Upload/OldFile/public/Attachment/9771012117.htm

2016年に中国は、台湾の独立傾向を止めるために、空母「遼寧」の台湾海峡航行に加えて、軍用機による台湾周辺での飛行訓練を繰り返すなど、台湾への軍事的な圧力の行使と能力の誇示を強めた。中国側は台湾側より大幅に上回る数量の海空戦力を保有しているほか、台湾の全部又は一部を射程に収める750〜1500発の短距離弾道ミサイルをはじめとするミサイル戦力を保有している。

一方で、台湾の蔡英文総統は、中国と渡り合うには台湾が適切な防衛力を備える必要があるとし、中国による台湾侵攻を阻止するため、米国からの武器購入や軍の機構改革などを通じた「非対称戦力」の強化が急務だと強調した。

台湾は、国防費を増加させつつ自衛能力強化の取組みを進めているが、投入可能な資源において中国側と大きなギャップがあることを認識していることから、非対称な戦闘概念・戦力の整備を行なうこととしている。このような取組みの一環として、攻撃的・防御的な電子戦能力の強化、迅速な機雷敷設・掃海能力の強化、高速ステルス艦艇の整備などが強調された。

台湾当局は、防衛方針として「ヤマアラシ」（「非対称戦力」）戦略を採用すべきだと語っている。「ライオンは一般的にヤマアラシを食べたがらない」からだと、中国をライオンになぞらえている。

『台湾2019年国防報告書』に、台湾は、インド太平洋地域における米国の重要な安全保障上のパートナーであると明記している。米国は、台湾関係法に基づき台湾への武器売却を決定しており、2020年3月に成立した「台湾同盟国際保護強化イニシアティブ法（TAIPEI法）」にも

台湾蔡英文総統の空軍視察と訓示

＜出典＞『台湾2019年国防報告書』

台湾への定期的な武器売却の推進が盛り込まれているほか、同法は、台湾の安全などを脅かす行動をとった国との経済、安全保障及び外交関係の見直しや、台湾の国際機関への加盟等への支援などを米国政府に促している。

2019～2020年、米国による台湾への武器売却

1	対艦ミサイルシステム「ハープーン」
2	「M１A２エイブラムス戦車」108両
3	地対空ミサイル
4	F16の新型66機
5	移動式ロケット砲システム「HIMARS（ハイマーズ）」
6	空対地巡航ミサイル「SLAM-ER」長距離空対地誘導ミサイル
7	F-16戦闘機用の機外携行型センサーポッド
8	高度なドローン「MQ-９B リーバー」
9	陸上対艦ミサイル
10	水中に設置する機雷

＜出典＞各種資料を基に筆者作成

米国議会で承認された台湾に関連する重要な文書

承認	1952年	サンフランシスコ平和条約	
承認	1955年	米華相互防衛条約	1980年失効
策定、承認	1979年	台湾関係法	アメリカ合衆国連邦議会下院
決議	2016年	SixAssurances（六つの保証）	
策定、承認	2018年	台湾旅行法	アメリカ合衆国連邦議会下院
策定、承認	2018年	アジア再保証推進法	アメリカ合衆国連邦議会上院
策定、承認	2019年	台湾同盟国際保護強化イニシアティブ法（TAIPEI 法）「Taiwan Allies International Protection and Enhancement Initiative Act: TAIPEI Act」	アメリカ合衆国連邦議会上院

＜出典＞各種資料を基に筆者作成

第2章　現在の台湾の安全保障戦略

第1節　「漢光演習」にみる3段階防衛構想

台湾国防部2019年出版の「国防報告書」によれば、現在台湾の軍事戦略は「防衛固守・確保国土安全（国土の安全保障を確実にするための断固とした防衛）」「重層嚇阻・発揮聯合戦力（重層的な抑止・統合戦力の発揮、陸海空軍の統合戦力を発揮する）」とされている。

中国の攻撃に対して、台湾の全体防衛構想は三つの段階、すなわち「戦力の保存、浜海の決戦、灘岸で敵を殲滅」である。各段階の行動は、台湾の『2019年国防報告』によると次のようである。

現在の台湾の安全保障戦略

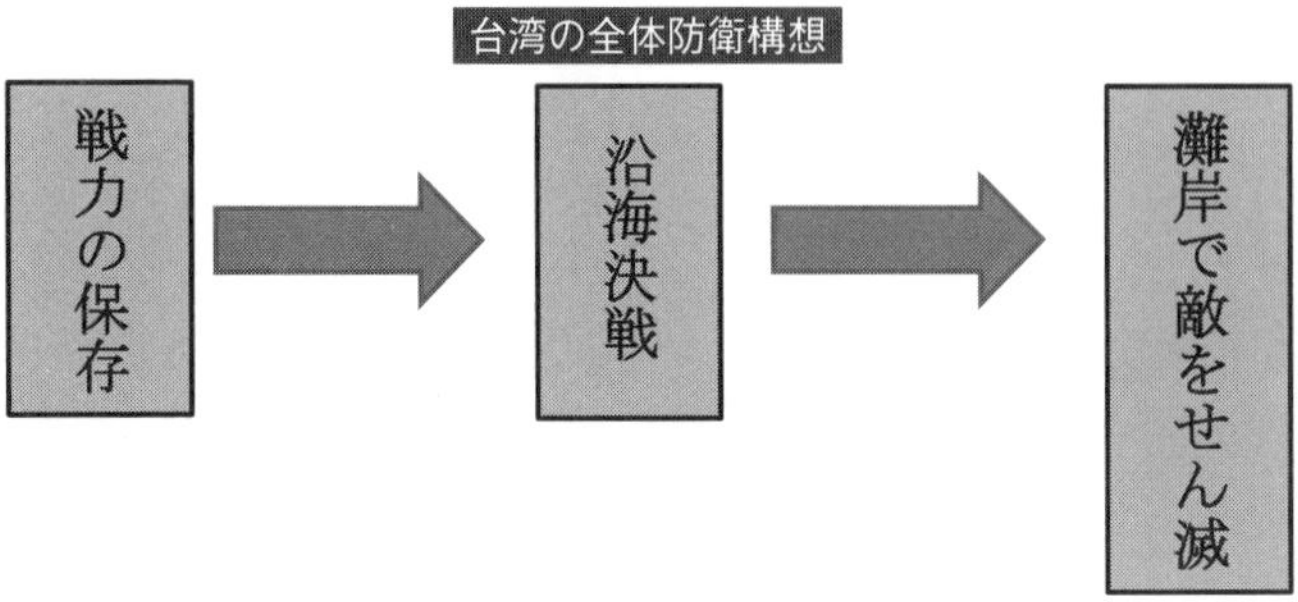

＜各種資料を基に筆者作成＞

1段階目は、中国に反撃するための「戦力の保存」である。台湾の中央部には高い山脈がある。中には、富士山より高い山もある。中国が台湾の東側を攻撃するには、山脈を越える必要があり、攻撃は非常に困難である。そのため台湾の空軍はミサイルの発射の兆候を探知したなら、中国大陸の反対に位置する台湾の東側の基地に退避し、何百機も収容できるシェルターに逃げ込んで破壊されないようにする。海軍も東側に退避し、陸軍は市街地に移動するなどして、戦力を温存する。

中国はミサイル攻撃の後に、戦闘機や落下傘（空挺）部隊を台湾に送り込んでくる。これに対して台湾軍は、戦いの第2段階目である「沿海決戦」にシフトし、反攻に転じる。

台湾には、中国よりも多い約3000発のミサイルがある。恐らく、「台湾は世界で最もミサイルの密度が高い国だ」と見られている。これで中国の戦闘機や基地などを破壊する。中国の戦闘機や船などが、台湾と中国の中間地点である100㎞に近づけば、台湾軍は決戦を挑み、艦艇を沈めるためのミサイルや機雷、潜水艦、無人機などで中国軍の上陸を阻止する。この戦いは約3日間

「漢光演習」

F-16戦闘機など、高速道路で緊急発進の演習
＜出典＞『台湾2019年国防報告書』

続くとみられる。

それでも中国軍が国土に接近し続ければ、台湾軍は戦いの第3段階である「灘岸せん滅」という作戦を発動し、戦車やヘリコプターなどの陸軍を投入し、敵を全滅させる。

以上の軍事戦略の下に定例の軍事演習「漢光演習」を実施している。「漢光演習」は中国軍を仮想敵として、毎年行われる台湾最大規模の軍事演習である。1週間かけて、陸海空軍計21万人全員が参加し、各地の予備役も動員される。

2020年の台湾軍による漢光36号演習のうち、「三軍聯合防衛作戦実兵操演（実際の兵士たちが実弾を用いる陸・海・空三軍合同防衛演習）」の目的は、各レベルの指揮官の作戦決定能力及び参謀の指揮官補佐能力を鍛えることである。演習では、沿海での戦闘における海と空への射撃、海からの上陸阻止、空からの着上陸侵攻阻止、特殊攻撃への対処、台北港と淡水河河口の防衛、後方支援部隊の編成などの大規模な演習が行われた。

第2節　対外関係に揺れる台湾の安全保障

1　台湾と中国との関係

(1) 国際法上の地位の問題

台湾を語るとき、その法的立場は、大陸を含む領域の主権国家としての中華民国、中国の一地方行政単位、領域を現在の版図に限定した台湾、あるいは独立を目指す台湾人の台湾国が混在している。中国の主張に従うと台湾省という一地方行政単位に過ぎないが、中国は、まだ一度も台湾を支配したことがないことも事実である。後述するように、現在、世界で15ケ国が台湾を承認しているが、これらの承認国は、清国の承継国であり大陸を含む中国を代表する主権国家としての中華民国を承認しているのである。

中華民国（国府）は、前述したように、第2次世界大戦を境に政権を担当してきた中国国民党が中国共産党との間の内戦に敗退し、その主権の根本たる「国土」と「国民」の大部分を喪失し、1949年12月8日に政府を南京から台湾の台北に移した。また、国府は、国連創設時から安保理事会の常任理事国であったが、中共と国連の代表権を争った結果、1971年10月に国連総会決議2758（アルバニア決議）が採択され、中共が代表権を認められることになり、国府は国連を脱退した。国府は、「大陸反攻」のスローガンを掲げることで、失った大陸の統治権を回復しようとしたたがこれを果たせず、１９８７年7月15日に軍事体制下の戒厳令を解除し「大陸反攻」を諦めた。中華民国の国際法上の地位は外交部条約法律局によると、「台湾は中華民国の一部」であることは、歴史あるいは国際法から見ても非常に単純で明快な事実であると主張する。

第2次世界大戦後、中国では内戦が発生し、１９４８年に戦局が逆転して中共が次第に優勢を占め、１９４９年10月1日に中華人民共和国が建国を宣布し、同年の12月、中華民国政府が台湾に移った。…１９５０年6月25日には朝鮮戦争が勃発し、…トルーマン大統領は、…「台湾のこれからの地位に関しては、太平洋地域の安全が回復されてから日本との平和条約が締結されたとき、改めて討論する」と言う声明を発表した。…いわゆる「台湾の法律的地位が不確定」という論説を生み出してしまった。

中華民国は、この様に「台湾の法的地位未確認論」の存在そのものは認めている。しかし、日華平和条約の当事国である中華民国は、同条約を根拠に同国の主権国家性を次のように主張する。

台湾と澎湖を中華民国に返還すると明確に規定してはいないが、中華民国政府はこの平和条約を締結する当事国であり、また条約の中に日本が台湾、澎湖を放棄すると明確に定められている。この条約の文面と内容（例えば、第3条の日本の台湾における財産の処理、第4条の中日間のこれまでの条約（「下関条約を含む」）の廃棄、第10条の台湾、澎湖住民は中華民国の国民であることに関する認定など）から見れば、日本が台湾を中華民国に返還する意思は明らかなものであり、さもなければ条文がこのように定められるわけはない。このように定められていても、実施できなければ、何の意味もないからである。

さらに、日本が対日平和条約で放棄した台湾・澎湖諸島は、同条約で放棄先が明示されていなくても、中華民国へ返還されたと主張する。

日本が放棄した領土は、調印した当時、既に中華民国が統治しており、調印の所在地でもあった。国際法において普遍的に受け入れられる「占有保持主義（principle of uti possidetis）、すなわち「平和条約の効果は平和条約が締結された当初の状態を完全に保つことである」から、いずれも台湾の主権が中華民国政府に返還された法律的根拠と事実を再確認したものである。

このように中華民国は、国際法と歴史的事実から、台湾・澎湖諸島が明確に自国に帰属していると公式に声明している。確かに米国や日本が中華民国と条約を締結し、外交使節団を交換してきた事実に鑑みると、米国及び日本は、１９４９年に中華人民共和国（中共）が樹立され北京政府を主権政府として承認するまでの間は、中華民国を主権国家として扱っていたと言えよう。

（2）台湾の民主化へ動き

その後、台湾では、1988年に初めての選挙で本省人の李登輝が総統に選出され、中国との関係を両岸関係と表現し、1991年5月10日に「中華民国憲法」を改正し、民主主義国家として現在に至っている。2005年に中国が「反国家分裂法」を制定したことから、台湾は、中国からの軍事的侵攻を警戒し、中国との関係の表現に注意を払ってきた。2008年に発足した中国国民党の馬英九政権は、1992年に中国との間で合意された「九二共識（92コンセンサス）」を受け入れ、台湾は一つの国家の中の特殊な関係と表現した。

換言すると、「一つの中国を確認した合意」とする中国側に対し、台湾の馬英九政権は「一つの中国の内容はそれぞれが述べることで合意した」と主張した。中国の胡錦濤政権は、「一つの中国」をある程度共有しつつ、根本的な対立を棚上げすることで、馬政権との関係改善にこぎつけた。また、2016年に発足した民進党の蔡英文政権は、中国による軍事攻撃の口実を与えることを回避するため、「一つの中国」の前提で、「中華民国憲法」と「両岸人民関係条例」を遵守することを言明した。

column

両岸人民関係条例

台湾地区與大陸地区人民関係条例のこと。台湾における両岸関係に関する基本法には、1991年に採択された国家統一綱領と1992年に成立した台湾地区與大陸地区人民関係条例がある。前者は台湾側の政治的立場を表明したものであり、政治スローガンとしての意味は有するものの、「虚努」と言われるように、実質的な拘束力を有する法ではない。後者は実質的に両岸関係に関する規制、例えば台湾人民と中国大陸人民との婚姻や離婚などの様々な問題について定めたものであり、その後毎年のように修正を重ねて今日に至っている。

蔡英文総統は、同法の修正案作成に取掛かり、民主主義のセーフティーネットに関する法制度を整え、これにより、民主的な監督制度と防衛の枠組を強化するとの指針を示している。

〈出典〉各種資料を基に筆者作成

2020年に台湾総統に再選された蔡英文総統は、5月20日の総統就任式において、新型コロナ対策に対する協力に感謝しつつ、同年1月以降に台湾は、民主選挙及び新型コロナ対策の成果で国際社会を驚かせたと強調し、国際社会に対して無私の援助を展開し、高い評価を受けたと言及した。さらに2024年5月までの4年間の方向性として、①産業発展、②社会の安定、③国家の安全保障、④国家体制の強化と民主主義の深化を提示するとともに、台湾経済を発展させる決意を表明した。このように台湾は、「中国を統一する」という時代、「中国に統一されたくない」という時代、「中国に統一されずに経済関係を深めたい」という時代を経て、今や「中国の軍事的侵攻を警戒する」時代になってきたといえよう。

2　台湾と米国との実務関係

(1)　米国の台湾関係法

米国は、清国の承継国である中華民国（国府）軍と共に、第2次世界大戦を戦った。連合国の米国、英国、国府は、1943年11月にエジプトのカイロで会談を行い、合意事項として連合国の対日戦争目的を表明した。すなわち、①日本国の侵略を制止し罰するため今次の戦争を行っていること、②自国のためには利得も求めずまた領土拡張の念も有しないこと、③1914年の第1次世界戦争の開始以後に日本国が奪取し又は占領した太平洋におけるすべての島を日本国からはく奪すること、④満洲、台湾及び澎湖島のような日本国が清国人から盗取したすべての地域を中華民国に返還すること、⑤日本国は暴力及び強慾により略取した他のすべての地域から駆逐されること、及び⑥朝鮮の人民の奴隷状態に留意し、やがて朝鮮を自由独立のものにする決意を有することであった。

第2次世界大戦終了時に、国府が連合国総司令部（GHQ）からの指令を受けて1945年10月

15日に台湾へ進駐したこと、及び国共内戦に敗れた中国国民党が台北に首都を移転したことは前述した。米国は、対共産圏封じ込め戦略の一環として、１９５４年12月に国府と「米華相互防衛条約」を締結したが、第６条で国府の領域を台湾・澎湖諸島に限定していた。

その後米国は、突如１９７２年に中国と上海コミュニケに合意し、台湾海峡の両側の全ての中国人がただ一つの中国人であるとの主張、及び台湾は中国の一部であるとの主張を認識した。そして米国は、１９７９年１月１日に中国と国交を樹立し、台湾と国交を断絶した。しかし、台湾との実務関係を維持するために、同月16日に米国在台湾協会（ＡＩＴ）を設置した。また同時に、米華相互防衛条約を無効としたが、米国は、在台湾米軍が撤退したら台湾が中国に占領されることを恐れ、１９７９年４月10日に台湾支援策として「台湾関係法」を制定した。

米国の国内法である台湾関係法の目的は、次の通りであった。すなわち、第２条（１）で西太平洋における平和、安全及び安定を確保すること、同条（２）で米国人と台湾人と通商、文化そのほかの諸関係の継続を承認する外交政策の促進、同条（４）で平和手段以外によって台湾の将来を決定しようとする試みは合衆国の重大関心事であること、同条（５）で防御的な性格の兵器を台湾に供給すること、同条（６）で台湾人の安全又は社会・経済の制度に危害を加えるいかなる武力行使にも対抗する能力の維持であった。

（2）台湾との連携強化を目指す立法措置

トランプ政権になると、対中経済戦争の悪化に伴って台湾の重要性を認識し、連携強化を図る目的で、以下の法律を相次いで策定した。すなわち、2017年7月の「2018年国防授権法」は、台湾との長期的なパートナーシップと協力の強化を目指し、2018年3月16日の「台湾旅行法」は、あらゆるレベルのアメリカ当局者が台湾へ渡航し会談することができ、台湾の高官が米国に入国しアメリカ当局者と会うことを促進するものであった。

さらに、2018年7月の「2019年国防授権法」は、台湾が十分な自衛能力を維持出来るよう近代的な防衛力開発を支援するとともに、特に非対称戦と水中戦能力を重点に産業協力により台湾の兵器調達を強く支援することを目的とした。2018年12月31日策定の「アジア再保証推進法」は、国際法に基づいた航行の自由、海洋と領土紛争の平和的解決、同盟諸国等との防衛協力の拡大、能力の高い同盟諸国との間で、中国や北朝鮮などによる戦略的挑戦に対処する2国間・多国間の協力を行なうこと、及び台湾との約束は誠実に遵守され、現状変更には対抗し、台湾海峡両岸が受け入れられる平和的解決を支持することが盛り込まれた。2020年12月27日の「台湾再保証法」には、台湾の国際機関への参加を推進することが謳われた。

トランプ政権末期になると、米国による台湾重視政策が活発になり、2020年8月に初めて政府高官のアレックス・エイザー保健福祉長官が台湾を訪問した。また2021年1月9日には、マイク・ポンペオ国務長官が中国を「なだめる」ため数十年前に導入した米国と台湾当局者間の接触に関する「自主規制」を解除した。すなわち、①駐米台湾代表処のメンバーの米国務省ビル進入の禁止、②同代表処での国旗掲揚式の禁止・米国政府機構で台湾国旗の展示の禁止、③米国軍学校での交流や訓練の際における台湾の軍関係者の軍服や国旗の露出の禁止、以上のすべてを解除したのであった。

（3）バイデン政権の台湾政策

さらにバイデン政権もトランプ政権の台湾政策を継承し、米中の緊張が高まる中、中国からの圧力に屈しない姿勢を示した。米国務省のネッド・プライス報道官は、２０２１年4月9日に同省が米国と外交関係のない台湾との政府間交流を促進するために新たな指針を策定したと発表した。改定後の内規は「台湾が活発な民主主義社会であり、国際社会のためにもなる、安全保障と経済における重要なパートナーであることを強調する」ものだと述べた。新たな内規により、米台の非公式な関係の範囲内で、台湾との接触に関する制限が緩和されたのであった。しかし、中国の反発を考慮し、会談時に台湾の旗を置くことを禁じるなど、一部の規制は継続されている。

またバイデン政権は、２０２１年4月8日に上院外交委員会が、中国に対抗するための一連の外交的、戦略的対策の権限を付与する「２０２１年戦略的競争法」案を発表した。同法案では、インド太平洋地域における米国の政治的目的を達成するために必要な軍事的投資を優先する重要性を主張し、米議会が連邦予算を中国と対抗するための戦略的責務に「沿ったもの」にする必要があるとしている。同法案は、中華民国（台湾）の存在に言及し、中華民国はインド太平洋地域における米国の戦略に必須であり、中華民国との協力関係を強化する必要があると指摘するとともに、米当局が規制なく台湾当局と交流できるようにすべきとする内容であるという。

「2021年戦略的競争法」は、2021年4月21日に米上院外交委員会で可決（賛成21、反対1）され、上院に送付された。米議会では超党派による中国への対抗を強める動きが加速している。4月16日に発表された日米首脳会談の共同声明で、台湾海峡の平和と安定の重要性を指摘し、両岸関係の問題の平和的解決を促していること、日米安保条約第5条を尖閣諸島へ適用することなどを表明したことは、審議中の「2021年戦略的競争法」に沿ったものであると言えよう。

3　台湾と日本との実務関係

（1）日中の国交正常化

日清戦争の講和条約である「下関条約」（1895年）により、清国から台湾・澎湖諸島が日本に割譲されたことは前述した。台湾・澎湖諸島は日本領土へ編入され、住民は日本人となった。その後、日本は第2次世界大戦に敗れ、台湾・澎湖諸島の権利、権原、請求権を放棄した。第2次世界大戦後の日本は、台湾地域を実効的に支配する中華民国と1952年に「日華平和条約」を締結し、同国と国交を樹立した。

しかしその後日本は、1972年に「日中共同声明」を締結し、中国共産党政府が中国の唯一の合法政府であることを承認（第2項）し、台湾との国交を断絶した。また、同声明で、中国は、台湾が中国の不可分の一部であることを重ねて表明（第3項）している。このとき、日台双方の大使館が閉鎖された。日本は、同声明で中国の立場を尊重し、ポツダム宣言第8項に基づく立場を堅持するとしたが、従来からの台湾との関係を重視し、1972年に国内法令の範囲内で「できる限りの支持と協力を与える」方針を表明した。

日中両国は、1978年に日中平和友好条約を締結し、主権及び領土保全の相互尊重、相互不可侵、内政に対する相互不干渉を確認し、平和共存の基礎の上に友好関係を発展させることとした。また日中両国は、1988年に日中共同宣言を締結したが、日本は、日中共同声明で表明した台湾問題に関する立場を引き続き遵守し、改めて中国は一つであるとの認識を表明したが、同時に引き続き中華民国と民間及び地域的な往来を維持すると明言した。

（2）台湾と日本との実務関係

他方で日本と台湾は、1972年に日台協力のために非政府組織として日本の交流協会と台湾の亜東関係協会を設置し、2017年に交流協会を「公益財団法人日本台湾交流協会」、亜東関係協会を「台湾日本関係協会」へと名称を変更した。同交流協会は、台湾の在留邦人旅行者の入域、滞

利益代表部

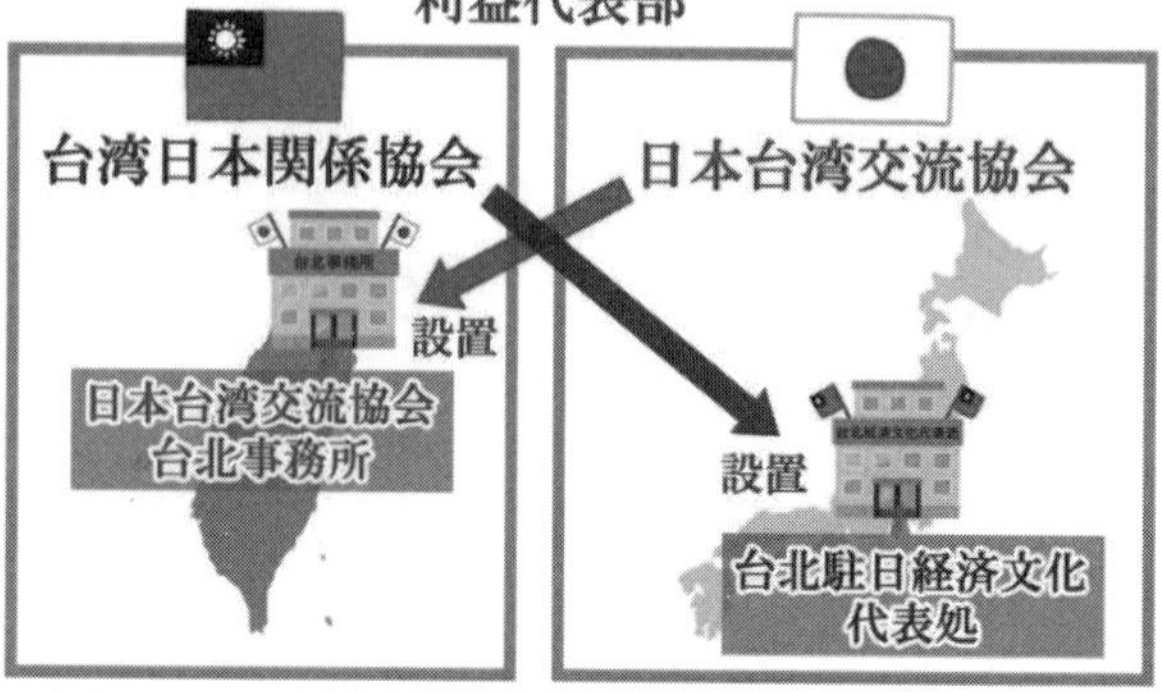

＜出典＞ https://www.moretaiwan.com/article.php?no=99（as of 20/April/2021）

在、子女教育等につき、各種の便宜をはかること、並びに日本と台湾との間に民間の貿易及び経済、技術交流をはじめその他の諸関係が支障なく維持、遂行されるよう必要な調査を行なうとともに適切な措置を講ずることを目的として設置された。また、同交流協会は、その目的達成に必要な各種便宜を与え、かつ所要の事業を行い、もって民間レベルでの各分野における交流の維持、促進に資する任務が付与されており、実質的に承認国家間関係における領事館といえる。

一つの中国論を押し付けられた日本は、民間交流の方法で日台間の交流を維持し続けてきた。このようにして始まった日台実務関係は、以下にみるように、今日では実質的な準国家間関係と見まがうほど密接なものとなった。最近の主な実務関係は、２００５年８月に台湾人に対する短期滞在（90日）と査証免除措置の恒久化が決定され、２００８年10月に運転免許証の相互承認が全面的に実施（無試験で相手国免許に切替可能）され、翌年６月には学生の相互訪問を促進するワーキングホリデー制度を相互に導入することになった。

さらに２０１０年10月に羽田と台北松山空港間の定期便が就航し、翌年９月には内国民待遇や最恵国待遇などを盛り込んだ「日台投資取決め」を締結した。同年11月には「日台民間航空取決め」が、また２０１２年４月には「日台マネーロンダリング・テロ資金供与防止覚書」がそれぞれ署名され、同年７月、「在留カード」国籍・地域欄への「台湾」表記が可能となる新たな在留管理制度が採用されたことで、台湾人の念願だった日本入国の際に「中国」と記載しなくてもよくなった。

その後も日台間の実務関係は強化され、２０１４年11月には①日台観光事業協力覚書、②日台原子力安全規制情報交換覚書、③日台特許手続微生物寄託覚書、④日台出入境管理協力覚書が署名され、翌年11月には①日台民間租税取決め、②日台競争法了解覚書、③日台防災実務協力文書が署名されるなど多くの実務関係の改善が行われた。

また、２０１６年度の税制改正では、「日台民間租税取決めに規定された内容の実施に係る国内法の整備」として、「外国人等の国際運輸業に係る所得に対する相互主義による所得税等の非課税に関する法律」が大幅に改正された。この法律改正は、実態的には日本と台湾との間で租税条約を締結することと同じ効果をもたらすもので、その結果、これまで日本と台湾との間で租税条約が締結されていなかったことによる問題点が解決された。

翌年の11月25日に公益財団法人日本台湾交流協会と台湾日本関係協会との間で「所得に対する租税に関する二重課税の回避及び脱税の防止のための公益財団法人日本台湾交流協会と台湾日本関係

協会との間の取決め」が結ばれた。これは一般的な租税条約と同じであるが、日台両国間で結ばれた条約ではないので国会承認の対象とならなかった。さらに、形式上、民間団体同士の取決めであるため、一定の行政上の効力を持つ行政取決めでもなく、ましてや課税権の制限等の効力が付与される条約とは全く異なるものである。

（3）日台間の固い絆の維持

日台関係で忘れてはならないことは、第1部で述べた2011年の東日本大震災の際の災害派遣等での助け合いである。各事例については、第1部第1章を参照していただくこととするが、それ等は国と国との関係が制限されていても強い絆で結ばれている日台関係を象徴する事例であろう。

2021年1月23日の震災記念式典の夜10時過ぎには、蔡英文総統が自身のツイッターに日本語で「我々は世界に向けて、台湾と日本はいつまでも、固く結ばれている隣人だと伝えたい。台湾人と日本人は、心と心で深いつながりを築いています。その絆こそ、台日関係の最大の原動力であります。いつまでも日本を応援しています！」と投稿している。

日本の外交青書（2018年）に、「台湾は、日本との間で自由、民主、基本的人権、法の支配等基本的価値を共有し、緊密な経済関係と人的往来を有する重要なパートナーであり、大切な友人である。」とあるように、日台間の人的交流は、日本の重要な外交政策となっている。ちなみに、2019年現在、日本からの訪台者数は217万人で、台湾からの訪日者数は489万人に上り、2

018年10月現在、台湾に居住する邦人は2万4280人を数えている。

4 国際社会における台湾の立場

(1) 台湾と国際機関との関係

1949年10月1日に北京で中華人民共和国の成立が宣言された。ソ連は、早くも翌日に中共政府を承認し、1949年10月3日にはブルガリア、12月16日にビルマ、30日にインド、翌年1月6日にはイギリス等の諸国がこれに続き、1950年1月末までに12ケ国の非共産主義諸国が中華人民共和国の承認を表明した。中共政府は、自国との外交関係を開設するに際して、中華民国との外交関係を断絶することを条件としていたため、中華民国は、当初、中共政府を承認した国に対して外交関係断絶を突きつけて対抗した。中華民国は、中共成立の前夜には51ケ国と外交関係または領事関係を維持していたが、新たな中共承認国に対する外交関係の断絶を重ね、その維持国数を減少させた。

前述したように、1971年10月の国連総会決議2758は、国連の中国代表権を中華民国から中共政府に移し、すべての国連関連組織から中華民国を排除することを求めていた。このいわゆるアルバニア決議が国連安保理で採択されるまでの間、アメリカや日本は「二重代表方式」、すなわち中共の国連加盟を支持する一方で中華民国の国連残留を模索していた。しかし蔣介石総統は、「漢賊並び立たず」、中華民国が「唯一の中国正統政府」とする主張を崩さず、日米両国の説得を拒否したため、中華民国は国連から排除された。

しかし、国際的な孤立を警戒した中華民国は、西側主要国のイギリスによる中共の承認を契機として、外交関係断絶国との通商、交通関係の維持を模索し始めた。中華民国は、英国との外交断絶後、英国の提案により通商関係や領事関係を維持することに成功し、事実上の領事機関に相当する機関を設置して、実務関係を維持することにした。

その後1970年代初頭以降、台湾は、自国と外交関係を維持してきた国が中国を承認した際には、その行為を強く批判しながらも「外交関係断絶」を明示せず、大使館を引揚げることだけを表明し、国際環境の変化による外交関係回復の余地を残していた。このように台湾は、70年代初頭以降、外交関係の維持国数の減少で国際的な孤立を深めた結果、外交関係のない国家とは経済、文化、技術協力などの面での実務関係を維持・強化して国際的な生き残りを図っていった。

蔣介石後の蔣経国、李登輝、陳水扁の各政権は、中国による国際社会に対する圧力の下で、台湾の国際機関への加盟等に努力を傾注してきた。しかしながら、国家アイデンティティの違いにより、台湾の外交政策や国防政策は、徐々にイデオロギーや政党政治の干渉を受けるようになった。他方で中国は、国際社会における発言力を増すに従い、2009年にチベットや新疆ウイグルとともに台湾を「核心的利益」と主張し、これを確保するためには武力行使も辞さないことを言明し、台湾の国際社会への参加と活動の正当な権利を妨害してきた。

2021年4月現在、台湾と外交関係を有する国は、ヨーロッパの1ケ国（バチカン）、アフリカの1ケ国（エスワティニ）、大洋州の4ケ国（ツバル、マーシャル諸島、パラオ、ナウル）、中南米・カリブの9ケ国（グアテマラ、パラグアイ、ホンジュラス、ハイチ、ベリーズ、セントビンセント、セントクリストファー・ネーヴィス、ニカラグア、セントルシア）の15ケ国で、台湾はこれら諸国に大使館を置いている。また、台湾と国交のない60ケ国に実務関係処理のための窓口機関を設置した。これらの窓口は、経済を中心とする実務関係の維持・発展を目的とした非政府機関であり、前述したように、査証業務も行っている事実上の領事機関である。

（2）台湾のＷＴＯとＷＨＯへの加入問題

台湾の李登輝第4代総統は、1999年に中国に対する台湾の地位について「特殊な国と国の関係」あるいは「両岸関係」と表現するにとどまったが、台湾の国際的地位向上を目指して、国際機関への加盟に積極的に取組んだ。しかし、前述したように中国の反対等により、目的を果たすことができなかった。民進党の陳水扁政権は、中国と台湾を分断国家として扱い、中国の挑発がない限り台湾の独立や国号の変更は行わないと表明しつつ、中国や国際社会との関係を再編することに着手し、国際機関への参加を目指した。

陳水扁総統は、当初、台湾として国連復帰を提起し続けたが、実際に国際機関への加盟を目指したのは国際貿易機関（ＷＴＯ）だけであった。これは、中国や第3国と自由貿易協定（ＦＴＡ）を締結することで、各国との関係を正常化する戦略を追求した結果と言えよう。２００２年1月に「地域」としてではあったが、ＷＴＯへのオブザーバー参加を果たしたことは、台湾にとって大きな外交的な成果である。陳水扁政権が「中華民国」として国際機関へ加盟できなかったのは、中国が台湾の地位に譲歩しなかったこと、日本やアメリカが台湾とＦＴＡを締結しなかったことなどが主な理由であった。

２００３年には中国に端を発したサーズウイルス（ＳＡＲＳ）によるパンデミックがきっかけとなって、世界保健機関（ＷＨＯ）への正式参加の可能性が生じ、各国は台湾の加盟に賛意を表明したが、中国が参加を阻止したため加盟は頓挫した。その後、中国に融和的な国民党の馬英九政権の下で、台湾は２００９年から１６年までＷＨＯ総会に「中華台北」の名でオブザーバー参加が認められていた。しかし、中国から距離を置く民進党の蔡英文政権が誕生すると、２０１７年から台湾は再びＷＨＯから締め出された。

２０１９年末にコロナウイルス（ＣＯＶＩＤ－19）によるパンデミックが発生したが、感染拡大の封じ込めに成功した台湾のＷＨＯ加盟問題に、改めて世界各国からの注目が集まった。日米欧の主要国では台湾のＷＨＯへの参加を支持する声が高まったが、「台湾は中国の一部である」とする「一つの中国」原則を掲げる中国は断固反対した。結局、台湾のオブザーバー参加は見送られた。ちなみに、ＷＨＯに加盟できるのは、国連の加盟国又はＷＨＯの最高意思決定機関である世界保健総会で承認された申請者に限られ、台湾は国連の加盟国と認められていないのも現実である。

かくして台湾は、中国との関係で国際機関への加盟を拡大させることは極めて困難である。台湾は、現在、国際原子力機関（ＩＡＥＡ）の核査察を受け入れているが、国際機関に直接加盟しなくても、「中華台北」（ChineseTaipei）としてオリンピックその他の国際的イベント等へ参加するなど、代替的な関係や関与を優先させることを考慮していると言えよう。

日本と台湾は、正式な外交関係を有しないものの、経済を中心とした実務関係を発展させてきたことは前述した通りである。日本は、台湾が環太平洋パートナー（ＴＰＰ）協定への参加に前向きな姿勢を示していることについて歓迎の意を表明し、台湾が中国の反対でＷＨＯへの参加を拒まれている問題でも、台湾の立場を支持してきた。米国と台湾は、２０２１年3月30日、オンライン会議を開き、台湾の国際機関参加拡大に向けた方策について討論し、公衆衛生や国際犯罪防止、国際民間航空、気候変動などの国際機関への台湾の参加について意見が交わされた。

この結果、米国のブリンケン国務長官は、２０２１年5月7日、オンラインで改めて24日から開催されるＷＨＯ総会への台湾の参加を要求した。同長官は、新型コロナウイルスの感染拡大を踏まえ「健康分野の安全に対する世界規模の挑戦には、国境も政治論争も関係ない」と主張。ＷＨＯ総会への参加拒否が「（新型コロナの）パンデミックを収束させ、将来の健康分野の危機を予防するための国際協力にとって有害」と断じ、台湾の参加を一貫して拒否する中国を強くけん制した。台湾のＷＨＯ加盟は、２０２１年も見送られることになった。

第3節　安全保障の裏付けとなる台湾の経済力

1　経済力の基礎と半導体産業

台湾は、領土は狭いながらもGDPは5880億米ドルあり、世界ランキング第23位に位置している。また台湾は、輸出大国でもあり、世界第18位の3360億米ドルを達成しており、日本と台湾間の取引は672億米ドル（約7兆2974億円）に上っている。このような台湾の国際的な経済力は、前述した日本の台湾統治時代に実施した経済政策や教育政策等が基盤となり、その後の台湾の経済政策が功を奏したものといえよう。

台湾は、当初、他の途上国と同様に国内市場を保護し産業育成策を採用したが、同国の経済は狭い市場が原因で次第に減速していった。この状況を打開するため、台湾は、1960年代前後から輸出志向の工業化政策を採用し、インフレの進行で割高になった為替レートの切り下げで輸出の増加を図るとともに、関税の免除等の措置を採り、輸出振興策を採用した。この輸出主導工業化政策の結果、大量の優秀な低賃金労働力を使う労働集約型の製造力が、輸出をばねにして急速に発展していった。

このような台湾における急速な輸出主導型工業化の結果、1970年前後に労働力が工業部門に吸い取られて労働力不足が深刻になり、農業部門が停滞したため、政府は農業保護政策を採用した。また、労働力不足は賃金の上昇を招いたため、政府は、資本集約型経済を目指して重化学工業化を図り、大型造船所、一貫製鉄所、大型コンビナート建設を計画した。このうち概ね成功したのは、鉄鋼と石油化学であり、その要因は、台湾の製品を台湾工業化の材料として用いた輸出工業が発展し、国内に大きな需要が形成されたことによる。

また1970年代に入り、台湾政府は重化学工業とともに、資本や人手より技術が重要となる技術集約型産業の育成に着手し、工業技術研究院の設立（1973年）と半導体の技術者導入プロジェクトの開始（1975年）により、その成果は1980年代以降になって結実した。当時、最先端産業である半導体に対して投資を行なう民間企業は皆無だったため、政府が資金を負担し、公的研究機関の工業技術研究院がプロジェクトを組織した。これに国内や米国に留学していた研究員が参集し、今日世界をリードする台湾の半導体産業の基礎が作られた。

半導体産業以外の輸出工業部門では、多数の中小企業がネットワークを形成して分業するようになり、台湾の輸出工業は競争力を維持し、発展していった。このような分業ネットワークにより、アパレル、靴、傘、ミシン、自転車等の工業製品は、世界で1、2位を争うようになったが、これは多くの製品を先進国の企業から委託され、製造した結果である。しかし1985年頃からこのような受託製造の仕組みが困難となった。その理由は、プラザ合意による日本円切り上げに伴う台湾通貨の対ドルレートの急激な上昇にあった。

1980年代後半になると、台湾の対外直接投資は爆発的に増加し、従来の安い賃金労働に依存していた分業ネットワーク産業は、安い労働力を求めて東南アジア諸国や中国大陸へ進出することになり、数年でほとんど台湾から消えていった。この労働集約型産業にとって替わり台湾経済の牽引力となったのは、パソコン、半導体、液晶パネル等の新産業であった。また、東南アジア諸国や中国に進出した台湾の企業に対して、部品、材料、機械設備等を供給する産業も発展した。これらの産業は、資本集約型あるいは技術集約型の産業で、賃金上昇の影響を受けなかったのである。

2　世界に冠たる台湾の半導体産業

日本による台湾統治時代以来、日本経済との強い関係下で発展してきた現在の台湾経済は、日本経済と互換性を有する面がある。すなわち、資本集約型産業と技術集約型産業における技術力や工業生産力を利用し、世界市場で優位に立てる製品を開発提供することによって、外貨を獲得する加工貿易が基本であるが、台湾の経済戦略が日本と異なる点は、華僑ネットワークという全世界的ネットワークを駆使した世界戦略であり、これが台湾産業の強みとなっている。

台湾の半導体産業の本格的発展は、1970年代前半に産業高度化を推進する一環として、蔣経国行政院長の指示により半導体集積回路（ＩＣ）のパイロットプラント計画が始動したことが端緒であるという。国際半導体製造装置材料協会（ＳＥＭＩ）は、２０２０年9月22日、世界半導体産業の同年の生産額のうち、台湾が占める割合が16・７％に拡大するとの見通しを示した。実現すれば、台湾は韓国を上回り、米国に次ぐ世界第2位となる。また、台湾調査機関のワイズコンサルティンググループは、２０２０年12月、世界半導体産業の２０２０年の生産額は、前年比３・３％増の４２６０億米ドル（約44兆６１００億円）と予測し、台湾は3兆台湾元（約10兆８２００億円）を超え、過去最高を更新する可能性があるという。台湾は、２０２１年も半導体に強い日系企業との連携強化で４％増の成長を見込んでいる。台湾の生産が大きく伸びる背景には、新型コロナウイルス感染症の抑え込みに成功し、半導体受託生産で世界最大手の台湾積体電路製造（ＴＳＭＣ）が技術で一段と先行しているため、米国アップルなどの注文が殺到していることがある。さらに華為技術社（ファーウェイ）など中国に対する米国の制裁の影響で、半導体の生産委託先が一段と台湾に向かっている。

蔡英文総統は、「台湾を世界最先端の半導体の中心地にする」と述べており、政府も半導体産業への支援に乗り出した。「投資台湾事務所」（InvesTaiwan）は、２０２０年11月10日にみずほ銀行と日系企業の台湾投資を促進する協力の覚書（ＭＯＵ）を締結したと発表した。日系企業は半導体の製造装置や素材に強く、既に１００社以上が台湾に進出し、ＴＳＭＣなどの生産を支えている。

ちなみに、２０１９年の日本と台湾間の貿易額は、日本からの輸出額が４４０・４億米ドルで輸入額が232・9億米ドルとなっており、主要品目は、輸出が電子部品、金属・金属製品、情報通信機器、一般機器、化学製品で、輸入が一般機器、電子部品、化学品、金属・金属製品、プラスチック・ゴムで、日本からの直接投資は、12・7億米ドルであり、日台間の密接な経済関係が維持されている。過去10年における日本の輸入相手国のうち台湾の順位を振り返ると、2011年が12位、2018年が7位、2019年が6位そして2020年は4位へと躍進した。台湾の産業界及び輸出企業の努力によって生み出された製品が日本側のニーズにますますマッチするようになっていることがその理由であるという。

3 中台間の経済依存関係

中台間の緊張関係が増大する中、奇妙なことに中台間の経済関係は、相互依存の関係にある。陳水扁政権期に至るまでは、中国企業の対台湾直接投資は、厳しく制限されてきたためほぼ皆無であったが、台湾の対中経済依存度は、中国の対台湾経済依存度とは非対称な形で高まった。しかしその後、中国の経済大国化とそれに伴う中台間の経済規模の格差拡大により、中国政府が台湾に影響力を行使するうえで有利な環境が形成された。この傾向は、中国の政治・経済・社会に大きな混乱が生じない限り続いていく可能性が高く、中国は、これを梃子として、「以商囲政」によって台湾の内政に影響を与えようとしてきた。

中国による台湾に対する経済制裁手段には、①財・サービス貿易の制限、②資金援助・技術援助の延期・停止、③台湾の金融資産の凍結、④ブラックリストの作成などがあると言われている。ブラックリストの作成は、中国の政治目標とそぐわない行為を行なっている台湾の代表的な企業を見せしめ的に公表し、中国が圧力を与えて制裁を加える手段である。これまでに中国は、台湾独立を主張、又は台湾独立派の政治家を支持した台湾企業に対して、圧力を加えてきたと報じられている。

蔡政権は、2016年に民進党が政権を取って以来、「新南向政策」として「北（北京）偏重から脱却、南（ASEAN、南アジア、オーストラリア及びニュージーランドなど）との貿易関係の強化」により、チャイナリスクの軽減を目指していた。しかし2016年当時、台湾産パイナップルのうち95%が中国向けが占めており、2020年には97%と2%増加している。また、パイナップルの対中輸出量は、2016年が2万7855トンだったのに対し、2020年は4万2121トンと51%も増加しているが、中国への輸出量は、「新南向政策」のターゲットであるASEAN諸国や南アジアの10倍以上であった。また、2021年の台湾産パイナップルの日本向けの輸出量は、5000トンに上ると見られている。

中国は、このような台湾産パイナップルの大量輸入状況を逆手に取り、台湾のパイナップルを経済制裁の対象に、2021年2月26日付で3月1日からの台湾産パイナップルの輸入停止を発表した。この度のパイナップル騒動は、台湾支援の掛け声で、日本の受注増加により何とかしのいでいる。だが、輸出先が中国に一極集中している農産物はパイナップルだけではない。パイナップルに続き、輸入停止が目されているレンブ（蓮霧／ワックスアップル）は、２０１６年の対中輸出量が２８３６トンであるのに対し２０２０年は４７９２トンと増加率が69％にまで上っている。

この点で、台湾には多くの日本産食品が輸入されているが、残念ながら台湾では、５県（福島県、茨城県、栃木県、群馬県、千葉県）産食品（酒類を除く）について、２０１１年３月の福島原発事故発生以降、輸入停止措置が講じられている。２０１５年９月以降、輸入措置が強化され、５県以外の42都道府県のすべての輸入食品（酒類を除く）につき、産地証明書の添付を義務化している。中国の台湾産農産物に対する経済制裁は継続すると思われるため、これを克服するために、台湾は、農産物を守るための抜本的な対策として、日本に対する輸入制限を解除することが望まれる。

第3章

台湾に迫る危機の実態

中国の危機の実態については、第4部「中国の台湾・尖閣侵攻の脅威と日本の採るべき戦略」で詳しく紹介するので、本章では今台湾が直面している危機の種類とそれぞれの概要を紹介するに留める。

第1節　中国の軍事的脅威

第1列島線上の国家は、北から日本、台湾、フィリピン、マレーシア、インドネシア、そして南シナ海沿岸国で中国と領海紛争中のベトナムまで含む。これらは全て中国が太平洋へ進出する際の障害である。しかし日本と台湾以外、他の国家の軍事力は弱小（中国と対抗できない）である。台湾は、日本と地理的に最も近接しており、日本最南端の与那国島から約100キロの位置にある。台湾の軍事力は強く、バシー海峡の安全をコントロールできる。また米国は、台湾関係法に基づいて台湾の安全を支持する。従って日本は、台湾との繋がりを強化することで、中国が第1列島線を突破して太平洋へ進出することを阻止できると言えよう。

現在の台湾は、自由民主の国家であり、日米を始めとする自由民主国家と同じ価値観を持ち、その価値を共同で防衛する第1列島線の一員として、中国の軍事侵略行為を防いでいる。しかし中国は、戦略的利益のために台湾を統一し列島線の封鎖突破を目指している。メインターゲットとなった台湾は、かつてない中国軍の軍事的脅威に直面している。

現在、中国の軍事予算は、台湾の約15倍以上に増大し、中台の軍事バランスが大きく変わった。台湾は過去と違い、既に軍事的に劣勢になった。要するに、軍事力の変化は、時間を経るにつれて中国側に一層有利になる。台湾側の軍事力整備は、既に抑止力としての効果がなくなり、現在の中国は、軍事力の主導権を握り、完全な軍事的優位を呈している。台湾国防部は、中国の軍事脅威に対して「中国は、20年の間に多額な国防費を投入し、軍の近代化を継続的に促進している。中国軍の戦闘力の強化により両岸の軍事バランスが崩れた」と述べた。このことは、中国に対する安全保障上の懸念を示している。同国防部は、「国防報告書」で中台の戦闘機、戦車、潜水艦、護衛艦など主要な作戦兵器を比較して、台湾は主要武器の数で中国と比較して完全に劣勢にあるとした。現在の中国の軍事力による台湾への脅威は以下の通りである。

1　情報監視能力

21世紀の中国軍は、C4ISR、衛星NAVI、ターゲットロックオンとネットワーク伝送などを継続的に発展させている。その偵察範囲は、第1列島線を越えて、第2列島線より西までをカバーしている。中でもインド太平洋海域の目標監視と識別能力に重点を置き、区域内のすべての軍事行動を支援できるほどであり、これは台湾の安全保障にとって高度な脅威である。

2　ロケット軍打撃能力

中国軍は、各型の中・短距離ミサイルと巡航ミサイルを配備し、その射程範囲は台湾本島全域をカバーしており、台湾に対する弾道ミサイルの配備も急増中である。

中国の巡航ミサイルは、現在、攻撃の精密性、発射ランチパッドの多様性がもたらす実質的な長

中国弾道ミサイルの数量

種　類	名　称	ミサイルの数量
短距離弾道ミサイル	DF-11 DF-15 DF-16型	1000～1200
中距離弾道ミサイル	DF- 4 DF- 3 DF-21 DF-21D DF-26 DF-26B	200～300
大陸間弾道ミサイル	DF- 5、DF-31 DF-41型	75～150
潜水艦発射弾道ミサイル	JL- 2	48～60

＜各種資料を基に筆者作成＞

中国弾道ミサイルの射程

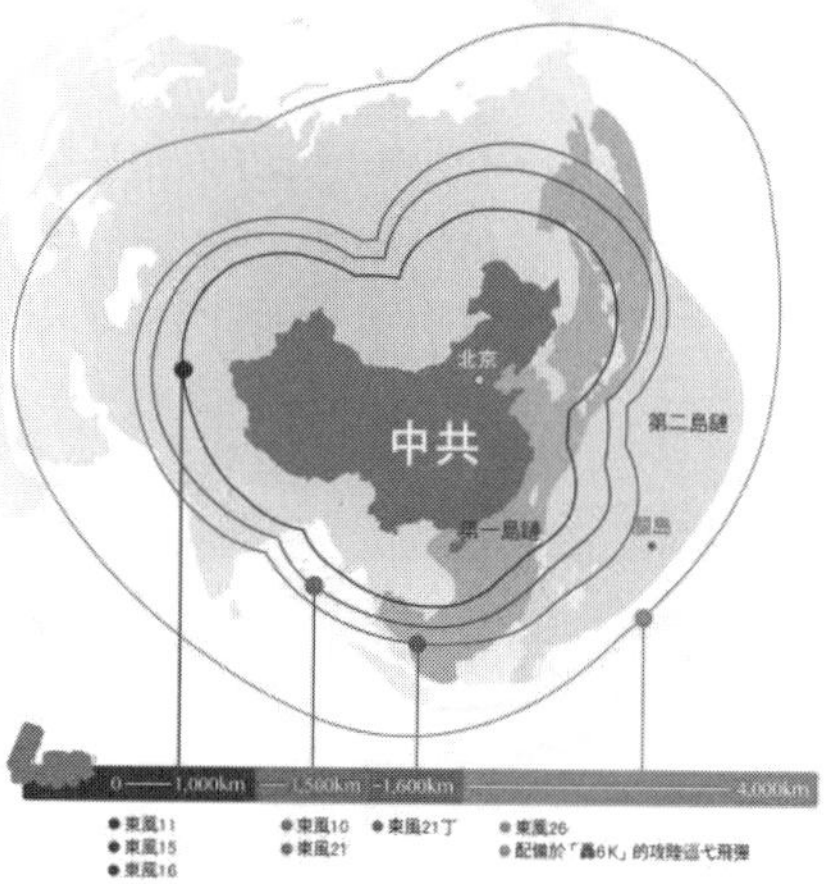

＜出典＞『台湾2019年国防報告書』

射程化、キャニスター化やコンパクト化がもたらすモバイル性を備えている。加えて、超音速、ステルス化、超低空飛行が実現できれば、台湾海峡の危機は一層深刻となる。同時に、他のミサイルはそれぞれ即応能力、防御突破能力、精密打撃能力、総合的破壊力、防衛能力、残存能力をレベルアップさせている。

　中国は、弾道ミサイルを即応態勢においていると見られ、台湾の政治、軍事、経済等の重要ターゲットに対して何時でも攻撃を実施できる。また、中国弾道ミサイルの数量からも台湾が極めて危険な状況下にあることが分かる。

3　航空の作戦能力

中国空軍は、各戦闘機の開発研究を加速している。中国の航空戦力は、主に海軍航空部隊及び空軍から構成され、Ｓｕ－27戦闘機、Ｓｕ－30戦闘機及び最新型のＳｕ－35戦闘機の導入を行っている。また中国は、国産のＪ－11Ｂ戦闘機やＪ－16戦闘機、Ｊ－10戦闘機、Ｊ－20戦闘機、Ｊ－15艦載機を量産し、Ｊ－31戦闘機の開発も進めている。

あらゆる種類の航空機が、Ｈ－６Ｕ及びＩＬ－78Ｍの空中給油機と空中での給油演習と第１列島線突破の飛行訓練を実施している。空中給油により長距離飛行が可能なＨ－６Ｎ爆撃機の運用を開始し、その作戦能力が大幅に向上したことを示している。またミサイルなどを搭載可能な機体を含む多種多様な無人航空機（Unmanned Aerial Vehicle：ＵＡＶ）を組み合わせ、多層な航空火力を備えている。

さらに「ミサイル攻撃早期警戒システム」を戦力に加えれば、中国は第１列島線より西の制空権能力を獲得する。台湾に対する脅威度も日に日に増している。

4　中国軍の海上戦力

中国軍の海上戦力は、北海、東海及び南海艦隊の三つの艦隊から編成されている。海軍戦力の近代化は急速に進められており、海軍は、静粛性に優れるとされる国産のユアン級潜水艦や艦隊防空能力、対艦攻撃能力の高い水上戦闘艦艇の量産を進めている。

２０１７年に空母群への補給を任務とするフユ級高速戦闘支援艦（総合補給艦）が就役し、海上の軍事任務補給と保障能力を強化した。２０１９年には大型のＴｙｐｅ－０７５揚陸艦が順次進水した。２０２０年になって中国海軍は、新型で最大規模のレンハイ級駆逐艦の１番艦を就役させた。さらに、対地巡航ミサイルを搭載可能な新型潜水艦の開発配備も行っている。

中国軍は、現在「超音速地対艦ミサイル」の研究開発を進め、戦略的脅威度と攻撃能力を高めている。中国海軍が中国製空母の補佐と空母戦闘群の遠洋戦力形成を加速していることは、台湾周辺海域においてミサイル反撃で米軍と台湾をコントロールする能力の向上に著しく現われている。

5　中国軍の陸上戦力

中国陸軍は、「作戦立体化」、「機動力加速化」、「火力遠程化」、「打撃力の精密化」及び「部隊突撃戦化」に向けて発展している。陸軍は、地域防御型から全域機動型への転換を図り、歩兵部隊の自動車化、機械化等を進め、機動力の向上を図っている。陸上及び空中では各種の国産ヘリコプターを配備し、ヘリコプター部隊の強化を図っている。陸空一体による快速突撃と空中突撃作戦能力を向上させるために、特戦部隊との演習を強化している。また、中国東南沿岸海に「船舶運送班」を配置し、多兵種で連合した台湾に対する上陸演習を実施している。これは、台湾離島への陸海空共同の上陸作戦能力を示しているのである。

6　戦略支援作戦能力

中国軍の戦略支援部隊（Strategic Support Force：ＳＳＦ）は、伝統的な四つの部、すなわち参謀部、装備部、政治工作部、後勤部が管理している五つの部隊、すなわち航空部隊、偵察技術部隊、サイバー戦部隊、電子戦部隊、心理戦部隊を整合して再編成した部隊である。同部隊は、情報戦（三戦を含む）、宇宙戦、サイバー戦、電子戦の任務を担当している（戦略支援作戦）。また、主としてノンキネティックな作戦にも従事し、世界でも類を見ない部隊である。

戦略支援部隊は、これまでに台湾軍に「電子戦」を仕掛けた。２０１６年に量子通信衛星を発射し、同年から台湾海峡で電子戦の実戦的演習を行った。同演習の目的は、目標捜索、偵察、情報収集、電子干渉などによる、日米台の軍隊の通信ネットワークの妨害とデータの収集であった。これらの能力は、中国に由来するとみられるサイバー攻撃等が頻繁に報道されていることなどからみても、日々向上しているとみられる。

7　民間支援能力

中国軍は、中国国内で軍事任務の優先権を確保するためには、道路、鉄道、水路、航空などの交通基盤建設、及び民間運輸を全て国防の要求に合致させる必要がある。近年、中国軍は数回に渡り民間の航空機や大型客船を軍事演習用に徴用した。さらに中国軍は、鉄道を利用し、大型部隊の移動を実施した。軍事輸送に対する民間の支援能力が大幅に向上したのであった。台湾への攻撃作戦中に兵力の運送時間を加速できれば、台湾側の防衛作戦への準備時間を圧縮することが可能になるのである。

台湾国防部は、中国軍の台湾に対する軍事力整備とそれに伴う軍事的脅威について、以下の通り指摘している。

・軍事闘争の準備を深化、「武力統一」を真剣に準備している。
・海空戦力等による台湾への軍事圧力を掛けている。
・外部の軍事力による台湾海峡の危機への介入を防ぐため、「A2／AD」戦略を実施している。
・軍の「ソフトパワー」を強化している。
・「法律戦・心理戦・世論戦」という「三戦」の作戦能力を引き続き、促進している。
・台湾軍の戦闘意志の軟化を企図している。

第2節　台湾内部に浸透する危機——中国の「三戦」と文化「統一戦線」

近年、中台間において社会、経済、文化などの分野で積極的な交流が行われている。「恵台利民」（単純に台湾に恩恵を与えるのではなく、中国を利するのが実質的な目的）の政策を延長して拡大することで、台湾人民の心を引き寄せている。

台湾に対する軍事演習を常態的に実行し、軍事的な実力の向上をアピールして台湾への世論戦と心理戦を実施し、「三戦」の政略に各種の文化による攻撃と武力による威嚇を組み合わせて、台湾社会に対して統一意識の浸透と内部の分裂化を狙っている。三戦は中国が得意とする宣伝を用いて敵の弱体化を目指すことから、非対称戦の一部とも考えることができる。

1 「三戦」の脅威

法律戦は、台湾社会の文学界や教育界のエリートを主対象に「一つの中国」原則を認めさせ、支持させるための工作を強めている。台湾を中国の一地方省とし、台湾の主権的地位を弱体化させるのである。

世論戦と心理戦は、新聞、書籍、ラジオ、テレビ、インターネット、電子メール、SNSなどのメディアと情報資源を総合的に運用する。中台間の民間交流の場とマスメディアを通じて、中国の勢力範囲を広めていく。中台の発展と平和への約束を密に宣伝することで、台湾世論の発展方向を中国寄りに導いている。

インターネット、新メディアのSNS等の新たな宣伝テクノロジーの影響によって、大量のフェイクニュースが拡散され、台湾社会は、大きな影響を受けている。台湾政府と主要産業への継続的なサイバー攻撃から判断して、メディアと情報のセキュリティは、台湾の安全にとって重要な防衛線となる。

2 文化「統一戦線」

中国は、台湾の退職後のエリート公務員等を中国大陸への参観訪問に招待している。台湾人の中華文化への帰属感を強調し、台湾人の中国の大学への進学や中国人との交流を勧めている。また「シルクロード」、「黄河文化の巡礼」などの統一戦略によるイベントを開催している。これ以外にも中国は、文化、民族、歴史融合などを訴え、台湾の自由な報道と世論環境を利用して、立体的な（新聞、ラジオ、テレビ、ネット、SNS）宣伝プラットフォームを構築しているのである。

これらの行為は、中国が台湾社会で暮らす住民の心を掴むための統一戦線工作であり、様々な方法によって細部にまで渡っていることが明白である。中国がこれらを運営する際に、台湾の政府部門との交渉をわざと避け、民間対民間の方法で、台湾政府と民衆との一致団結した気持ちを分離させている。台湾政府への世論圧力を作り出し、「以民逼官」（民衆の力で政府に反抗する）という目的を達成しようとしているのである。

第3節　台湾自身が抱える少子高齢化という内部的な危機

1　台湾における少子高齢化の実態

台湾の現在の高齢化率は16％だが、近年は晩婚、非婚により婚姻数、出産数は低迷している。これは想定よりも早く、総人口は２０２１年から減少を開始し、5年後の２０２５年には高齢化率は20％を越えると見られる。今後の台湾の少子高齢化は、かつての日本よりも早いペースで進んでいくと見られる。

台湾の若年人口の減少と国内景気の拡大を受けて、台湾企業は、現在、深刻な人手不足に直面している。台湾の安全保障の中心的存在である台湾軍隊の募集活動も、さらに困難となっている。この困難な現状は「静かなる危機」とも言えるであろう。

少子化により、台湾の国家安全保障戦略は大きく変化している。すなわち、先ず徴兵制から志願制への制度の改定が行われたこと、加えて現代の兵器は精度が上がり、複雑な構造のため、高度なテクニックの操作が必須要件となり、優秀な若者を軍隊に募集する必要があるにも拘わらず、若者の軍隊に入隊する意欲が低下していることである。この現状は台湾の国家安全保障を脅かしていると言えよう。

2　志願制による兵員確保の問題

１９４９年に中華民国政府が台湾に撤退後、１９５１年から台湾で徴兵制を実施し始め、中国の台湾侵入を阻止した。当時の任務期間は、陸軍が2年間（特種兵3年）、海軍と空軍は3年間だった。その後、中台間の軍事的緊張の緩和、若者の負担の大きさ、少子化の影響などを踏まえ、兵役義務は1年間に短縮された。１９９０年からは陸海空3軍の任期は、全て2年間とし、２００８年にはさらに1年間に短縮された。

台湾は、２０１２年に徴兵制から志願制へ変更し、２０１５年に法律が施行される予定で、3年後に徴兵制を廃止する計画だったが、少子化などで十分な兵員数を確保できず、志願制への移行は延期された。しかし２０１８年12月26日に徴兵制から志願制への全面的な移行が完了し、60年以上続けてきた徴兵制は事実上終了した。現在では4ケ月間の軍事訓練が義務化され、今後も継続される。

台湾国防部によると、必要な総兵力は18万８０００人で、約8割の16万７０００人を志願兵だけでまかなうことができ、全面移行へのめどがついた。徴兵制により最後に入隊した４１２人は２０１８年12月26日までに全員除隊した。

しかし、台湾軍の8割が志願制だけで賄えたものの、必要な総兵力にはまだ届いていない。その

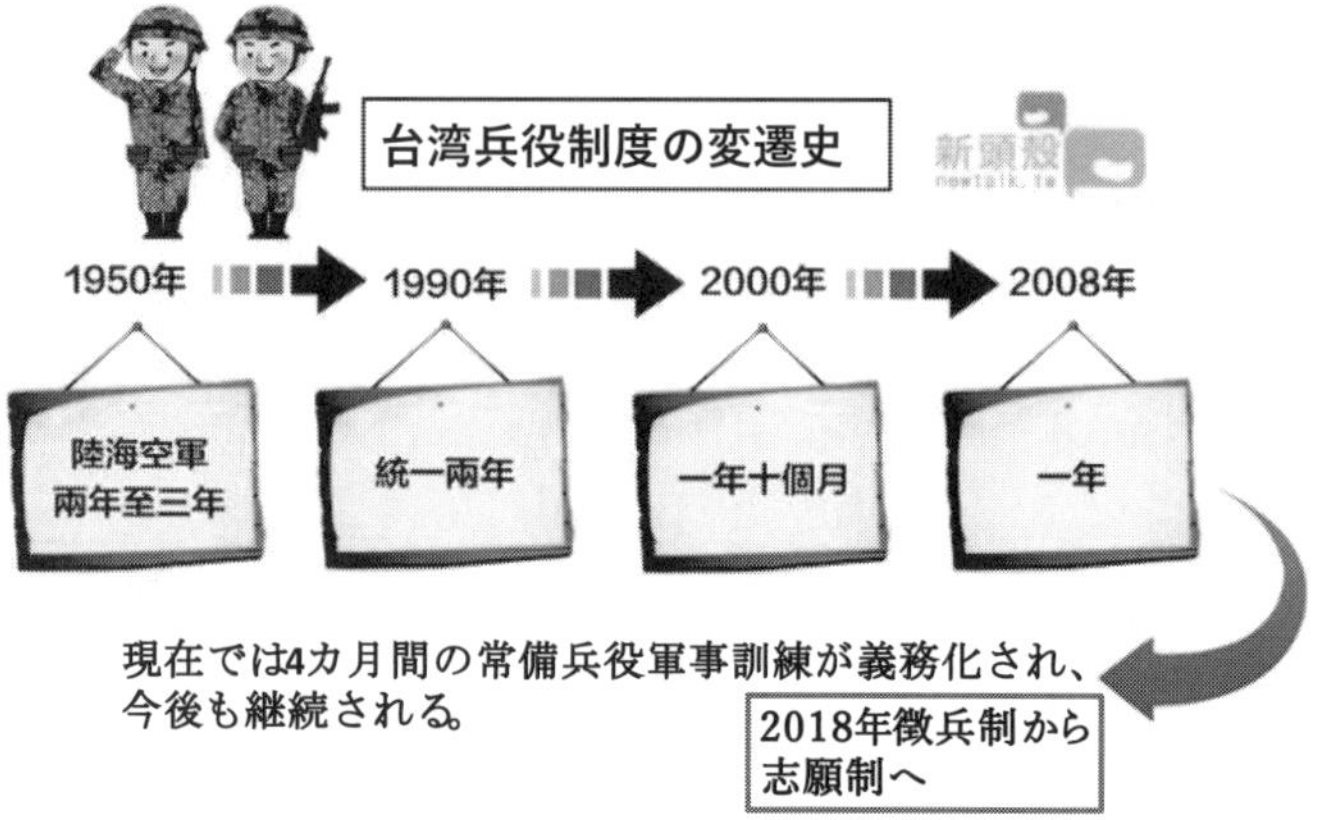

＜出典＞張嘉哲、https://newtalk.tw/news/view/2018-12-18/182343

【4ケ月常備兵役軍事訓練（義務役）新兵訓練の流れ】

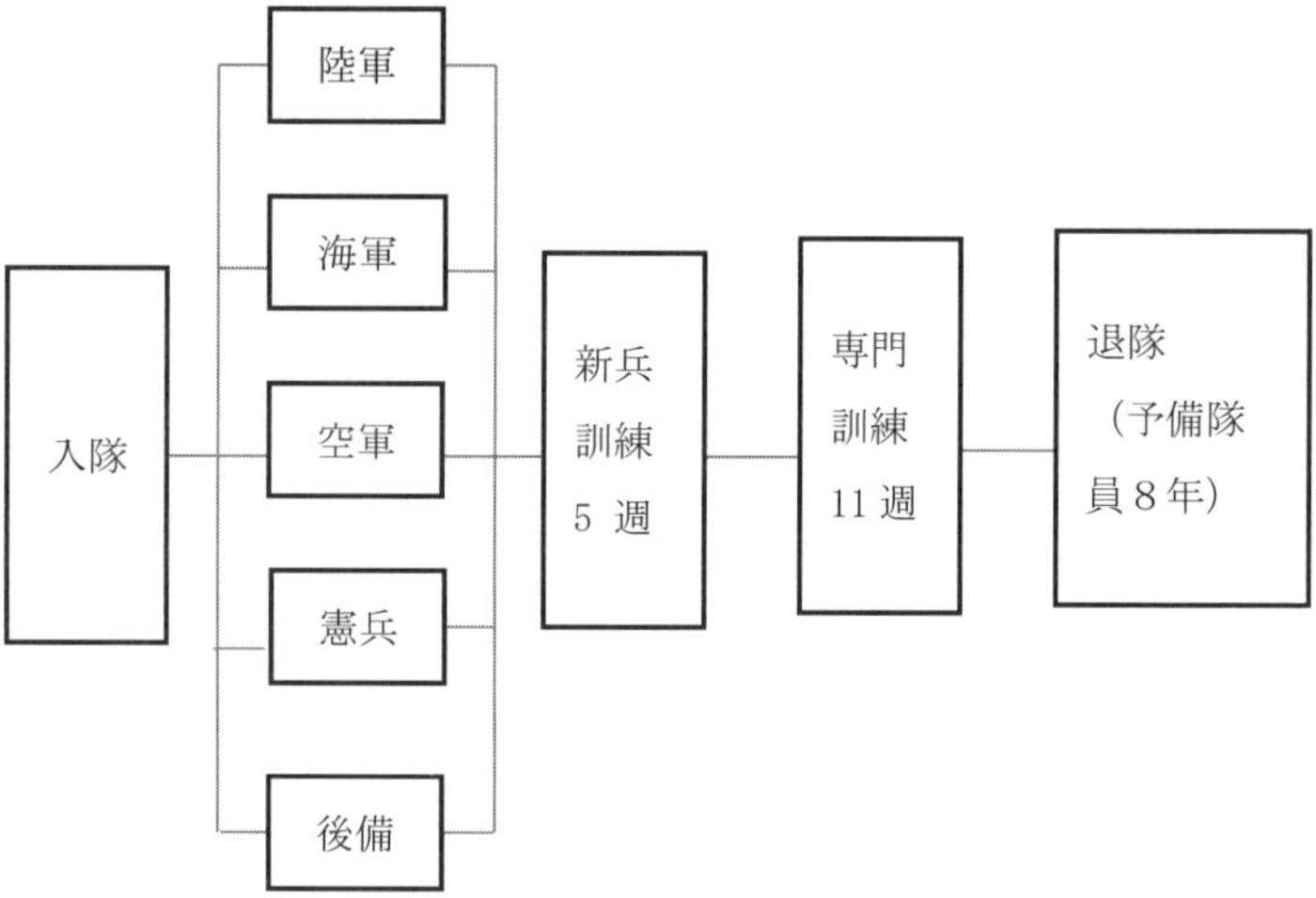

＜出典＞各種資料を基に筆者作成

原因は、少子化によるもので、対象である18~32歳の若者の数が減少していることにある。加えて若者の軍隊に入る意欲の低下が影響しているとみられる。

若者の意欲の低下の主な原因は以下の通りである。

ア　兵役は「時間の無駄使い」意識

現在、台湾の若者が軍に入隊すれば、政府が支援する学位が取得できるほか、毎年110日間の休暇と年間31万2500台湾ドル（約113万円）がもらえる。だが、学生の多くはほとんど関心を示さない。兵役は「時間の無駄使い」で、一段と圧力を強めてきた中国に対して、台湾が経済的もしくは軍事的に立ち向かう可能性は低い、と彼らは主張する。

例えば、「中国は経済力で台湾をつぶしにかかることができる。戦争なんて必要ない。カネの無駄だ」などの声が上がっている。

また、若者自体の人生の展開において、軍に入ることがプラスにならないという声もある。経済的に中国に依頼している現状から、実際に戦争は発生しない、大学卒業から就活までの自身の人生計画における加点にならないなどの理由から若者は軍に入隊することを時間の無駄だと感じるのだ。

イ　厳しい軍事訓練への反感

台湾は1949年以来中国からの軍事脅迫がずっと続いており、軍隊の中の訓練は非常に厳しく、高度な要求も多くある。時代の変遷により、人権意識が高まり、軍隊の訓練方法と若者の認識との落差が激しいものとなった。加えて2013年に、徴兵された若い兵士が不正を行ったとして、軍隊の中で懲罰を受けた後に死亡した（洪仲丘事件）。これが引き金となり、大規模なデモが行われた。軍も大きな打撃を受け、軍人の社会的地位がさらに低くなり、国防部長がこの事件で辞職し、これにより、若者の軍隊批評が強まり、軍隊に入る意欲の低下につながった。

3　徴兵制復活の動き

中国は、台湾を言うことを聞かない自国の一つの省と見なしており、台湾が独立宣言を行った場合には、服従させるためには武力行使も辞さない構えを示している。しかし台湾軍の採用活動は、前述した少子化や若者の意欲低下の影響で、容易でないことが証明された。現在の志願兵士の採用人数と素質は、悪化する中台の軍事的不均衡を解消するには十分ではない。

志願兵士の採用不足について、台湾国内の国会議員やシンクタンク、マスコミが次のような警鐘を鳴らしている。すなわち「国家安全保障問題を考えるとき、政府は徴兵制復活について検討する必要がある。」あるいは「この措置の代償は大きいだろう。十分な兵士を見つけることはできない。」

台湾の戦闘能力について懸念が生じているのは事実であるため、徴兵制度の復活が現実味をおびている。しかし、国防部は、メディアに対し「軍の量・質ともに改善し続け、想定される中国からの軍事行動に対して、全方位的な計画を策定している」と説明している。現在実行している志願制を強化し、国民に対し「支援と奨励」を行なうことで人員増加を図ろうとするもので、徴兵制へ戻る考えを示していない。

4　少子化の危機への対策

(1)「総動員での作戦計画」に基づく訓練演習による動員体制の維持

徴兵制での戦力不足が懸念される中、台湾は、中台戦争を見据えた防衛作戦のために、士気の高い、良く組織され、訓練され、装備された要員が必要である。そのために、台湾は1949年から全面的な防衛戦略に、「総動員での作戦計画」が練り込まれている。台湾国防部は毎年、集中的な全国レベルや地方レベルでの軍事演習（漢光演習など）を実施している。わずか数日の間で最大250万人の男性と100万人近くの市民防衛労働者を動員する態勢を維持するための作戦演習を行っている。

(2)「防衛動員署」の設置

2020年10月7日、台湾の国防部長が「防衛動員署」の設置を発表した。現在の18県市地域の

「後備指揮部」を、全部「作戦区」へ編入する変更である。元々あった七つの後備旅団も12個へと増加させ、後備軍人教育の召集頻度を2年1回、1回で5～7日の日程を1年1回、1回で14日間への変更を行い、1年で訓練人数を12万人から26万人へと増加する予定である。

(3)「非対称戦力」の発展

台湾の国防報告書は、今後は敵とは異なる戦力、すなわち「非対称戦力」の発展を加速させることが重点になると指摘している。後備防衛力の強化と同時に、将来的な戦力発展として、機動性、対抗力などの「非対称戦力」に重点を置く想定である。また、サイバー戦、心理戦などの「超限戦」(あらゆる手段を用いた新たな戦争形態)の脅威を有効に防ぐことが出来るようにし、多層的抑止という戦略目標を達成する予定である。

第4節　中国の「接近阻止・領域拒否(A2／AD)」戦略

1　中国の「接近阻止・領域拒否(A2／AD)」戦略と海洋侵出

中国は、過去30年以上にわたり、目的の透明性を欠いたまま、継続的に高い水準で国防費を増加させ、核・ミサイル戦力や海上・航空戦力を中心に、軍事力の質・量を広範かつ急速に強化し海洋侵出を激化させている。

中国は、「核心的利益」や「九段線」など既存の国際秩序とは相容れない独自の主張に基づき、台湾や東シナ海・南シナ海の周辺海空域において、「力を背景とした一方的な現状変更」を試みるとともに軍事活動を拡大・活発化させている。特に、日本の尖閣諸島や南シナ海の南沙諸島などの海洋における利害が対立する問題をめぐっては、高圧的とも言える対応を継続させ、自らの一方的な主張を妥協なく実現しようとする強硬な姿勢を示している。その中には不測の事態を招きかねない危険な行為もみられ、こうした中国の軍事動向は、国防政策や軍事に関する不透明性とあいまって、日本や台湾を含む地域と国際社会の安全保障上の強い懸念材料となっている。

このような中国の海洋侵出の理論的裏付けとなっているのが、一般的に「接近阻止・領域拒否」（A2／AD）と呼ばれる戦略である。

A2／AD戦略は、米国によって解釈された概念であるが、もともと、ソ連のゴルシコフ提督の指導・影響を受けた中国海軍の父・劉華清提督の構想によるものとされており、同提督は「近海防衛戦略」と称した。A2／AD戦略は、米国の軍事的プレゼンスを東シナ海・南シナ海そして西太平洋の海域から排除し、同海域を中国の支配下に置こうとするもので、『劉華清回顧録』（解放軍出版社、2004年）では、下記のように説明し、その戦略は次の三つの段階をもって実現すると記述されている。

―「接近阻止・領域拒否（A2／AD）」戦略（「近海防衛戦略」）の3段階―

第1段階	領域拒否（AreaDenial）態勢の確立	2000年～2010年の間に、第1列島線の支配を確立し、中国周辺海域の防衛ゾーンを確保すること。この際、第1列島線の支配確立には、その外縁まで侵出する必要性を認めており、日本の南西諸島全体や台湾などが中国軍の支配対象に入ることになる
第2段階	接近阻止（Anti-Access）態勢の確立	2010年～2020年の間に、第2列島線の海域を支配すること
第3段階	西太平洋の支配	2020年～2040年の間に、太平洋とインド洋における米軍の支配に終止符を打つこと

海軍の作戦区域は今後かなり長期間、主に第1列島チェーン（線）の外縁及びその内側の黄海、東シナ海、南シナ海である。経済力と技術水準が強化され海軍力が壮大になれば、作戦区域は段階的に太平洋北部から第2列島チェーン（線）に拡大する。

A2／AD戦略は、平・戦両時にわたって、「世論戦」、「心理戦」および「法律戦」の「三戦」を積極的に展開しつつ、政治、外交、経済、文化、法律などの分野の闘争と密接に呼応して長期的・包括的に運用される。

この際、第1段階の「領域拒否（Area Denial）態勢の確立」、すなわち第1列島線内の領域支配は、同戦略推進上の必須の要件あるいは前提となっており、次の四つの理由がその重要性を高めている。

①中国の経済発展地域は沿岸部に集中しており、その経済は海上経由の貿易に多くを依存している。また、第1列島線内の天然資源・エネルギー源も中国の持続的経済成長に不

中国の「接近阻止・領域拒否（A2／AD）」戦略

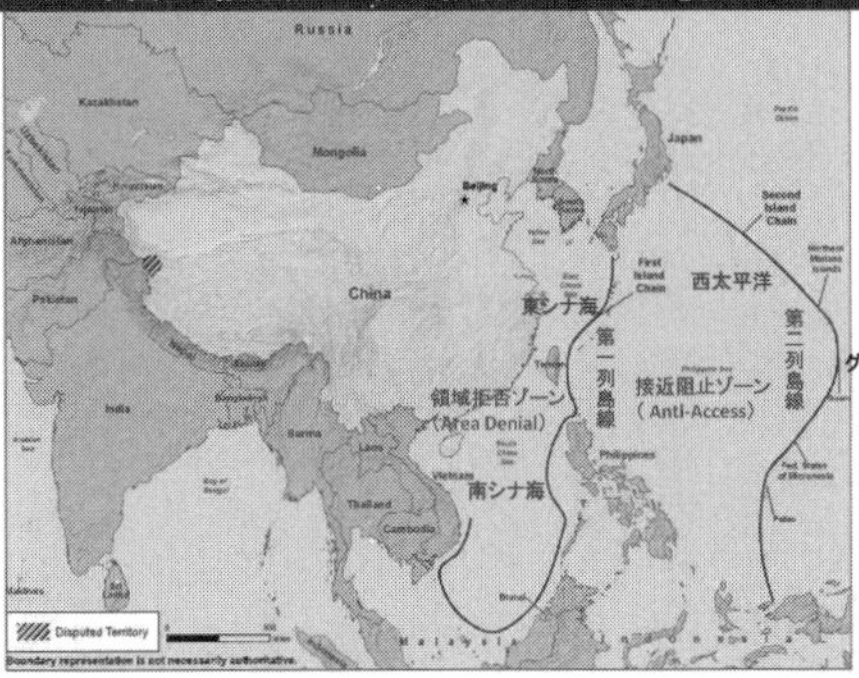

The First and Second Island Chains. PRC military theorists conceive of two island "chains" as forming a geographic basis for China's maritime defensive perimeter.

<出典>「Military and Security Developments Involving the People's Republic of China 2010」（US DOD）に引用者加筆

可欠であること

②中国はこの地域にいくつかの島嶼等の領有権問題を抱えている。「台湾の統一」は最大の課題であり、また、東シナ海および南シナ海でも領有権や資源を巡って係争状態にあること

③中国は、西太平洋の支配態勢確立のため、領土周辺における敵（主として米軍）の自由な活動を妨げる「領域拒否」に優先順位を置かざるを得ないこと

④東シナ海および南シナ海を「中国の海」として内海化・軍事的聖域化するとともに、対米核戦略上、南シナ海の深海部に弾道ミサイル搭載原子力潜水艦（SSBN）の潜伏海域を確保して、第2撃能力を保持する必要があること

A2／AD能力としては、領域拒否（AD）のために、第1列島線をカバーする比較的短距離の能力により、作戦領域内での敵対者の行動の自由を制限するための兵器が使

用される。また、接近阻止（Ａ２）には、主に長距離能力により、敵対者が第２列島線以内の作戦領域に入ることを阻止するための兵器が使用される。Ａ２／ＡＤ能力としての具体的兵器は、例えば、弾道ミサイル、巡航ミサイル、対衛星兵器、防空システム、潜水艦、機雷などがあげられる。

２「Ａ２／ＡＤ」戦略と第１列島線周辺における中国軍の活動

近年、中国は、第１列島線を越えて第２列島線を含む海域への戦力投射を可能とする能力をはじめ、より遠方の海空域における作戦遂行能力の構築を目指している。その一環として、海上・航空戦力の活動を急速に拡大・活発化させている。

特に、日本や台湾、南シナ海周辺海空域においては、訓練や情報収集を行っていると考えられる海軍艦艇や海・空軍機、太平洋やインド洋などの遠方へと進出する海軍艦艇、海洋権益の保護などを名目に活動する中国海警局所属の公船や航空機が多数確認されている。それらの活動には、中国公船によるわが国領海への断続的侵入や領空侵犯、台湾に対する艦艇や航空機による示威行動、南シナ海における軍事拠点の強化などの動きがあり、力を背景とした一方的な現状変更の既成事実化を推進するとともに、不測の事態を招きかねない危険な行為を伴うものもみられ、強く懸念される状況となっている。

ア　東シナ海と尖閣諸島

東シナ海では、わが国固有の領土である尖閣諸島の国有地化（2012年9月11日）以来、中国公船がほぼ毎日接続水域において確認され、かなりの頻度で領海への侵入を繰り返し、領海内で操業する日本漁船に接近・追尾する事案も発生している。尖閣諸島に関する独自の主張を背景に、中国海軍は、尖閣諸島周辺の接続水域への入域（2016年6月）や潜没潜水艦による同接続水域内の航行（2018年1月）など、尖閣諸島に近い海域で恒常的に活動している。

中国空軍も、尖閣諸島や沖縄本島をはじめとする南西諸島により近い空域において活発に活動している。この活動には、警戒監視や空中警戒待機（CAP）の訓練が含まれるほか、「東シナ海防空識別区」（2013年11月23日に設定）の運用を試している可能性もあり、2019年度の航空自衛隊機による緊急発進（スクランブル）回数は947回で、そのうち中国機に対するものは675回で、全体の7割以上を占めている。中国海軍の空母「遼寧」などの艦艇やH－6K爆撃機、Su－30戦闘機などの空軍機は、沖縄本島・宮古島間の海空域などを通過して日本近海の航行を伴う太平洋への進出行動を繰り返しており、第1列島線内のみならず第2列島線の外洋へのアクセス能力の向上、ひいては外洋での作戦遂行能力の向上も目指しているものと見られる。

イ　台湾

尖閣諸島周辺をはじめ、わが国の周辺海空域で中国軍の活発な活動が常態化しているのと同じように、中国軍は台湾周辺海空域での活動を活発化させ、軍事力を背景とした威嚇行動を強めている。

中国は、2018年1月、台湾との事前協議を行わないまま、台湾海峡の中台中間線の中国側に新たな民間航空路を設定し運用を開始した。同中間線の台湾側には、台湾軍の三つの訓練空域が設定されているが、そこでの活動を妨害する狙いが込められていると見られている。中国軍の戦闘機（H－6、Su－35など）や空母「遼寧」を含む艦艇が常態的に台湾本島を周回している。

２０１９年３月には中国戦闘機による２０１１年以来となる台湾海峡「中間線」を越えた飛行が行われた。２０２０年２月になって中国機の中間線越え飛行は更に増加し、中国機の防空識別圏（ＡＤＩＺ）進入に対する台湾機の緊急発進回数が前年の２倍を超えるペースになっている。

台湾国防部（国防省）の報告書や台湾軍の発表によると、２０２０年10月初め現在、これまでの中国機に対する緊急発進回数は４１００回超で、１日に換算すると平均22回で、前年の２倍以上に当たる。海軍艦艇の出動回数は、２０１９年は１年間で６０００回未満だったが、２０２０年はすでに７５００回を超えているという。さらに、台湾海峡で実弾演習を行なうとともに、海空作戦や台湾侵攻を想定した大規模な着上陸作戦のための軍事演習・訓練を増加させており、台湾に対して一段と軍事的圧力を強めている。

また、中国は、ロシアから輸入したＳ－４００地対空ミサイルを、台湾海峡の前面に優先的に配備した模様である。同ミサイルは、多目標同時交戦能力を持つ超長距離地対空ミサイルシステムで、４００㎞先の空中目標の迎撃を想定しており、そのレーダーは台湾全土をカバーするとともに、最も狭いところで約１３０㎞の同海峡における台湾軍戦闘機の活動を阻止する強力な力を持っているとみられている。

ここ2年間の中国軍の地域を跨いだ訓練ルート

<出典>台湾の「国防報告2019」

このように、近年、中国の台湾に対する軍事展開能力は格段に強化されている。それに伴う中国の軍事的圧力は、台湾初の総統直接選挙直前の1996年3月、台湾海峡で弾道ミサイル発射と3軍統合演習を行った威嚇的な軍事力の誇示と脅迫を想起させるものである。中国の軍事恫喝は、台湾国民に「四面楚歌」の心理を植え付けるには十分であり、今後、その恐怖は強まることはあっても弱まることはないであろう。

ウ　南シナ海

中国は、2014年以降、南シナ海の中央部に位置する南沙諸島にある七つの岩礁で、大規模かつ急速な埋立活動を強行し人工島を造成した。本件に関連し、フィリピンは、南シナ海における中国との領有権紛争の平和的かつ持続的な解決を実現するため、オランダのハーグにある仲裁裁判所に提訴した。この仲裁裁判では2016年7月に、中国が主張する「九段線」の根拠としての「歴史的権利」が否定され、中国の海洋環境を破壊する建設活動や漁業活動などの違法性が認定された。

しかし、中国はこの判断に従う意思のないことを明確にし、砲台などの軍事施設のほか、滑走路や港湾、格納庫、レーダー施設などをはじめとする軍事目的に利用し得る各種インフラ整備を推進し、人工島の軍事拠点化をほぼ完成させた。

その後、中国空軍のＨ－６Ｋ爆撃機がスカボロー礁付近の空域において「戦闘パトロール飛行」を実施し、今後このパトロールを「常態化」する旨、中国国防部が発表するなど、中国軍は南シナ海の海空域における活動を拡大しており、将来的には、「南シナ海防空識別区」設定の可能性も考えられる。さらに、中国公船が、領有権を争うフィリピンやインドネシアの漁船などの当該人工島への接近に対し威嚇射撃や放水などにより、妨害する事案も発生している。

中国には、南シナ海を「中国の海」として内海化・軍事的聖域化する狙いがあると見られ、こうした中国の過剰な海洋権益の主張は「航行の自由」（ＦＯＮ）の原則を脅かすとともに、高圧的かつ危険な行動は不測の事態を招く恐れがあり、係争国のほか、米国をはじめとした国際社会からも繰り返し深刻な懸念が表明されている。

エ　キャベツ戦略

これ迄に中国が南シナ海などで行ってきた岩礁の奪取、そして人工島化・軍事拠点化の手法は、「キャベツ」戦略と呼ばれている。まず、漁船に乗ったリトル・ブルーメンと呼ばれる海上民兵を兼ねた漁師が岩礁に取付き、やがて多数の漁船が集まって漁船団となって岩礁を取巻き、その保護や防護の目的で海洋監視船・沿岸監視艇そして海軍艦艇が展開し、周辺海域を封鎖・支配して既成事実化から実効支配へと繋げて行くというものである。

このような手法は、「ハイブリッド戦」あるいは「グレーゾーンの戦い」といわれる、きわめて巧妙・悪質な侵略政策・侵略行動であり、その手法を重用して中国は東シナ海、南シナ海においてA2／AD戦略を着々と進展させている。

中国においては、2018年1月に人民武装警察（武警）部隊が、また同年3月には武警部隊の傘下に海警が、それぞれ国務院（政府）の指揮を離れ、最高軍事指導機関である中国共産党中央軍事委員会（主席は習近平）に編入された。

さらに中国の立法機関である全国人民代表大会（全人代、日本の国会に相当）常務委員会は、2020年6月、「人民武装警察法」改正案を可決した。同改正法は、武警部隊の任務や指揮系統を明確化するためのものであり、武警が担う任務に「海上での権益保護や法執行」を追加した。また、武警は戦時においては、中央軍事委員会か、人民解放軍の地域別指揮機関である五つの「戦区」から指揮を受けると規定された。

もともと、海警は、2013年に中国海監総隊、中国漁政、公安部辺防海警などを統合して新設され、「海の武警」を組織する目的で作られた。米国の沿岸警備隊をモデルとして準軍事組織を目指したものであり、共産党と国務院（政府）との二元指揮の問題を解消し、武装法執行の強化および武警と人民解放軍を融合した軍隊化を図るのがその狙いである。東シナ海の尖閣諸島周辺海域や南シナ海で行動する中国海警の艦船は、準軍隊としての性格と役割を付与され、東シナ海・南シナ海を管轄する人民解放軍の「戦区」とともに一元的に作戦行動をとる体制が整った。

さらに、全人代の常務委員会は2021年1月の会議で、海上警備を担う海警に武器使用を認める権限などを定めた海警法草案を可決・成立させ、2月1日に施行した。これにより、独自の領有権を主張する東・南シナ海で海警の活動が強化され地域の緊張が増す恐れが一段と高まった。他方、日本の南西諸島や台湾の着上陸侵攻作戦を担い占領支配を決定づける中国の海軍陸戦隊（海兵隊）については、その造成・戦力化が遅れていると見られる。台湾国防部が2020年9月に発表した最新の中国の軍事力に関する年次報告書は、「中国の軍事力は拡大しているが、全面的に台湾を侵攻する作戦能力はなお備わっていない」との認識を示した。

そのためか、習近平国家主席は、2020年10月に、海軍陸戦隊を視察し、現在策定中の第14次5ケ年計画（2021〜25年）による「国防・軍隊の現代化の加速」を訴え、「戦争への備えに全身全霊を注ぐ」よう部隊に求めた。同5ケ年計画では、「2027年までの強軍の実現」を主要目標に掲げており、台湾統一などを念頭に置き、今後約5年間で海軍陸戦隊の実戦力の強化が図られる。

習国家主席は、2018年3月の憲法改正によって2期目が終わる2023年以降も続投できるようになった。2028年3月まで3期目を務めると見られ、それまでに台湾統一の大業を成し遂げ歴史に名を刻みたいとの考えを強めるのは間違いなかろう。

米インド太平洋軍のフィリップ・デービッドソン司令官は2021年3月9日、上院軍事委員会

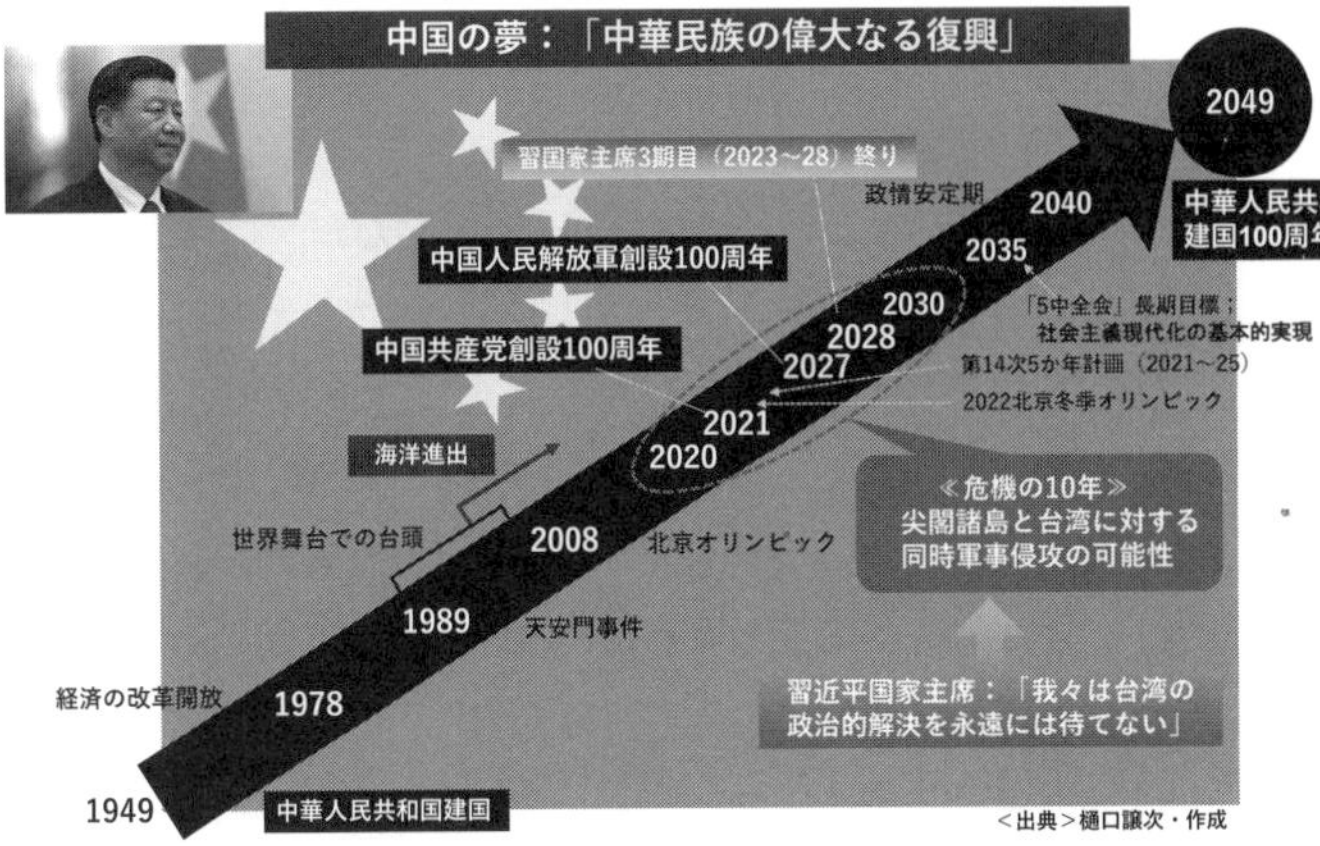

の公聴会で、「彼ら（中国）は米国、つまりルールに則った国際秩序におけるわが国のリーダーとしての役割に取って代わろうという野心を強めていると私は憂慮している…2050年までにだ」と発言した。そして、「その前に、台湾がその（中国の）野心の目標の一つであることは間違いない。その脅威は向こう10年、実際には今後6年で明らかになると思う」（いずれも括弧内は筆者）と語り、今後6年以内に中国が台湾に侵攻する可能性があると証言した。

さらに、米インド太平洋軍の次期司令官に指名されたジョン・アキリーノ太平洋艦隊司令官（海軍大将）は2021年3月23日、上院軍事委員会の自身の承認に関する公聴会で、台湾有事の時期について「大方の予想よりずっと近い」と警告した。

つまり、これからの5～10年が、日本にとっても台湾にとっても重大な危機の局面を迎えることになり、特に、中国人民解放軍創設100周年の節目を迎える2027年前後は危険域に入ると考えておかなければならない。

第5節　静かに浸透する中国のハイブリッド戦の脅威

1「新しい戦争」の形――「戦争に見えない戦争」が始まっている

21世紀の戦争は、従来の国家が堂々と紛争の解決を軍事的手段に訴える形としての「見える戦争」から、知らないうちに始まり外形上「戦争に見えない戦争」へと変貌している。

この「新しい戦争」の形をはじめて実戦に採り入れたのはロシアである。その実戦とは、2014年のロシアのクリミア半島併合と東部ウクライナへの軍事介入であり、西側では「ハイブリッド戦」（32頁【コラム】「核心的利益とハイブリッド戦」を参照）と呼んでいる。

東西冷戦が終結して2000年代に入り、複数の旧ソ連邦国家で独裁的政権の交代を求めて民主化と自由を渇望する運動が生起した。非暴力の象徴として花や色の名を冠した、グルジア（ジョージア）のバラ革命（2003年）、ウクライナのオレンジ革命（2004年）、キルギスのチューリップ革命（2005年）などがそれである。

また、アラブ諸国においても「アラブの春」と呼ばれた同じような運動が起こり、2010年から2011年にかけてチュニジアの民衆が蜂起した「ジャスミン革命」を発端として、エジプト、リビア、イエメンなどでも独裁・腐敗の政権が倒された。シリアでは激しい内戦が最近まで続いている。

これらの民主化と自由を求める運動によって、かつての衛星国を失ったロシアでは、本運動は米国や欧州などの西側が介入・扇動し、旧ソ連邦国家やアラブ諸国住民の「抗議ポテンシャル（相手国民への宣伝戦・情報戦・心理戦による影響工作）」を活性化させた意図的な体制転覆あるいは陰謀であり、一種の戦争であるとの見方が強まった。

そして、ロシアもまた、このような脅威に晒されているとの認識が高まり、安全保障・国防政策上の中心的テーマとして急浮上したのである。

それを背景として、2013年2月に発表されたのが、ロシア連邦軍の制服組トップであるヴァレリー・ゲラシモフ参謀総長による「予測における科学の価値」（『軍需産業クーリエ』所収、2013年2月27日付）というタイトルの論文である。

ゲラシモフ論文は、「21世紀には近代的な戦争のモデルが通用しなくなり、戦争は平時とも有事ともつかない状態で進む。戦争の手段としては、軍事的手段だけでなく非軍事的手段の役割が増加しており、政治・経済・情報・人道上の措置によって敵国住民の「抗議ポテンシャル」を活性化することが行われる」と述べている。そして、ゲラシモフ論文による21世紀の戦争では、非軍事的手段と軍事的手段との比率を4対1とし、非軍事的手段の役割の大きさが強調されている。

このように、ゲラシモフは「戦争のルールが変わった」と指摘しており、いわば「新しい戦争」

の到来を告げたのである。その後、２０１４年にプーチン大統領が承認した「ロシア連邦軍事ドクトリン」は、前年のゲラシモフ論文の考え方を踏まえて作成されたとみられている。

ロシアの「軍事ドクトリン２０１４」では、政治的、外交的、法的、経済的、情報その他の非攻撃的性格の手段を使用する可能性が尽きた場合のみ、自国及びその同盟国の利益のために軍事的手段を行使するとの原則を固守するとし、最終手段としての軍事とその他の手段との連続性を示唆している。そして、同ドクトリンでは「現代の軍事紛争の特徴及び特質」と題して9項目を挙げ、ハイブリッドという言葉こそ使っていないが、ハイブリッドな戦い方が現代戦の特色であることを強調している。

2 現代の軍事紛争の特徴及び特質

「現代の軍事紛争の特徴及び特質」は、時系列的に並べると、次のようにまとめることができる。

■ 第1段階：平・戦時の境目のない戦い→ハイブリッド戦／グレーゾーン事態

①軍事力、政治的・経済的・情報その他の非軍事的性格の手段の複合的な使用による国民の抗議ポテンシャルと（リトル・グリーンメンやリトル・ブルーメンなどによる）特殊作戦の広範な活用

②政治勢力、社会運動に対して外部から財政支援及び指示を与えること

③敵対する国家（中国側から見れば、日本や台湾、南シナ海の第1列島線諸国など）の領域内において、常に軍事活動が行われる地域を作り出すこと

■第2段階：軍事活動への移行

④軍事活動を実施するまでの準備時間の減少

■第3段階：軍事活動

⑤グローバルな情報空間、航空・宇宙空間、地上及び海洋において敵領域の全縦深で同時に活動を行なうこと（マルチドメイン作戦、情報化戦争）

⑥精密誘導兵器及び軍用装備、極超音速兵器、電子戦兵器、核兵器に匹敵する効果を持つ新たな物理的原理に基づく兵器、情報・指揮システム、無人航空機及び自動化海洋装置、ロボット化された兵器及び軍用装備の大量使用（技術的優越／先進的兵器）

⑦垂直的かつ厳密な指揮システムからグローバルな部隊及び指揮システムネットワークへの移行による部隊及び兵器の指揮の集中化及び自動化

⑧軍事活動に非公式の軍事編成及び民間軍事会社が関与すること

（以上、括弧は中国の戦い方を念頭に筆者付記）

つまり、「新しい戦争」の特徴・特質は、まず、現行法制上、純然たる戦時と認定しがたい条件の範囲内で、軍事的手段と非軍事的手段を複合的に使用し、相手の知らないうちに外形上「戦争に見えない戦争」を仕掛ける。万一、それによる可能性が尽きた場合には一挙に軍事活動へと移行し、

最終的に最先端技術・兵器を駆使したマルチドメイン作戦による軍事活動をもって戦争の政治的目的を達成することにあると言えよう。

ロシアは、旧ソ連邦国家やアラブ諸国の民主化や自由を求める運動を西側による体制転換の脅威として非難しているが、むしろそれを逆手にとり、実際にウクライナやシリアで「新しい戦争」を展開しているのはロシアの方である。そして、最近ロシアとの軍事的接近を強めている中国が、「孫子」の伝統と2人の軍人によって提唱された「超限戦」の思想と相まって、従来と形を変えた「新しい戦争」を描く「ロシア連邦軍事ドクトリン」に関心を示さない筈はないのである。

習近平国家主席は、故毛沢東主席の他に、ロシアのプーチン大統領をロール・モデルとしていると言われており、クリミア半島併合などの実戦で採用された「ハイブリッド戦」に代表されるロシアの軍事ドクトリンは格好の教材である。習主席は、中国のシンクタンクにその研究を命じ、それを自国の戦略に応用し、すでに中国の台湾統一や尖閣諸島、南シナ海などへの海洋侵出に「戦争に見えない戦争」、すなわち「戦わずして勝つ」ハイブリッド戦を仕掛け、それを徹底して追求し政治目的を達成しようとしている。

そのため、中国は、軍事力を背景に、軍による「三戦」を遂行しつつ、それらを政治、外交、経済、法律、情報、メディアなど他の要素と密接かつ総合的に組み合わせた工作や闘争を展開する。

例えば、中国は、前述の通り、２０２１年2月1日に海警局の武器使用規定を明文化した「海警法」を施行した。中国は、尖閣諸島を一方的に自国領土であると主張し、その主張を押し通すために、日本の領域内で活動する海上保安庁の艦船や漁船を違法行為として取締まり、状況によっては武器を使用する可能性がある。

つまり、これは、違法な海洋権益の主張を糊塗し後押しするために国内法を作り、それを根拠として準軍事組織（第2海軍）である海警局が法執行機関を装いつつ相手を威嚇、逡巡させ、あるいは軍（自衛隊）の初動対処を遅らせるなど、対応を困難にして領土を掠め取ろうとする一種の法律戦である。まさに香港で施行された「国家安全維持法」と同じ「事後法」の手法であり、事後に法律を制定しその制定前の行動を正当化したり裁いたりするやり方で、この手法は、西側世界の近代法のあり方、つまり罪刑法定主義とは根本的に対立し、完全に否定されるべきものである。

しかし、このような法律戦は中国が領土を蚕食する常套手段の一つとなっており、これによって不測の事態を招き、あるいは状況をエスカレートさせる恐れが一段と高まっている。

column

中国の「中国海警局」と「海警法」

1　「中国海警局」

中国の国防法は、「中国の武装力は、中国人民解放軍、武警部隊、民兵により構成される」と規定している。

中国の海警局は、共産党中央軍事委員会の指揮を受ける武装警察（武警）の隷下に編入され、人民解放軍と並んで武装力に位置付けられている。

習近平国家主席は、2018年1月、中国海警局を含む武警について、「軍の統合的な作戦体系に組み込む」と発言しており、準軍事組織（第2海軍）化が進んでいる。

中国海軍は、フリゲート艦3隻の主砲を撤去し、船体を中国海警局の船の色に塗り替えて、引き渡した。大型艦の中には、通常は軍艦に用いられる76ミリの主砲を備えた重武装のものもあるほか、最新の船は、海軍のフリゲート艦をベースに、ほぼ同一の船体と推進装置を使用しているとの指摘もあり、大型化・武装化を進めている。また人事の面でも、海軍出身者が中国海警局の主要ポストに就くなど、組織面、装備面、人事面で武警の準軍事組織化が進んでいる。

2 「海警法」

中国の全国人民代表大会（全人代）の常務委員会は、2021年1月22日の会議で、海上警備を担う中国海警局に武器使用を認める権限などを定めた海警法草案を可決成立させ、同法は2月1日から施行された。

海警法は、外国政府の船舶が「管轄海域」に入った場合は、強制的に退去させることができ、外国の組織や個人に、主権や管轄権が侵害された場合には、武器の使用を含む一切の必要な措置を取ることができるとしている。また、外国の組織や個人が、中国が領有権を主張する島・岩礁などに建設した構造物についても「強制的に取壊すことができる」と規定している。

同法は、中国が独自の領有権主張を展開する島嶼問題等を念頭に、東・南シナ海での中国海警局の活動を強化するとともに、相手国を威嚇し、軍の行動を遅らせて相手方の対応を困難なものにするなど、自国の立場を有利にすることを狙った、いわゆる「法律戦」の一環とも指摘されている。

同法の「管轄海域」や「臨時警戒区域」は、国連海洋法条約（UNCLOS）や国際的合意等にない中国独自の海域であり、外国軍艦や政府船舶（外国公船）といった主権免除船舶（外国公船は「主権平等の原則」に基づき他国の領海内であっても特別な法的地位を認められる）に対する実力行使や、公海自由の原則への制限となり得るものである。中国のこの法律は、国際規範を無視し逸脱した理不尽な海域の主権を要求しているとして、国際社会から容認できないとの批判の声が上がっている。

また、中国が、尖閣諸島は「管轄海域」に含まれると主張し、海警局が、周辺で漁を行っている日本漁船を、「違法操業」として拿捕や臨検を行なうことを正当化するのではないか、また、尖閣諸島周辺で警備に当たっている海上保安庁の船を強制的に排除することや、必要な場合には武器を使用することも想定しているのではないかともみられ、不測の事態を招く恐れも指摘されている。〈出典〉各種資料を基に、筆者作成

第6節　台湾の危機は日本の危機──第1列島線沿いの広正面同時侵攻

前述の通り、中国は、平和統一の可能性が失われたと見れば、武力行使に移行することを明言している。この際、中国は、台湾のEEZに侵入して違法操業を行なう中国漁船を取締まる台湾の海巡署（沿岸警備隊に相当）の艦船に対する中国の海警局艦船の体当たり・射撃などの警察行動や、弾道ミサイルの威嚇射撃などの小規模な軍事行動から、台湾が実効支配する南シナ海の東沙（プラタス）諸島や太平島（イトゥアバ島）などの離島の奪取、台湾本島の海上・航空封鎖などの中規模な軍事行動など、段階的なエスカレーションによって台湾を恫喝し、抵抗意思を喪失させるとともに、国際社会の反応を試すというステップを踏む場合もあろうし、そうでない場合もある。

いずれにしても、台湾の抵抗意思を断念させることが出来ないと判断すれば、台湾本土に対する大規模な着上陸作戦を敢行することになろう。その際、中国の軍事作戦の実際はどのようになるのか、台湾の領域に限定したものになるか否かを分析しておかなければならない。

その分析結果を要約すると、中国は台湾に対しすでに仕掛けている「戦わずして勝つ」のハイブリッド戦によって政治目的を達成できないと見れば、「台湾統一」を旗印に掲げ、A2／AD戦略の下、「Short Sharp War」を発動し、一挙に第1列島線を占領し、第2列島線まで軍事力を展開する、というものである。

中国は、国際社会の反発を考慮して「台湾統一」を前面に押し出すことになるが、その作戦は、南西諸島を焦点とした日本から北部ルソン島を焦点としたフィリピン、そして東シナ海・南シナ海、西太平洋の海空域にまで及ぶ広正面・同時侵攻の作戦を展開することとなろう。このことは、中国の台湾武力統一、すなわち台湾本土に対する大規模な着上陸作戦は、単独の限定局地戦としては起こり難いことを示唆するものである。

以下、その分析について簡潔に説明する。

まず、問題を複雑にしないため、米国は、インド太平洋における日米安全保障条約、米比相互防衛条約、米泰相互防衛条約（マニラ条約）及び太平洋安全保障（ANZUS）条約上のそれぞれの義務を履行し、台湾関係法の目的に沿って台湾防衛にコミットとするものとする。また、日本は、台湾に対する武力攻撃が発生すれば、平和安全法制の「重要影響事態」あるいは「存立危機事態」を認定し、防衛出動が発令されれば米国と共同対処することを前提とする。

中国が台湾を武力統一する場合、最大の関心事は、米国の介入を抑止できるか、あるいは米国の混乱や来援準備などの隙に乗じて、介入前に決着が付けられるかどうかにある。そのため、中国は、あらゆる手段・方法を動員して米国の介入抑止あるいは介入の混乱・遅延を最大限に追求するであろう。

前述の通り、中国のA2／AD戦略は、第1列島線上の台湾を占領して東シナ海・南シナ海を中国の制海・制空権下に置き、「中国の海」とすることで中国沿岸部の経済発展地域を防衛し、インド洋へ至るシーレーンを確保し、また、第2列島線より西の太平洋において自国海空軍による活動の自由を確保し緩衝地帯とするため、対米核戦力態勢を保持するとともに、これらの地域から米軍のプレゼンスを排除することを最終目標としている。

つまり、台湾統一や尖閣諸島の問題は、東シナ海・南シナ海を自国の内海・軍事的聖域とし、米軍の行動を第2列島線以東に排除する戦略目標の一環として位置付けられている、と考えておくべきである。

そこで、中国が台湾に侵攻する場合、まず、対米核戦略上、第2撃能力を保持する必要があり、作戦に先立ち南シナ海などに潜伏する弾道ミサイル搭載原子力潜水艦（SSBN）を西太平洋へ展開するとともに、爾後、海軍戦力を第2列島線まで進出させるため、宮古水道やバシー・バリタン海峡の航行の自由を確保することが不可欠である。

この際、SSBNの西太平洋への展開は、中国の攻撃開始を示す重大な兆候でもあり、日米両国軍は、台湾軍やフィリピン軍と協力して平素から海峡の両翼を堅固に保持するとともに、中国のSSBNの動向を継続的に偵知し、共同対潜戦によってその西太平洋侵出を阻止しなければならない。

中国の台湾侵攻にとっての重大な妨げは、第1列島線上に位置し、台湾に最も近く、最も早く来援できる沖縄に、優れた機動力と即応性をも持った米陸海空軍・海兵隊が駐留していることである。

それゆえ、台湾攻撃時には、在沖縄米軍をはじめとする在日米軍の来援阻止と米軍の行動に対する

沖縄の地政学的位置と在沖米海兵隊の意義・役割（イメージ）

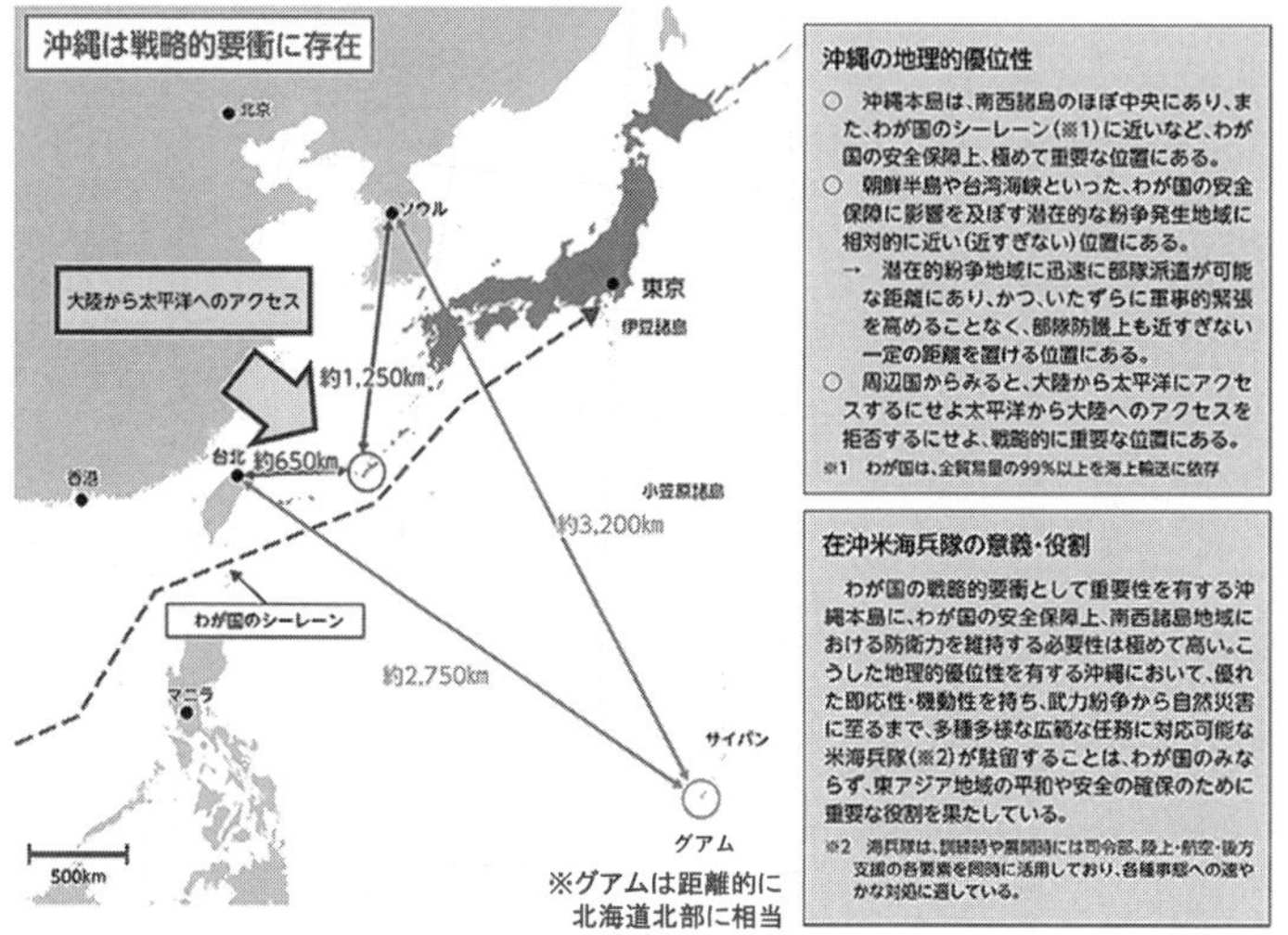
沖縄は戦略的要衝に存在
北京
ソウル
東京
伊豆諸島
大陸から太平洋へのアクセス
約1,250km
台北
約650km
香港
小笠原諸島
約3,200km
わが国のシーレーン
約2,750km
マニラ
サイパン
グアム
500km
※グアムは距離的に
北海道北部に相当
沖縄の地理的優位性
○　沖縄本島は、南西諸島のほぼ中央にあり、また、わが国のシーレーン（※1）に近いなど、わが国の安全保障上、極めて重要な位置にある。
○　朝鮮半島や台湾海峡といった、わが国の安全保障に影響を及ぼす潜在的な紛争発生地域に相対的に近い（近すぎない）位置にある。
→　潜在的紛争地域に迅速に部隊派遣が可能な距離にあり、かつ、いたずらに軍事的緊張を高めることなく、部隊防護上も近すぎない一定の距離を置ける位置にある。
○　周辺国からみると、大陸から太平洋にアクセスするにせよ太平洋から大陸へのアクセスを拒否するにせよ、戦略的に重要な位置にある。
※1　わが国は、全貿易量の99％以上を海上輸送に依存
在沖米海兵隊の意義・役割
わが国の戦略的要衝として重要性を有する沖縄本島に、わが国の安全保障上、南西諸島地域における防衛力を維持する必要性は極めて高い。こうした地理的優位性を有する沖縄において、優れた即応性・機動性を持ち、武力紛争から自然災害に至るまで、多種多様な広範な任務に対応可能な米海兵隊（※2）が駐留することは、わが国のみならず、東アジア地域の平和や安全の確保のために重要な役割を果たしている。
※2　海兵隊は、訓練時や展開時には司令部、陸上・航空・後方支援の各要素を同時に活用しており、各種事態への速やかな対処に適している。

<出典>令和2年版『防衛白書』

在日米軍兵站施設からの支援活動の妨害が最優先課題となる。

また、台湾の生存と継戦能力を維持するための後方連絡線（line of communications）は、朝鮮戦争で日本が米軍を主力とする国連軍の後方兵站基地になったように、対空・対艦ミサイルや電磁波戦などの部隊で構成される「阻止の壁（バリアー）」によって守られ、第1列島線の太平洋側を通って在日米軍兵站施設を含む日本と繋がることになると見られ、中国が台湾の海上封鎖を企図する場合は、その遮断も大きな課題である。

以上のような状況において、日本が「重要影響事態」を認定した場合、自衛隊は米軍の作戦に対する後方支援活動等を行なうが、当然ながら、中国軍からは米国の共同交戦国による敵対行為であるとみなされ、攻撃の対象

となるのは間違いない。また、「存立危機事態」を認定した場合には、米軍や台湾軍とともに「存立危機武力攻撃」を排除するために部隊等を展開し中国軍に対して武力を行使することになろう。なお、「重要影響事態」や「存立危機事態」については、第3部と第4部で詳しく説明しているので、参照されたい。

column

存立危機武力攻撃とは

我が国と密接な関係にある他国に対する武力攻撃であって、これにより我が国の存立が脅かされ、国民の生命、自由及び幸福追求の権利が根底から覆される明白な危険があるものをいう。

〈出典〉「武力攻撃事態法」第1章「総則」第2条「定義」8・ハ・(1)

中国は、前述の通り、「釣魚島（日本名は魚釣島）およびその付属島嶼は…、台湾の付属島嶼」（釣魚島白書、括弧内は筆者）であるという独自の主張に基づき、「台湾とその附属島嶼である釣魚島（尖閣諸島）は中国の不可分の領土の一部である」との立場について執拗に言及している。台湾と同じく、尖閣諸島を「核心的利益」と呼び、自国の領土主権にかかわる問題には一切妥協しない姿勢を示しており、台湾統一と同時に、島嶼等の領有権問題を一挙に解決しようとする可能性が高い。また中国は、東シナ海における境界画定について、２０１２年以来、沖縄トラフまでを自国の大陸棚であると主張しており、今般の海警法の制定によって、中国は大陸棚外縁までの広大な領域を自身の国内法の管轄下に置こうとしていることに加え、沖縄独立運動を画策するなど、沖縄の占領支配も視野に入れている。

戦理的に見れば、中国は台湾攻撃に当たり、米軍等による翼側からの反撃や台湾の逆襲を想定しておかなければならない。そのため、中国は、台湾を主攻とする場合、その翼側を防護するため助攻を配置して横広の作戦を遂行することになる。これは、軍事作戦における基礎的原則である。

また、日本と台湾は、琉球諸島の宮古島や石垣島（尖閣諸島を含む）、西表島、与那国島を中心とする先島諸島を通じて地理的にほぼ繋がっている。軍事作戦において、国境線沿いのエリアは隣接国間の防衛の弱点になり易く、そのため、中国は国境の枠に捉われず、日台や台比間の弱点を突いた作戦を遂行すると見ておかなければならない。

以上から総合的に判断すると、中国の台湾武力統一は単独の限定局地戦というよりも、米軍の介入阻止を最大の課題とし、日本の尖閣諸島をはじめとする南西諸島、台湾、そしてフィリピンなどの第１列島線国を巻き込んだ、東シナ海・南シナ海から西太平洋の海空域にまでに及ぶ広域・広正面の同時侵攻になることを想定しておかなければならない。

つまり、台湾が危ないときは日本も危ないのである。このような観点から、いまだ世界最強を維持していると見られる米軍事力を背景に、日米同盟を基軸として日台及び日米台の安全保障・防衛

中国の日台(比)広正面・同時侵攻(イメージ図)

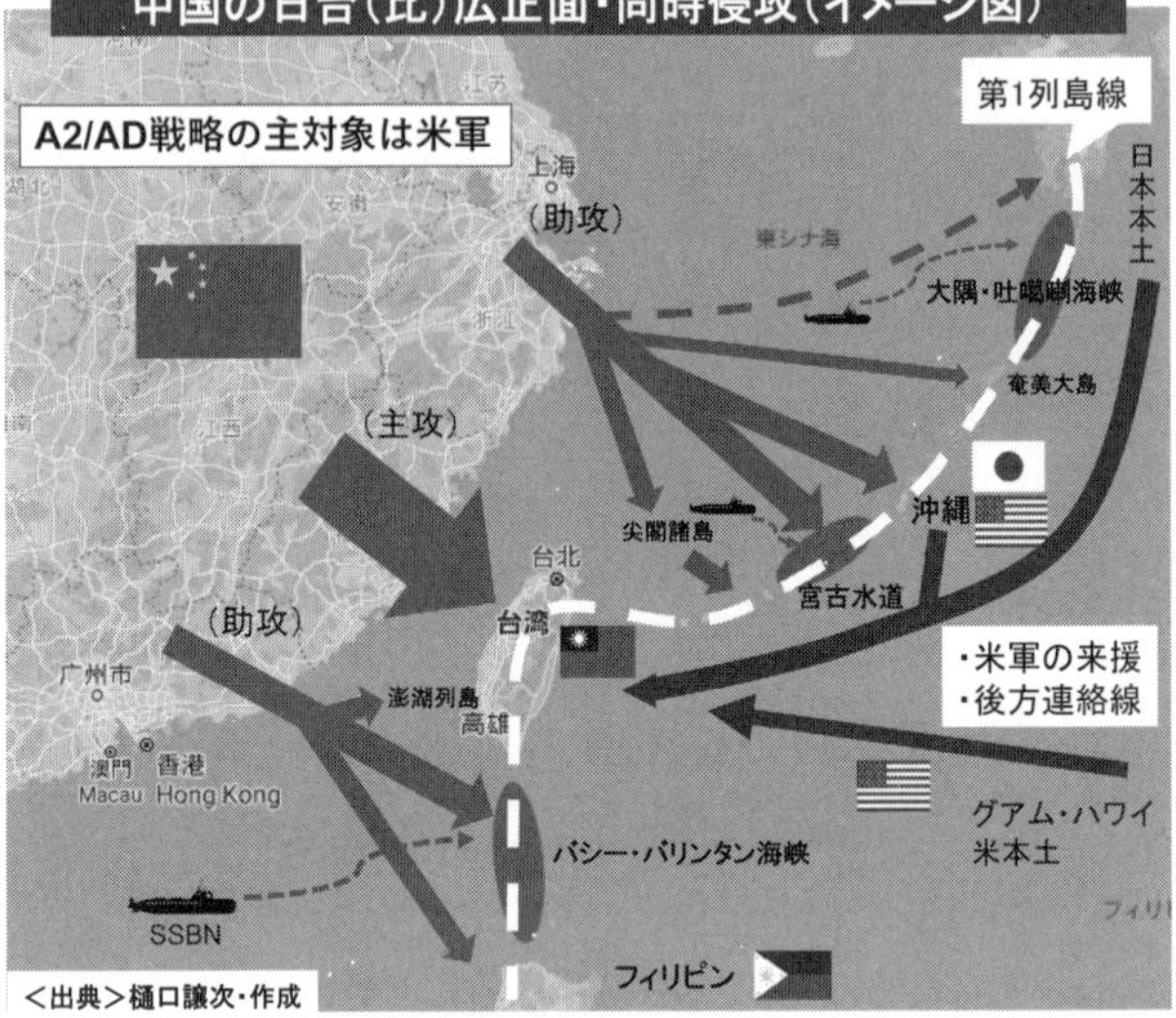

<出典>樋口譲次・作成

強化の枠組作りを推進強化することは、対中抑止力を高め、関係国のみならず、「自由で開かれたインド太平洋」地域の平和と安全を維持する上で、最重要かつ喫緊の課題なのである。

第3部　米中本格対立の最前線に立つ日本と台湾

第3部では、第1部と第2部で見てきた親密な関係にある日本と台湾が直面している米中対立の実態とその最前線にある日本と台湾の立場を明らかにしたい。

まず、米中対立の推移とその最前線に立つ日本と台湾について第1章で概観した後、第2章で台湾防衛にとって欠かせない米国の台湾政策の変遷を、3章で台湾の民主化の進展と日米台の連携強化、そのなかで日本の安全保障戦略がいかに変化してきたかを検討する。

さらに4章を加え、現在進行中のコロナ禍により激変する世界情勢が米中対立とその最前線に立つ日本と台湾の安全保障にどのような影響を与えるのかを考えてみたい。

第1章

米中本格的対立（新冷戦）の到来

第1節　戦後の米中関係の推移——「チャイナ・ロスト」から対中「関与政策」へ

1　「チャイナ・ロスト」に始まった戦後の米中関係

米国が本格的にアジアへ進出したのは、中国の巨大な市場に目を向け始めた1800年代の半ば頃からである。東インド艦隊司令長官兼遣日特使提督マシュー・ペリーが黒船（軍艦）4隻を率いて大西洋を横断し、喜望峰をまわり、インド、中国、琉球を経て幕末の浦賀に来航し、日本に開国を迫ったのが1853年である。

1945年9月2日、東京湾内の米戦艦ミズーリ号艦上において、日本政府代表は連合国に対して降伏文書に調印した。ミズーリ号は、ペリーが下田沖に投錨した時と同じポイントに停泊し、ボロボロの星条旗を掲揚していた。その星条旗はかつてペリーが掲げていたもので、アナポリスの米海軍本部に長く保存されていたと言われている。

1945年8月14日付のニューヨーク・タイムズ紙は、「我々は初めてペリー以来の願望を達した。もはや太平洋に邪魔者（日本）はいない。これで中国大陸のマーケットは我々のものになるのだ」（括弧は筆者）との記事を掲載した。

この記事からもわかるように、ミズーリ号艦上での調印式は、ペリー来航から約90年越しの勝利として日本に屈辱を与えるとともに、「世界最大の市場」を求める米国の対中政策の執念を物語るエピソードである。

しかし戦後、米国の対中外交は、いわゆる「チャイナ・ロスト（中国喪失）」にはじまった。

日中戦争において米国は、中国国民党の蒋介石が率いる中華民国政府（国府）を一貫して支持した。その間、中国大陸では、1921年の中国共産党（中共）成立から第1次・第2次の「国共合作」を除き、蒋介石が率いる中国国民党政府軍と毛沢東が率いる中国共産党紅軍（人民解放軍）との間で「国共内戦」が繰り広げられていた。

column

国共合作

国共合作は、中華民国において、軍閥の抗争で国家統一が取れず、帝国主義列強の侵略によって中華民族の存立が危ぶまれる中、本来的には結党理念、支持基盤が全く違う中国国民党と中国共産党の2党が、民族の独立と統一を守るという一点で協力し合ったことをいう。

時期的には1924年1月に成立し、1927年に決裂した第1次国共合作と、1937年に成立し、1946年に決裂した第2次国共合作とがある。

〈出典〉世界史の窓「第1次国共合作」に基づき筆者補正

国共内戦は、終戦後の1946年に再発し、最終的には共産党が勝利し、1949年10月1日に中華人民共和国が成立して終わった。一方、国府要人は台湾に逃れ、蔣介石は1950年3月1日、台北で総統に復帰し中華民国を存続させた。

このような中、米国は、引き続き国府を唯一合法な中国政府と見なし、以後30年間中共政府とは国交を結ばなかった。これに対抗して、毛沢東は、終始、蔣介石を支援した米国との関係樹立を拒み、米ソ冷戦が始まりつつある中、「向ソ（連）一辺倒政策」（『人民日報』1949年7月1日付）を採った。

その後、1950年6月にはじまった朝鮮戦争では、米国と中共が直接戦火を交え、事実上両陣営の対立となった。さらに米中は、第1次（1954～55年）と第2次（1958年）の台湾海峡危機で衝突し、1972年2月のニクソン大統領の訪中による歴史的な国交正常化に向けた関係改善まで、非公式な接触を除き、基本的に対立関係が続いた。それが、戦後の米国の「チャイナ・ロスト」と言われる期間である。

2　米中国交正常化

米中間の外交関係が劇的に改善されたのは、1971年7月のキッシンジャー大統領補佐官（国家安全保障問題担当）による中華人民共和国の秘密訪問と、その成果を踏まえて、1972年2月21日にニクソン大統領が中華人民共和国を電撃訪問し、それによって始まった米中国交正常化である。

前述の通り、1940年代後半から米ソ冷戦が始まっていた。しかし、ソ連のフルシチョフ首相は1956年にスターリン批判を行い、米国との平和共存路線を採るようになった。それを契機に、スターリン路線を継承する立場の毛沢東はソ連共産党の転身を修正主義と非難し、平和共存路線は帝国主義への屈服であり受け入れられないとして「中ソ対立」が始まった。

1960年代にはウスリー川の珍宝島（ダマンスキー島）における中ソ武力衝突（1969年）など

の中ソ国境紛争に発展し、ベトナム戦争でも中ソは共同歩調をとることが無く、毛沢東はソ連を最重要の敵と位置付けるまでに対立をエスカレートさせた。１９７０年代の文化大革命期にも対立が続いた。

他方、当時の米国の最優先課題は、中ソの支援を得た北ベトナムとの泥沼化した戦争、すなわちベトナム戦争（１９６０年12月〜７５年４月）からの「名誉ある撤退」を図ることであった。

米国は、「中ソ対立」の亀裂にその糸口を見出し、同戦争への中華人民共和国からの軍事援助を中止させてベトナム戦争を早期に終結し、同時に強大化するソ連の軍事的プレゼンスを前に、冷戦枠組の再編成が必要と認識するようになり、それまでの中華人民共和国敵視政策を改め、対中接近の選択肢を考えるようになった。米国が中華人民共和国に接近すれば地政学的な力のバランスが大きく動き、アメリカは宿敵ソ連に対して優位に立てると見たからである。

そのように、ベトナム戦争からの脱却及び冷戦枠組の再編と新たなアジア戦略の構築を目指す米国と、深刻な「中ソ対立」下にソ連を強く牽制したい中華人民共和国との間で、共にソ連を念頭に置いた思惑や利害が一致し、米中両国がそれぞれ相手のカードを切る「協調関係」あるいは「並行戦略」の必要性を認め、その方策を模索しはじめた。そして、米国の対中政策は「封じ込め」から「関与」へと大きく転換したのであった。

１９７２年２月27日に、「ニクソン米大統領の訪中に関する米中共同声明」いわゆる「上海コミュニケ」が発表され、米中関係の正常化のための諸原則並びに台湾問題に関する双方の立場が確認された。

秘密訪中して交渉に当ったキッシンジャー大統領補佐官は、訳書『キッシンジャー回顧録中国（下）』（岩波書店、2012年）の中で、下記のように述べている。

関係正常化のための中国の条件は明確で、ぶれなかった。それは、「台湾からの米軍の完全撤退」「台湾との相互防衛条約の破棄」「中国との外交関係の相手は北京政府に限る」というものだ。これが上海コミュニケにおける中華人民共和国の立場だった。

このように、1971年のキッシンジャーの中国訪問から始まった米中国交正常化の動きは、1972年2月のニクソン大統領の訪中による米中共同声明で一定の成果を上げた。その後、ウォーターゲート事件（1972年6月）でニクソン大統領が辞任に追い込まれ、中華人民共和国との交渉は頓挫したが、後任のフォード大統領を経て、正式な国交正常化は、カーター大統領と鄧小平との間の交渉によって、1979年1月1日に正式に実施された。

両国は、1978年12月15日、「米中外交関係の樹立に関する共同コミュニケ」を発表し、共同コミュニケの翌日（16日）、「米華相互防衛条約」は破棄された。

1979年1月1日に米中は国交を樹立し、同日、カーター大統領は中華民国（台湾）との国交を断絶した。

その後、米国は、1979年3月に上下両院で採決した「台湾関係法」を、同年1月1日に遡って発効させた。

なお、以上の「戦後の米中関係」については、第2章「米国と台湾との安全保障関係」において更に詳しく述べることとする。

3 米国の対中「関与政策」

米ソ冷戦下の1970年代にあって、ニクソン政権下の米国は、主敵のソ連を封じ込めるため、東アジアで社会主義の主導的役割を任されていた中華人民共和国（中国）との関係改善によってソ連を牽制するという「チャイナカード」を切って対中「関与政策」に大きく踏み出した。

米国の歴代政権は、一貫して、中国が経済発展すれば自由や民主主義が拡大することを期待して「関与政策」を採ってきた。その目標は、①中国の改革開放を促し、グローバルなシステムに統合すること、そして②ゆくゆくは中国が国際社会において責任ある大国としての役割を果たす、いわゆる「責任ある利害関係者」になるよう働きかけることの2点に集約される。

それ以降、米国は、中国の人権問題に加え、その台頭が将来もたらす危険性を提起する声もあったが、高度技術の移転や対中投資を拡大させ、中国の世界貿易機関（WTO）への加盟（2001年）を後押しするなど中国の発展のための協力を惜しまなかった。

その結果、中国の名目GDPは、2010年に5兆9000億ドルと日本（5兆5000億ドル）を上回り、米国に次いで世界第2位となった。中国の名目GDPは、1978年にはわずか3645億元に過ぎなかったが、その後30年間にわたる高度成長を経て2010年には実にその110倍の39兆8000億元（5兆9000億ドル）と世界全体の9・5%を占める急成長を遂げたのである。

しかし、この間には情勢の変化もあり、米国の関与政策にも部分的な修正が加えられた。

まずは、1989年6月に北京・天安門広場で起きた平和的な民主化運動を軍事的に弾圧した「天安門事件」が発生し、米中関係は一気に冷え込んだ。そして、1991年12月にはソ連邦が解体し名実ともに冷戦が終結した。これらは米国に、共産党一党独裁の中国に安全保障上のパートナーとして関与し続ける戦略的意義を低下させるとともに、逆に台頭する中国が新たな危険な敵になり得るとの懸念から、中国への関与政策は継続する一方、将来的なリスクに備える「ヘッジ政策」という戦略を付け加える機会を与えた。

その懸念の通り、2008年9月のリーマン・ショックによって米国及び世界の経済が苛まれた時期に、経済危機からいち早く脱した中国の対米姿勢には明らかに変化の兆しが表れた。

外交においては、1978年末から「改革開放」政策を始めた鄧小平が、「韜光養晦《とうこうようかい》有所作為」を説いて低姿勢の協調的な外交を指導した。しかし、胡錦濤国家主席（2002年11月～2012年11月）になって「堅持韜光養晦積極有所作為」（打って出ろ）に変わり、以来、抑制的外交や平和的発展の則を超えて、より積極的・覇権的な対外路線を推進するようになり、「大国の振る舞い」が顕著になった。

column

鄧小平の外交思想：「韜光養晦有所作為」

中国は、「文化大革命」時に革命の輸出を行ったことなどで国際社会から厳しい批判を浴び、孤立した。その反省を踏まえ、鄧小平は「韜光養晦　有所作為」の外交思想、すなわち、「韜晦し、同盟を結ばず、突出せず、覇を称えない」とする低姿勢を守り、基本的には協調的な外交が中国外交のあるべき姿だと述べた。しかし、その中には、好機があればそれを活用せよとの意味合いも含まれていた。

〈出典〉各種資料を基に筆者作成

そのように、中国の外交は、国家目標である「中国の夢」としての「中華民族の偉大な復興」に奉仕し、そのための「富強大国の建設」に寄与するとし、アジアにおいて中華的地域統合を果たして地域覇権を確立するとともに、欧米主導の現行国際秩序を覆し、「公正で合理的な国際政治経済新秩序」、すなわち中国主導の中華的国際秩序に置き換えて世界的影響力を拡大することを目指すようになった。その中国にとって、外交遂行上の最大のライバルは、あくまで世界大国のアメリカであることは言うまでもない。

また、経済成長を上回る高いペースで国防費を増加し、軍事力を広範かつ急速に強化してきた中国は、周辺国への圧力を強め、海洋進出を拡大・活発化させて東シナ海や南シナ海で「力を背景とした一方的な現状変更による既成事実化」を推し進めるようになった。

中国は、米国に対する「接近阻止・領域拒否（A2／AD）」戦略の下、核兵器をはじめ、宇宙、サイバー、電磁波領域における破壊的な軍事技術・兵器の開発を継続し、地域的な軍事バランスを変容させた。また、インド太平洋地域を越えた範囲にまで影響が及ぶ軍事能力の強化を図っていると見られ、地域及びグローバルな経済及び安全保障問題において増大する中国のプレゼンス及び影響力は、米国の世界的な地位や既存の国際秩序を脅かす重大な要因であると指摘されるようになった。

クリントン政権下で打ち立てられた米中の「建設的な戦略的パートナーシップ」は、その後の政権によって引き継がれてきた。しかし、オバマ政権になって、米国内の「中国脅威論」が高まりを見せるようになり、同政権の第2期、とくに後半には中国との関係を大幅に見直し、中国の脅威に正面から向き合う転換点となった。

米歴代政権の対中脅威認識の変化は、下記の「米国『戦略3文書』の対中脅威認識の変化（発表時期ごと）」に明確に表れている。

オバマ政権の第2期中頃までは、中国に対し疑念や警戒心を持ちながらも「協力」をベースとし

米国「戦略３文書」の対中脅威認識の変化（発表時期ごと）											
時　期		2008. 6	2010. 2	2010. 5	2011. 2	2012. 1	2014. 3	2015. 2	2015. 7	2017.12	2018. 1
政　権		ブッシュ	オバマ１期				オバマ２期			トランプ	
文書名	安全保障戦略			NSS				NSS		NSS	
	国防戦略	NDS	QDR			DSG	QDR				NDS
	軍事戦略				NMS				NMS		
中国に対する脅威認識		監視	協力と疑義	協力と監視	協力と疑念	協力	協力と競争	協力と注視	深刻な懸念	競争と懸念	大国間競争／戦略的競合
備　考							2014年頃から対中脅威認識高まる			現状変更勢力／安全と繁栄の脅威	現状変更勢力
用語の解		NSS：国家安全保障戦略、NDS：国防（国家防衛）戦略、NMS：国家軍事戦略 QDR：４年ごとの国防計画見直し、DSG：国防戦略指針									

＜出典＞米国の国家安全保障戦略（NSS）等を基に筆者作成

た関係を維持した。しかし、2014年頃から米国の対中脅威認識が表面化し、オバマ政権の後半には「深刻な懸念」を表明するようになった。

トランプ政権は、発足当初から中国を「現状変更勢力」そして米国の「安全と繁栄の脅威」と認定し、「競争と懸念」あるいは「大国間競争」、「長期的な戦略的競合」の相手として対応する安全保障上の最優先課題に引上げた。

今日、米中両国は、国交正常化の歴史的和解から約40年余り、インド太平洋地域を焦点として、米中の「本格的対立」あるいは「新冷戦」といわれる構造的・長期的な対立・闘争の局面に入ったとの指摘がなされるようになっている。

第2節　米中の本格的対立（新冷戦）

1　「新冷戦」という言葉

米中関係については、「新冷戦」という言葉を使うことには議論があり、「覇権争い」や「本格的対立」などと表現される場合もある。

世界的に権威のあるイギリスのシンクタンク「国際戦略研究所」（ＩＩＳＳ）は、２０１９年10月に世界の情勢を分析した「戦略概観」を発表した。その中で、米国と中国は、通商や金融、外交、テクノロジー、それに安全保障などあらゆる分野で対立が拡大しており、自由で開かれた国際秩序が崩れつつあると分析し世界の分断が進むと予測した。

この分析には、二つの重要な側面が含まれる。

その一つは、米国と中国との間で、国家間関係を律する基本的要素である経済、外交そして安全保障（軍事）のあらゆる分野で対立が拡大していること、他の一つは、全体主義・強権主義の中国の台頭・挑戦によって、これまで欧米社会が中心となって形成し冷戦の終結によって普遍化したと見られた自由で開かれた国際秩序が崩され、世界の分断・ブロック化が進むこと、以上の2点を指摘したものと理解される。

それらは、米中のイデオロギーや政治体制、歴史、文化など、国家の基本的立場の違いに根差しており、そのため、和解は容易ではなく、対立は構造的で長期化すると考えられる。

いずれにしても、21世紀の国際社会の形を決める米中の対立・闘争が進行中であることは否定できない事実である。

しかし、それを単純に米ソ冷戦あるいは東西冷戦と同一視するのは的を射ているとは言い難く、また、一つの言葉に定義する仕事は本書の役割ではない。

したがって、本書では、米国と中国の対立・闘争を表す言葉として、一般的に使われている「本格的対立」や「新冷戦」あるいは「覇権争い」をほぼ同義語として扱い文脈に沿って適宜選択・使用することにする。

2　経済面での覇権争い：貿易戦争

この10年、中国の国力は急激に増大し、米国との間にあった圧倒的な差を急速に縮めている。特に、経済と軍事分野の追い上げは激しく、その力を背景に外交分野でも大国外交を展開するようになった。

そして、両国の国力が急接近しつつある中、中国も米国も個性ある指導者を登場させた。中国の習近平国家主席（2013年3月～、中国共産党中央委員会総書記・中央軍事委員会主席は2012年11月～）と米国のトランプ大統領（2017年1月～21年1月）であり、その指導の下、米中の対決ムードに拍車がかかり、本格的対立や新冷戦ともいわれるレベルまでに険悪化している。

まず、経済を見ると、2000年当時、米国のGDPは10兆ドルで、中国のGDPは1兆2000億ドルであった。2010年には米国が15兆ドル、中国が6兆ドルとなり、米国の中国に対する経済的優位性はわずか10年で8・3倍超から2・5倍にまで縮まった。そしてトランプ氏が大統領になった2017年には、2倍を割り込んだ。

中国が新型コロナウイルスの世界的大流行（パンデミック）から比較的早く回復したことを受けて、

野村證券投資銀行部門の調査員は「米国経済は２０２６年までに中国に抜かれることになる」と予測し、米中のＧＤＰ逆転が迫っていると指摘するまでになっている。

これらを背景に、知的財産・企業秘密の窃盗、技術移転の強制、外国企業に対する規制乱用、利益を度外視した国営企業への補助金交付等を争点とした貿易戦争や、「中国製造２０２５」を掲げる中国との次世代産業技術をめぐる覇権争いに発展しているのである。

３　米中の軍事バランスの変化

軍事の面では、２００1年9月11日にアメリカ本土で同時多発テロが生起し、米国の軍事努力が対テロ戦へと大きく傾斜した。

ブッシュ政権下における米軍は、アフガニスタンとイラクにおける対テロ戦、すなわち低強度紛争が主要なテーマとなり、以後長い間、先進的な兵器システムの開発などにブレーキがかかり、中国やロシアを相手にする高強度紛争への対応が疎かになった。

一方、中国とロシアは、米国に追いつき追い越せと、軍改革、中でもその近代化を進め、軍事力の強化に注力した。

特に中国にとって、湾岸戦争における米軍の長距離・即応展開能力や精密かつ組織的・圧倒的な火力発揮は驚嘆すべき所であった。また、コソボ紛争において、米軍の最新鋭ステルス戦略爆撃機B－2が発射した地下貫通弾によって在旧ユーゴスラビア中国大使館の地下6階通信指令センターが一瞬のうちに破壊されたことに衝撃を覚えたといわれている。

そのため、中国は、米国の先進的な軍事能力開発の動向に対応し、情報化条件下の局地戦に勝利するとの軍事戦略を立て、改革による軍強化、科学技術による軍振興、機械化・情報化の融合発展の推進、軍事の智能化発展の加速などを主な内容とする「中国の特色ある近代軍事力の体系」の構築を強力に推し進めている。

その結果、通常戦力において、中国の量的優越を米国の質的・技術的優越で補うことを前提とした米国の軍事的優越性の低下は免れず、特に、中露が「非対称戦」として力を入れている宇宙、サイバー、電磁波といった新たな領域では、両国に先行されている分野の存在が指摘されるまでになっている。

このような能力の強化は、いわゆる「A2／AD」能力の強化や、より遠方での作戦遂行能力の構築につながるものである。

作戦遂行能力の強化に加え、中国は、既存の国際秩序とは相容れない「核心的利益」や「九段線」など独自の主張に基づき、尖閣諸島を含む東シナ海、台湾、そして他国が主権を主張する七つの岩礁を埋め立てて人工島・軍事拠点化した南シナ海をはじめとする海空域またインドとの陸上国境周辺において、力を背景とした一方的な現状変更を試みるとともに軍事活動を拡大・活発化させている。

特に海洋における利害が対立する問題をめぐっては、侵略とも言える攻撃的行動を継続させており、自らの一方的な主張を妥協なく実現しようとする姿勢を堅持している。

column

九段線

1　中国の主張
中国は、マレーシアとベトナムが合同で２００９年5月に「大陸棚限界委員会（ＣＬＣＳ）」に大陸棚外縁の延長を申請したことに対する抗議の口上書で、「九段線」地図を論拠として提出した。中国が南シナ海の領有権を国際的に主張するために「九段線」地図を使ったのはこれが初めてとされる。

この口上書で、中国は、「九段線」内の海域における海洋自然地形とその周辺海域に対して「議論の余地のない主権」を主張するとともに、「長い歴史の過程で形成されてきた南シナ海における中国の主権と関連する諸権利は、歴代の中国政府に受け継がれ、国内法によって何度も再確認され、国連海洋法条約を含む国際法規によって護られてきた」と主張している。いわゆる「歴史的権利」と称するものである。

〈出典〉日本安全保障戦略研究所編著『中国の海洋侵出を抑え込む　日本の対中防衛戦略』（国書刊行会、

（2017年）

2 『防衛白書』の説明

中国は、1992年に南沙諸島、西沙諸島などが中国の領土である旨明記された「領海及び接続水域法」を制定したほか、南シナ海における自国の「主権、主権的権利及び管轄権」が及ぶと主張する範囲に言及した2009年の国連宛口上書にいわゆる「九段線」の地図を添付した。

この「九段線」については、国際法上の根拠があいまいであるとの指摘があり、南シナ海における領有権などをめぐる東南アジア諸国との主張の対立を生んでいるが、中国は「九段線」と国際的な規範との関係についてこれまで具体的な説明をしていない。

〈出典〉平成28年版『防衛白書』

3 南シナ海仲裁裁判所（2016年7月）の裁定

「九段線」によって包摂される南シナ海の海域に対する「歴史的権利」、主権的権利または管轄権の主張は国連海洋法条約に反するものであり、国連海洋法条約の規定の限度を超えた如何なる「歴史的権利」、主権的権利または管轄権の主張も認められない。

〈出典〉『中国の海洋侵出を抑え込む 日本の対中防衛戦略』（国書刊行会、2017年）

経済的にも軍事的にも米国に肉薄しつつある中国は、それを背景に国際社会における存在感を高め、攻撃的な覇権外交を展開している。

4　中国の覇権外交の展開と西側諸国の連帯

覇権外交が何を目指しているのかは、中国が国家目標として掲げる「中国の夢」としての「中華民族の偉大な復興」とは何かを問うことである。

中国は、自らを世界の「中心の国」、すなわち国際秩序の中心に位置し、政治的階層の頂点にあって、その世界観や制度を世界の隅々にまで広め従わせるのは当然と考える独善的で特異な思想の上に立っている。共産主義思想と相俟ったその思想は、既存の国際秩序を覆して中華秩序に代え、世界中に中国の覇権を拡大することを目指している。その考えが、習近平国家主席が唱える「人類運命共同体」という外交キャッチフレーズに集約されており、その真の意味は、すべての国・国民の従順な隷属を求めることに他ならない。

欧米が創造した主権平等を原則とする現行の国際秩序とは根本的に異質であるが、中国は決して自らの主張を変えず、中華思想の伝統を受け継いだ偉大な帝国の復興に終始一貫、強硬姿勢で臨んでいることから、衝突は不可避な情勢となっている。

そのため、中国との新冷戦に突入した米国はもとより、北大西洋条約機構（ＮＡＴＯ）も２０２

0年12月初め、今後10年間の課題をまとめた報告書「NATO2030」を公表し、その中で中国やロシアを「巨大な脅威」と位置づけ、侵略行為やサイバー攻撃などに対処できる体制の構築を訴えた。

そのように、現在の国際社会は、冷戦後のどの時期よりも危機感が地理的距離を超えて世界中に広がっており、世界観において中国の対極に位置する自由民主主義の国々のグローバルな連帯が一段と求められる厳しい時代に直面している。

5　体制の争いへの変化――ペンス前副大統領の「第2次冷戦」宣言

以上、米中の対立を、経済、軍事、外交の視点から見てきたが、結局、両国の対立は国家存立のコア・ファクターであるイデオロギーや政治理念など、「体制」の対立という本質的問題にまで行き着いている。特に米側からは、共産主義中国の脅威に対抗すべき重要性が強調されている。

ペンス前副大統領は、2018年10月にハドソン研究所で「第2次冷戦」宣言といわれる歴史的演説を行った。また、2019年10月のウィルソン・センターでの講演では、香港問題やウイグル人弾圧など過去1年間に中国が見せた不穏な行動を詳細に説明した上で、「米国は引き続き対中関係の根本的な見直しを追求する」と述べた。

そして、２０１９年末に中国の湖北省武漢市で発生した新型コロナウイルス感染症（以下「新型コロナ」）は、中国の意図的な情報隠蔽と偽装工作により初期対応が遅れ、また、中国の影響を受けているとされるテドロス事務局長率いる世界保健機関（ＷＨＯ）の機能不全により、初動対処や水際対策の遅れから、瞬く間にパンデミックを引き起こした。

それによって、米国は、感染者数及び死亡者数とも世界最多の新型コロナ感染国となり、それを契機に、米中対立は一段と加速化・深刻化し、イデオロギーや政治制度などの「体制の争い」へと悪化している。

実は、これらの動きは特段驚くべきことではない。２０１７年12月に発表された「国家安全保障戦略（ＮＳＳ）」及び２０１８年1月発表の「国防戦略（ＮＤＳ）」で明示された米政府の基本方針に忠実に沿ったものであり、新型コロナが中国との対立にアクセルを踏ませたに過ぎないとの見方が有力である。

第3節　米中「本格的対立」の最前線（フロントライン）に立つ日本と台湾

1　米中それぞれの「競争対抗戦略」

米国との大国間競争に向かう中国の対米認識は、2016年9月末、習近平総書記（国家主席）が主宰した中国共産党中央政治局のグローバル・ガバナンスの変革に関する「集団学習」で強調した下記の情勢認識が背景になっている。

国際的なパワー・バランスの消長・変化とグローバル化による課題の増加で、グローバル・ガバナンスを強化し、その変革を進めることが大勢となっている。われわれはチャンスをとらえ、情勢に逆らわず、国際秩序をより公正かつ合理的な方向へ発展させることを推し進める。

この情勢認識は、中国の元人民解放軍大佐で著名な軍事評論家・国際戦略家の劉明福が国防大学教授当時に出版した著書『中国の夢――ポスト・アメリカ時代の中国の大国的思考と戦略的位置づけ』（*China Dream : "Great Power Thinking and Strategic Positioning of China in the Post-American Age", 2010*）で主張した下記の論旨と完全に重なっている。

アメリカが世界の覇権を握っていたのは、歴史的に見ればほんの短い間のことだ。その短い時代は終わりに近づいている。アメリカに代わってまず西太平洋地域の、そしてゆくゆくは世界のリーダーになることこそ中国の運命だ。

言い換えれば、国際的なパワー・バランスにおいて、米国が「消（衰亡）」へ、中国が「長（興隆）」へと変化するのが大勢となっており、中国が国家目標として掲げる「中華民族の偉大なる復興」、すなわち中国の覇権をグローバルに拡大し、国際秩序を自国に都合の良い「中華的秩序」に変え、発展させる好機であると主張しているのである。

この取組みとして掲げられているのが、対米軍事戦略である「接近阻止・領域拒否（A２／AD）」戦略であり、巨大経済圏構築を目指す「一帯一路」構想である。

「一帯一路」構想は、習近平国家主席が２０１３年９月にカザフスタン訪問中に打ち出した「シルクロード経済ベルト（一帯）」構想と、翌月訪問したインドネシアで提案した「21世紀海上シルクロード（一路）」構想が組み合わされ、中国政府によって２０１５年３月にその全体構想が公表されたものである。本構想がA２／AD戦略と一体的に運用されることによって、中国の国家戦略は一挙にグローバルな広がりを持つようになった。

つまり、米国の軍事プレゼンスをインド太平洋地域から排除して、同地域に中国の地域覇権を確立し、それを基盤に、海路を重視しつつ陸海の双方から経済圏・勢力圏を西方へ伸長して、世界的な覇権確立を目指すものと理解される。

これに対抗してトランプ前大統領は、前述の通り、2017年12月に米国の戦略3文書の最上位に位置付けられた、同政権の安全保障政策の基本方針を示す「国家安全保障戦略」(NSS2017)を発表した。

NSS2017では、中国とロシアを力による「現状変更勢力」、すなわち「米国の価値観や利益とは正反対の世界への転換を図る勢力」として名指しで非難し、米国に挑戦し、安全や繁栄を脅かそうとしている「ライバル強国」であると定義した。

近年、中露などと競合関係にある地域で米国が「力の空白」を作り上げたせいで、現状変更勢力に影響力拡大の機会を作ってしまったとの認識が背景にある。

特に中国は、インド太平洋地域で米国に取って代わり、国家主導の経済モデルの範囲を拡大し、地域の秩序を好きなように再編成しようとしているとして警戒感を露わにした。そして、「我々は新たな競争の時代に入っている」と述べ、米国は中国に対抗して世界各地の係争地域での「競争的関与」を推進し、米軍の増強や近代化、同盟国との連携などによってこうした脅威に立ち向かい、「このゲームで米国は勝利する」と宣言した。

NSS2017を受けて2018年1月に公表された「国防戦略」(NDS2018)においても、改めて中国とロシアは国際秩序の現状変更を目指す「現状変更勢力」であると述べたうえで、特に中国は「軍事力の増強・近代化を追求し、近いうちにインド太平洋地域で覇権を築くことを目指している」とし、「将来的には地球規模での優位を確立し、米国に取って代わろうとしている」と指摘した。そして、いまやテロではなく、大国間の競争が国防の最重要な焦点であり、中露との「長期的な戦略的競合」への対応が最優先課題であるとする国防方針を確認した。

以上、米中の戦略を概観したが、両国間には「深い断層」や「不和と対立」が横たわり、双方の戦略は、いわば「競争対抗戦略」となっており、インド太平洋地域、中でも第1列島線を挟んだ米中大国間の覇権争いは避けられない情勢である。

2　米中「本格的対立」の最前線（フロントライン）に立つ日本と台湾

前述の通り、中国の対米軍事戦略であるＡ２／ＡＤ戦略は、中国海軍の父・劉華清提督の構想によるものとされ、同提督は「近海防衛戦略」と称している。

その戦略は、3段階で構成されており、第1段階は「領域拒否（Area Denial）態勢の確立」とされ、第1列島線の支配を確立し、中国周辺海域の防衛ゾーンを確保することを目標としている。この際、第1列島線の支配確立には、その外縁まで侵出する必要性を認めており、尖閣諸島はもとより、沖縄を中心とした南西諸島全体そして台湾などが中国軍の支配対象に入ることを意味している。

第2段階は「接近阻止（Anti-Access）態勢の確立」、すなわち第2列島線の海域を支配すること、そして第3段階は「西太平洋の支配」とされ、インド太平洋における米軍の支配に終止符を打つことにある。

つまり、中国のA2／AD戦略の推進には、第1列島線の支配が必要不可欠であり、それが戦略目的を達成する必須の要件となっている。

一方、米国は、中国の脅威への対抗策である「インド太平洋に対する米国の戦略的フレームワーク」と称するインド太平洋地域戦略の機密文書を2021年1月5日に機密解除し、12日に公開した。

この戦略文書は、2018年2月に国家安全保障会議（NSC）が作成し閣議決定された。安全保障文書は、通常30年以上機密扱いになるが、異例にも政権交代間際に機密が解かれたのは、このビジョンの継続を後押しし、同盟国や友好国と自由民主主義の連携の再確認を促す目的があったと見られている。

本戦略は、インド太平洋地域で米国の戦略的優位性を維持し、既存の規範を破る中国の影響範囲が確立されるのを防止し、自由な経済秩序を促進することを目標に掲げている。

その軍事面については、中国が米国や同盟国、友好国に対して軍事力を行使することを抑止するため、日本の南西諸島、台湾、フィリピン、インドネシアにつながる中国の対米防衛ラインの「第1列島線」をはじめ、中国が空と海を支配しようとする行動に対抗する能力を開発するとしている。

具体的には、「米国の利益と安全保障上の関与を守るために、インド太平洋地域で信頼できる米

米国のインド太平洋戦略：「インド太平洋に対する米国の戦略的フレームワーク」
＜2018年2月NSC作成（機密）、2021年1月機密解除・公開＞

○戦略目標
インド太平洋地域で米国の戦略的優位性を維持し、既存の規範を破る中国の影響範囲が確立されるのを防止し、自由な経済秩序を促進する。
○具体的施策
米国の利益と安全保障上の関与を守るために、インド太平洋地域で信頼できる米軍のプレゼンスと態勢を強化する。
ー米国を主要なハブとする日本、オーストラリア、インドによる四角安保の枠組（クアッド）を形成。日本の地域中心的なリーダーシップを強化。
ー紛争時には、
①第１列島線内での中国の持続的な空と海の支配を否定し、
②台湾を含む第１列島線国を守り、
③第１列島線外のすべての領域を支配する。

軍のプレゼンスと態勢を強化する」とし、米国を主要なハブとする日本、オーストラリア、インドによる4ケ国戦略対話（Ｑｕａｄ、クアッド）の枠組を地域の安全保障の中核とし、日本の中心的なリーダーシップを強化しなければならないとも強調している。

そして、「紛争時には①第１列島線内での中国の持続的な空と海の支配を否定し、②台湾を含む第１列島線国を守り、③第１列島線外のすべての領域を支配する」と記されている。

いわば、中国のＡ２／ＡＤ戦略が目指す、東シナ海と南シナ海における海上・航空優勢の獲得を拒否し、第１列島線国の防衛を全うし、中国軍の太平洋への進出を絶対に許さない決意を表明している。特に、台湾防衛の明記は、その戦略的重要性を強調するものである。

つまり、米中の「競争対抗戦略」は、その成否が第１列島線国の攻防にかかっており、日本と台湾、そしてフィリピンからベトナムに連なる国々が、米中「本格的対立」の最前線に立たされている厳然たる事実を明示しているのである。

第2章

米国と台湾との安全保障関係

第1節　米国の台湾政策の変遷

1　米国の安全保障・軍事戦略と台湾

（1）米国のアジアへの進出

米国がアジアに目を向ける端緒となったのは、英国の清国への進出である。1840年のアヘン戦争に敗北した清国は、賠償金の支払い、香港の割譲、上海の開港のほかに、関税自主権の喪失、領事裁判権の承認という不平等条約である南京条約を英国との間で締結した（1842年）。米国も

2年後の1844年、ほぼ同じ内容の望厦条約を清国との間で締結して通商が本格化することになった。その翌年には、米議会に日本と朝鮮に対する速やかな通商関係締結を提議する決議案が提出された。1846年には米国東インド艦隊司令長官のビッドル提督が江戸に来航して日本に開港を求めたが、江戸幕府はこれを拒否した。1853年に再び来航した米国東インド艦隊司令長官のペリー提督は、力による砲艦外交を展開して幕府に圧力をかけ、幕府はやむなく開港を承諾した。幕府との間に締結された日米和親条約に基づいて駐日米国総領事となったタウンゼント・ハリスは、さらに通商関係の樹立を幕府に要求し、日米通商修好条約の締結に至った（1858年）。

欧米のアジア進出の背景には、産業革命とそれに伴う技術の発展があった。特に電信や蒸気機関の発明と実用化が通商に及ぼした影響は大きい。英国の産業資本の世界展開に対して、米国は生産力を向上させつつ、綿製品輸出拡大のために自由貿易主義的政策をとった。この時期、欧州列強は大西洋から喜望峰を回ってインド洋を経由するルートでアジアに至っており、ビッドル提督もペリー提督も米国東海岸を出港して同様のルートで日本に来航していたのだった。大西洋ルートに対して、米国には新たな海上交通路を開拓するチャンスが到来していた。米国内の西部開拓の進展である。1845年にテキサスを併合し、1848年には対メキシコ戦争（米墨戦争）によってカリフォルニアとニューメキシコを米国の新たな州に編入して、米国は太平洋沿岸国家となったのである。アジア諸国との通商の観点から米国はカリフォルニア諸港の重要性を認識し、対清貿易と太平洋における捕鯨業の基地を日本に求めたのであった。

ところが米国は、1861年から1865年の南北戦争によって、国家の統一性が大きく損なわれる国内的な混乱に陥った。外交や通商に関する積極性は失われ、戦争が終わってもしばらくは国内再建のために時間を費やすこととなった。1871年、米国の太平洋郵船会社（Pacific Mail Steamship Co.）は、米国西海岸から香港に到る定期航路を開き、横浜から神戸・下関・長崎を経由して上海に到る支線を開設した。上海から横浜を経由して太平洋経由でサンフランシスコに到達することが可能になったのである。南北戦争により中断されていた米国内の大陸横断鉄道の工事は1865年に再開され、1869年に開通に至った。

（2）海洋戦略の誕生

米国の安全保障・軍事戦略の生みの親は、アルフレッド・マハン（1840～1914年）元海軍提督であろう。彼は海軍一筋に生きた軍人であり、1884年に創設された海軍大学の教授の後、第2代学長を務めた海軍史家である。彼は、その主著である「海上権力史論」（*The Influence of Sea Power Upon History 1660–1783*）において、海洋の戦略的意義を初めて体系的に分析し、国家戦略としての戦略思想を確立したと評価されている。この書籍は1890年に出版されたものだが、時あたかも米国が南北戦争という内戦を克服し、新たなフロンティア開拓を目指してアジア太平洋に再指向しつつあった時期と一致している。彼は、アジアにおける英国海軍の影響力が衰退に向かうと見て、米国は海洋国家として海軍を強化して海洋に進出すべきだと述べ、カリブ海、パナマ、ハワイ、フィリピンなどに前方展開の拠点を設けることが必要だと主張した。

余談だが、大西洋と太平洋を結ぶパナマ運河は、1880年にフランスが建設を開始したものの様々な障害に見舞われ約10年で破綻した。これを引き継いだ米国が1904年に再着工し、1914年に開通に至った。中米は戦略的に米国の後背地域であり、大西洋と太平洋を結ぶ海上交通の要衝としてマハンの海洋戦略でも重視されている所以である。

1898年、米国は、かつて欧州列強の盟主であったスペインとの戦争（米西戦争）に勝利してキューバを独立させるとともに、プエルトリコ、ハワイ、グアム、フィリピンを掌中に収め、マハンの戦略を現実のものとした。米国はアジア太平洋の海洋国家として、海外市場の確保を越えた広汎な責任と影響力を持つようになった。これらは、100年余を経た今日に至っても米国の戦略を支える重要な拠点となっており、マハンの戦略が今日でも広く受け入れられている証左と言えるだろう。

2　米国と蔣介石の中華民国

（1）辛亥革命と中華民国の誕生

1911年に支那で勃発した辛亥革命によって清朝が倒れ、君主制が廃止されてアジア初の共和制の中華民国が誕生した。その背景には、アヘン戦争敗戦に伴う欧米列強の進出と経済的搾取に対する人民の反発、日清戦争敗戦後に下関講和条約による台湾及び澎湖諸島の領有権喪失、義和団の乱に伴う統治の崩壊などを誘因として反政府武装蜂起が各地で拡大していったことが挙げられる。蜂起した革命部隊の要員は、実は米陸軍省の秘かな承諾のもとにカリフォルニアで育成されていたという。その中心となった米国人ホーマー・リーは、革命の指導者孫文の親友であり中華民国の軍事顧問をしていた。1911年に出版した『日米必戦論』（*The Valor of Ignorance*）で彼は、日清戦争、日露戦争に勝利し欧米列強に伍して大陸に進出した日本に対して、米国はいずれ戦火を交えることになるだろうと予測し、日本軍の作戦構想を詳細に分析していた。

中華民国は建国されたものの、各地方の軍閥による勢力争いに欧米列強と日本も加わり、その統治については混沌とした状況が続いた。中華民国政府（以下、「国府」という）内は、日本で教育を受けた蔣介石、汪兆銘、何応欽などと、米国で教育を受けた顧維鈞、孫科、宋子文、孔祥熙などの政治勢力に二分されていたが、支那派遣軍や関東軍の行動が国内の反日気運を引き起こし、「日本派」の政策空間を狭めていった。そして日本に対抗するために英、米、仏、ソに接近する外交政策が主流を占めていった。蔣介石は国民党を設立して国府をまとめ、米国の支援を得て日本との全面戦争を闘った。急速に軍備を拡張して大陸へ進出していた日本は、米国を太平洋海洋国家と定義したマハンの戦略にとって、次第に脅威の度合いを高めていったのである。

日米開戦の事実上の最後通牒と言われる「ハル・ノート」は、「合衆国は、臨時に首都を重慶に置ける中華民国国民政府以外の支那に於ける如何なる政府、若しくは政権をも軍事的、経済的に支持せざるべし」と日本に要求しており、国民党の蔣介石率いる国府を一貫して支援していた。江南地域の一軍閥であった蔣介石が、国府のリーダーを継承したのは、米国との緊密な関係構築に成功したその外交力にあった。日中戦争という地域紛争を英、米、仏、ソなどが参加する国際紛争に転化することに成功したことで、戦後新たに設立された国際連合の常任理事国の地位を獲得したのである。

フランクリン・ルーズベルト大統領は、国府を戦後の日本を抑止するアジア安定のパートナーとして期待していた。1943年11月22日、ルーズベルト大統領、チャーチル首相、蔣介石主席は、対日方針を協議するためエジプトのカイロで首脳会談を行った。チャーチルの回顧録によると、自身は蔣介石の出席には反対だったが、ルーズベルト大統領が蔣介石を招いて連合国から国府が脱落することを防ぎ、抗日戦争の完遂と戦後の対日抑止について過剰に期待していたという。カイロ会談の結果、同盟国と協調して日本の無条件降伏を目指すこと、1914年以降に日本が奪取・占領した全ての島嶼を剥奪すること、満州・台湾・澎湖諸島などを国府に返還することなどが宣言され、この内容はポツダム宣言に踏襲されたのであった。

ところがルーズベルトの期待に反して国府軍の実態は開戦以来終始劣勢で、中国共産党軍との連携も不十分だった。国府軍支援のために派遣されていたジョセフ・スティルウェル（米陸軍軍人、最終階級は陸軍大将）は、さらなる日本軍の攻勢によって国府軍が崩壊する公算が高いとルーズベルトに進言し、中国大陸を日本への反攻拠点とする構想に難を唱えた。カイロ会談後、蔣介石は連合国の重要会議であったテヘラン会談、ヤルタ会談、ポツダム会談には招かれなかった。これは、中国戦線における国府軍が対日戦に苦戦し、連合国の勝利に寄与できていなかったためである。

（2）揺れ動く米国の戦後対中政策

ルーズベルト大統領は、1945年2月のヤルタ会談において、戦争の早期終結のためにソ連の対日参戦を引き出し、その代わりに蔣介石の同意を得ることなく満州の利権をソ連が獲得することに同意した。ルーズベルトはこのとき、国府が国際連合の安全保障理事会常任理事国となることをソ連が支持するという約束をスターリンと交わしていた。ルーズベルトは戦争末期から駐華大使を通じて国共調停に乗り出し、その動きはトルーマン大統領に引き継がれた。1945年末、トルーマン大統領は、ジョージ・マーシャル将軍を国共調停のために中国に派遣するとともに、国府による統一中国を支持する声明を発表した。しかしソ連軍の撤退とともに国共間の戦闘は共産党軍優位に展開し調停は失敗に終わった。トルーマンは中国大陸全土が共産化することを防ぐために国府の支援に努めたが、国府は腐敗にまみれ民衆が離反する一方で、共産党は急速に勢力を拡大しつつあった。米政府は、限定的な国府への援助で共産党の勢いを止められると判断していたが、1949年10月には毛沢東が中華人民共和国（以下、「中共」という）の建国を宣言し、蔣介石は首都南京を捨て台湾に逃れた。そして翌年半ばまでには国府軍は大陸から一掃されて米国の思惑は無為に帰したのであった。

トルーマン大統領は中共軍の急速な勢力拡大と国府軍の敗走を前にして政策の再検討を迫られた。1950年1月、トルーマン大統領は国共内戦に中立の立場を取り、台湾に逃れた国府支援のための軍事介入を否定する新たな政策方針を明らかにした。そしてアチソン国務長官は1950年1月のナショナルプレスクラブでの演説で、米国の防衛圏（アチソン・ライン）について国府に関する言及を避けたことで国府を米国の防衛線の外に置いたのである。中国大陸が共産党の支配下となり国府に期待できなくなった以上は、ソ連と一体化しない自主独立の統治に進むのであれば共産党政府であっても、戦後秩序は維持可能だという前提で政策を形成するほかなかったのである。その最大の眼目は、台湾に逃れた国府が「大陸反攻」を試みることを防ぐことであった。中共は米国の中立不介入政策に乗じて、新たに海軍、空軍を組織して国府の武力解放作戦に向けた準備を本格化させ、海南島と舟山群島を相次いで武力制圧した。

アチソン・ラインは朝鮮半島を防衛線の外に置いたため、ソ連の支援を受けた金日成によって、朝鮮半島統一をめざす朝鮮戦争が勃発した。北朝鮮軍が釜山に迫るギリギリの状況で、米軍を中核とする国連軍が反撃に転じて中共国境近くまで押し戻すと、今度は中共が大軍を投入して戦争に介入した。米国は朝鮮戦争停戦後に中共が国府の支配する台湾併合を抑止するために、不介入方針を転換して台湾海峡へ第7艦隊を派遣した。国府に対する軍事・経済援助の提供を始め、1951年には軍事顧問団を派遣するとともに、中共政府に対しては全面的な禁輸措置をとった。国連における国府の議席を守り中共政府の国連加盟を阻止するために、中国代表権問題に関する審議を保留する決議を可決させた。トルーマン政権は、中ソの離間を図るとともに、中共政権を転覆して非共産主義政府が実現することを目指す一方、国府の防衛力強化を支援する方針を取ったのであった。

1953年に誕生したアイゼンハワー政権は、トルーマン政権の政策を引き継いで共産党政権の無害化あるいは政権交代を目指すとし、大陸に対する国府軍の限定的な攻撃を奨励して、「二つの中国」の固定化を望まない姿勢を明らかにした。その背景には、ベトナムにおける仏とベトミンとの間のインドシナ戦争でベトミンを支援していた中共政府を牽制する狙いがあった。しかしながら1954年、仏軍がインドシナから撤退して戦争が収束した。中共は直接の介入を避けながら大量の軍事援助を通じてベトミンを支援し、仏によるベトナムの再植民地化を防いだのだった。この結果、仏を支援していた米国は再び対中政策の見直しを迫られた。朝鮮戦争に介入して米国による朝鮮半島統一を阻止し、インドシナでは仏の復権を阻止して共産化を拡大しつつあった中共に対して、ラドフォード統合参謀本部議長は力の行使によって中共政府を打倒すべきだと主張した。ダレス国務長官は、朝鮮半島とインドシナで相次いで停戦を実現して国際社会での中共政府に対する心象が大きく改善したことを考慮すべきだとして力の行使に反対した。

3　米華相互防衛条約と台湾海峡危機

（1）第1次台湾海峡危機と米華相互防衛条約の締結

1954年9月、中共軍は国府が支配する大陸沿岸諸島の金門島に激しい砲撃を加えた。第1次台湾海峡危機である。アイゼンハワー大統領は、国連を通じた外交努力によって事態を収束する道を選択した。ダレス国務長官は、軍事介入すれば中共軍との戦争に拡大する恐れがある一方で、介入しなければ中共の軍事行動が拡大し、地域の反共産主義防衛線が脅かされるという「恐るべきジレンマ」（horrible dilemma）の中にいると述べ、危険を冒してまで同島を守るために軍事介入をする価値はないと考えた。

第1次台湾海峡危機を契機に、かねてから国府から要請があった安全保障条約締結に向けた交渉が始まった。そこには中共の国府に対する武力行使を抑止することに加えて、国府の大陸攻撃をも抑止することによって、台湾海峡情勢の安定化を図ろうとするという二重のねらいがあった。一方国府にとっては、中華民国が中国大陸を含む唯一の国家であるという正統性を強化し、国際的な地位向上を図る意義があった。

米国内には、中華民国との米華相互防衛条約の締結が、当時米国が地域の共産化を防止するために進めていた「東南アジア条約機構」（SEATO）についての関係国の足並みを乱すとの見方や、条約の適用範囲が大陸に及べば中共政府を刺激するとともに、将来的に中共政府やソ連との全面戦争に巻き込まれるとする見方が存在した。また、金門・馬祖島などの大陸沿岸諸島を大陸反攻の足がかりに利用されるとの指摘もあった。

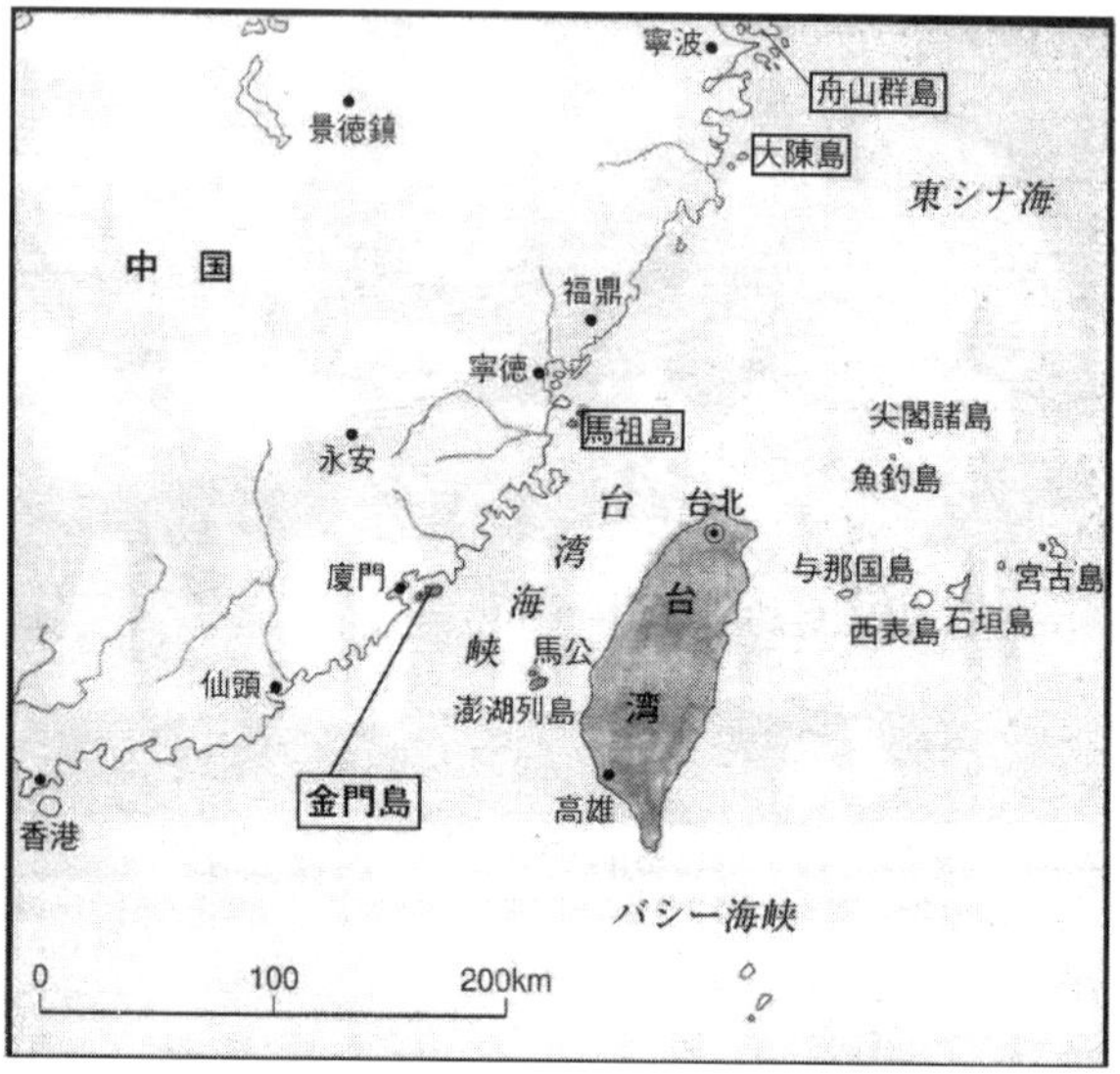

米政府は、条約は防衛的な性格だとして、国府に大陸への攻撃を断念することを求めた。実際のところ、近い将来に国府が大陸反攻を行なう能力を持つのは困難であることは国府側も認識していた。しかし大陸への攻撃を断念することは、中国を統治する国府としての正統性を損なうものであり容認できないとした。最終的にこの問題は条約本文には盛り込まず、交換公文によって処理することで双方が妥協した。

もう一点の問題は条約の適用範囲であった。台湾本島と澎湖諸島については米側に異論はなかったが、金門・馬祖島、大陳島などの大陸沿岸諸島を含めば、前述のとおり、大陸反攻への足がかりと見られて中共を刺激する恐れがあった。1954年11月の米国家安全保障会議（N

SC）では、大陸沿岸諸島の扱いについては曖昧にしておくことによって、中共政府への刺激を緩和するとともに侵攻を抑止することに決した。しかし国府側から見れば、中共軍による台湾侵攻の足掛かりとなるこれらの島を条約の対象外にすれば中共の侵攻を誘発しかねないという懸念があったことから、最終的に明記はしない代わりに、「その他の領域にも適用される」として大陸沿岸諸島が条約の適用対象になり得る含みを持たせることで合意が成立し、1954年12月に「アメリカ合衆国と中華民国との間の相互防衛条約」（米華相互防衛条約）が調印された。

（2）中共政府の反応と米国の台湾政策

中共は、米華相互防衛条約は中共に対する内政干渉であり、主権を侵犯するものだと非難した。同条約に加えて、米国が韓国、日本との間で安全保障同盟を結び、アジア諸国との間でSEATOを構築しようとしているのは中共の封じ込めを図るものだと批判し、断固たる対抗措置を取る構えを見せた。

米華相互防衛条約締結半年前の1954年5月、中共軍は大陳島周辺の高島や頭門山島などの島々に上陸し、砲兵陣地や魚雷艇基地を建設した。米国は国府に同島周辺海域の封鎖を進言していたが、台湾本島から約400㎞も離隔しており実行は困難だった。それでも国府軍側は艦艇からの砲撃や航空機の出動により対抗したが中共軍を排除できなかった。

1954年7月、南シナ海上空で英キャセイパシフィック航空機が中共空軍の戦闘機に撃墜される事件が発生した。さらに、中共軍の戦闘機は、生存者の捜索に当たっていた米空母機動部隊の戦闘機とも交戦した。米国内の世論は一気に反中共に傾くとともに台湾海峡周辺の安全保障に関心が集まった。

9月の金門島砲撃の後、11月には中共軍の魚雷艇が国府海軍の護衛駆逐艦「太平」（旧アメリカ海軍エヴァーツ級護衛駆逐艦デッカー）を撃沈した。１９５５年1月、中共軍は一江山島を攻撃し、孤立状態の守備隊７２０名を殲滅し同島を占拠することに成功した。一江山島の陥落によって大陳島は中共軍砲兵の射程内に入り、国府軍は大陳島への物資供給が困難となり同島を放棄せざるを得なくなった。アイゼンハワー大統領は第7艦隊と第5空軍に対して同島からの国府軍と住民の撤退を支援するよう指示し、国府軍1万４０００人と住民1万６０００人が第7艦隊の艦艇などによって撤退した。米華相互防衛条約の適用範囲に大陸沿岸諸島を明記しなかったことから、台湾本島から遠く離れた島々への中共軍の侵攻を招いた側面は否めない。

中共軍の島嶼侵攻に対して、１９５５年1月29日、米国議会で「台湾決議」（Formosa Resolution）が賛成多数で可決された。中共軍の攻撃が「台湾・澎湖諸島」だけでなく、「関連地域ならびに領域」に向けられた場合にも、米華相互防衛条約の規定に基づいて米国が介入する可能性があることを明らかにして、中共軍の更なる動きを抑止しようとしたのである。これに対して中共政府は、米国を非難する声明を直ちに発表して徹底抗戦の構えを見せた。米国が介入によって台湾海峡の現状維持を図る米国案を国連安保理に提案したが、中共とソ連の反対に加えて、国府も同案が「二つの中国」を固定化し国府の大陸反攻への道を奪うものだとして容認できない旨を表明した。
中共が大陸沿岸諸島での活動を継続していて終息が不透明であることから、ダレス国務長官は米国が核兵器の使用を検討していることを表明した。中共は4月になって米国との会談を行なう用意があると表明し、8月にジュネーブで大使級の会談が行われ第1次台湾海峡危機は終息した。

(3) 第2次台湾海峡危機と国光計画

1958年8月、中共軍は国府軍の金門守備隊に対し44日間にわたって50万発もの砲撃を加えた。砲撃に対して国府軍は航空攻撃で廈門駅を破壊するなどの反撃を行った。米国は国府支持を表明し、アイゼンハワー大統領は「中共はまぎれもなく台湾侵略」を企図していると述べた。9月22日には米国が提供した8インチ砲で大陸への砲撃を行なうとともに金門への補給作戦を展開した。中共は金門の海上封鎖を図ったが米国との全面戦争を避けて一方的休戦を宣言して危機は終息した。10月中旬、ダレス国務長官は台湾の国府を訪問し、国府軍が金門・馬祖島まで撤収することを条件に援助をすると伝えた。蔣介石は米国の提案を受け入れる一方で、大陸反攻を放棄しないことも言明した。

毛沢東は党内右派との権力闘争で体制を固め、欧米に追いつくために1957年から「大躍進政策」を展開するが、1962年の国民総生産（GNP）は1959年の65%にまで落ち込み、政策は大失敗に終わった。蔣介石はこれを大陸反攻の好機と捉え、政府及び軍部に組織を設置して攻撃計画（国光計画）の策定に着手するとともに、米国の支持を取付けようとした。しかし米国は中共との全面戦争に発展することを恐れて計画に反対を表明し、計画は未遂に終わった。その後国府は小集団の武装部隊を大陸南東部沿岸に送り込んで、「武装浸透」、「水陸両用突撃」、「海上襲撃」を行なう「海威計画」を実行した。１９６５年には「東引海戦」、「東山海戦」、「烏坵海戦」が発生したが、局地的な事態はそれ以上に拡大することはなかった。国府軍の大陸に対する限定的な攻撃を奨励するとしたアイゼンハワー政権の対国府政策は、その後のケネディ、フォード政権においても安定を損なわない限り許容されていたことを示している。

4　米中国交正常化と「台湾関係法」の制定

（1）米中の接近

米ソ冷戦の渦中で、１９５６年、フルシチョフ首相はスターリン批判を行って米国との平和共存路線を採るようになった。毛沢東は帝国主義への屈服だとして反発し中ソ対立に至った。１９６０年代には中ソ国境のウスリー川の珍宝島（ダマンスキー島）における武力衝突（１９６９年）に発展した。一方、中共国内では大躍進政策が失敗した責任を取って毛沢東は主席を退いたが、１９６６年に復権を目指して学生や大衆を扇動した文化大革命をはじめて権力闘争を繰り広げた。文化大革命は1976年に毛沢東が死去するまで続いた。

同じころ、南ベトナムへの共産主義の浸透を止めるため、ケネディ政権は米軍特殊部隊を軍事顧問団としてベトナムに派遣してベトナムの南北対立に介入し、1975年のサイゴン陥落まで約10年間のベトナム戦争を戦った。1969年に大統領に就任したニクソン大統領は泥沼化したベトナム戦争からの「名誉ある撤退」を実現することを公約としていた。ニクソン大統領は、キッシンジャー国家安全保障担当補佐官に北ベトナム政府との交渉に当たらせたが難航した。ニクソンは北ベトナムを孤立させるとともに、ソ連とのデタントの進展を見据えて、キッシンジャーを極秘に中共に派遣して周恩来首相との会談を行わせた。中共にとって米国との関係改善は、対立を深めるソ連に対する牽制として願ってもないことだった。

ニクソン政権の狙いは、「対ソ封じ込め」から脱却して大国間の勢力均衡の安定化を図り、米国の国益という観点からソ連に対する関与とヘッジを使い分けていくことだった。米中の和解は、国益中心の勢力均衡ゲームに中共を引き込むことを意味していた。さらにベトナム戦争から中ソを引き離すことによって、民主主義対共産主義という代理戦争の要素を取去って戦争終結を図るものでもあった。米国は、中共に対して米国の台湾海峡パトロールの停止などを提示しつつも台湾防衛の意志継続を表明する一方で、国府の大陸反攻に対する反対と緊張緩和に伴って台湾駐留米軍を削減する意志を伝えた。

1971年7月、キッシンジャーが極秘会談から帰国してまもなく、ニクソン大統領は全国放送のテレビでキッシンジャーと周恩来首相との会談及び自らの翌年の訪中の予定を発表した。

1972年2月、ニクソン大統領は訪中して毛沢東主席、周恩来首相らと会談した。米国はそれまで国府が中国大陸を統治する正統な政府だとして、共産党政府を承認していなかったが、ニクソン大統領は周恩来首相に国府が支配する台湾に関する以下の5原則を提示した。
① 中華人民共和国を唯一正当の政府として認め国府の地位が未定であることを今後表明しない
② 国府の独立を支持しない
③ 日本の台湾進出を防ぐ
④ 台湾問題を平和的に解決するものとし国府の大陸反攻を支持しない
⑤ 中華人民共和国との関係正常化を求める
中共側は米華相互防衛条約の破棄を共同声明には盛り込まないことで譲歩し、他方で米軍の全面撤退を最終目標とするという言質をニクソンから取ったことで妥協した。訪問の最後に米中両政府は「米中共同コミュニケ」（上海コミュニケ）を発表して、国交正常化に向けて進むことになった。上海コミュニケは、米中がそれぞれの立場を表明する形式であり、政策研究大学院大学・東京大学東洋文化研究所「データベース「世界と日本」（代表：田中明彦）」によると、概要は下記のとおりである。

米国と中華人民共和国は、すべての国の主権と領土保全の尊重、他国に対する不可侵、他国の国内問題に対する不干渉、平等互恵、及び平和共存の原則に基づき、国と国との関係を処理すべきである旨合意した。国際紛争は、この基礎に基づき、武力の使用または威嚇に訴えることなく解決されるべきであるとし、米国と中華人民共和国は、相互の関係においてこれらの原則に留意しつつ次のように述べた。

① 中華人民共和国と米国の関係正常化への前進は、全ての国々の利益にかなっている。

② 双方共、国際的軍事衝突の危険を減少させることを願望する。

③ いずれの側も、アジア・太平洋地域における覇権を求めるべきでなく、他のいかなる国家あるいは国家集団によるこのような覇権樹立への試みにも反対する。

④ いずれの側も、いかなる第三者に代わって交渉し、あるいは、第三国についての合意や了解を相互に取決める用意もない。

また、同コミュニケにおける米中それぞれの台湾問題に関する発表要旨は、以下のとおりである。

<中華人民共和国側>

① 台湾問題は、中華人民共和国と米国との間の関係正常化を阻害している要の問題である。

② 中華人民共和国政府は中華人民共和国の唯一の合法政府であり、中華民国は中華人民共和国の1省であり、夙に祖国に返還されており、台湾解放は、他のいかなる国も干渉の権利を有しない中華人民共和国の国内問題である。

③　米国の全ての軍隊及び軍事施設は台湾から撤退ないし撤去されなければならない。
④　中華人民共和国政府は、「一つの中国、一つの台湾」、「一つの中国、二つの政府」、「二つの中国」及び「台湾独立」を作り上げることを目的とし、あるいは「台湾の地位は未確定である」と唱えるいかなる活動にも断固として反対する。
〈米国側〉
①　米国は、台湾海峡の両側のすべての中国人が、中国はただ一つであり、台湾は中華人民共和国の一部であると主張していることを認識している。米国政府は、この立場に異論をとなえない。
②　米国政府は、中国人自らによる台湾問題の平和的解決についての米国政府の関心を再確認する。
③　かかる展望を念頭におき、米国政府は、台湾から全ての米国軍隊と軍事施設を撤退ないし撤去するという最終目標を確認する。
④　当面、米国政府は、この地域の緊張が緩和するにしたがい、台湾の米国軍隊と軍事施設を漸進的に減少させるであろう。

ニクソン大統領の突然の訪中発表、いわゆる「ニクソン・ショック」は中華民国の国際的な立場を大きく損なう結果となった。

１９７２年10月の第26回国連総会において、中華人民共和国の代表権を認める「アルバニア決議案」が可決された。これに対して米国は19ケ国の共同提案として、中華人民共和国の国連参加を認めて常任理事国の立場を与える一方で、中華民国の議席も引き続き認めることを提案するとともに、22ケ国の共同提案として中華民国の追放は総会の３分の２の多数をもって議決すべきだとの決議案を提案した。しかし中華民国代表は米国の提案は「二つの中国」の固定化だとして総会議場から退場し、20年来の常任理事国としての立場を放棄して国連を脱退した。

米中和解の進展に伴って、中華人民共和国はベトナムの米国との和平協定交渉についてハノイの説得に努め、１９７３年1月、パリ和平協定が調印された。米国の外交政策転換は、米中和解、米ソ・デタント、ベトナム戦争終結という三つの歴史的な成果を生んだのである。

（2）難航した国交正常化交渉

１９７２年2月のニクソン大統領訪中以後、正式な米中国交回復までには6年を要した。ウォーターゲート事件をめぐる米国内の政治状況の混乱、サイゴン陥落による自由主義陣営の動揺などが米中交渉の進展を停滞させたのだった。この間に米政権はニクソン、フォード、カーターへと移行した。フォード、カーター政権はニクソン政権が追求した対ソ、対中関係の安定化という方向性を継承した。キッシンジャーが「暗黙の同盟国」と表現するほどに一時は米中関係に進展が見られたが、交渉の進展に従って対ソ政策の方向性や台湾問題についての違いが露呈していった。

中華人民共和国は国交正常化の条件として、米軍の台湾からの撤退、米華相互防衛条約の破棄、国府との外交関係の断絶という3点を一貫して主張した。台湾問題に関して他国の関与を一切認めない以上、その解決に関して平和的、非平和的な手段のどちらを選択するかは中国人の手に委ねられるべきであるという立場であり、平和的解決に関しては対外的に約束することを明確に拒否した。米国としては、米華相互防衛条約の破棄のためには、中華人民共和国政府が台湾問題の平和的解決を受け入れる必要があった。条約を破棄しても台湾防衛のコミットメントを維持して同盟国を見捨てないことを他の同盟国に示す必要があったからである。国府が米国との関係を見限って独自の行動に出る恐れもあった。このため米国の信頼性を維持するためには、国府に対する軍事的な支援を維持することが必要であり、米中の交渉は難航した。

1975年4月5日、蔣介石が死去して実権は蔣経国に移行した。蔣経国は政治改革を進める一方で、経済成長政策を重視した。米国は、蔣経国統治下での中華民国の政治的安定、国内の政治改革、経済成長政策などは継続されると見ており、大陸反攻の可能性は低いと考えていたが、米中和解によって中華民国が、「ソ連オプション」、「核武装オプション」、「独立オプション」を取ることを警戒していた。

1975年12月、フォード大統領は交渉の行方が定まらぬまま訪中した。鄧小平国務院常務副総理との会談では交渉の進展より、対話を継続し米国への信頼感を高めることに注意が払われた。しかしながら、大統領選挙を控えていたフォードは、「中華民国切り捨て」がもたらす世論や共和党右派の攻撃を懸念して対中国交正常化を断念した。翌76年1月には周恩来が、また9月には毛沢東が相次いで死去した。中華人民共和国内では4人組と実務派との激しい権力闘争が繰り広げられ、国交正常化問題は棚上げせざるを得なかった。

中華人民共和国では失脚した鄧小平が、1977年に復権して実権を掌握した。鄧は、米ソのデタントを「米国の対ソ交易や技術援助は、北極熊にチョコレートの餌を与えるようなものだ」と述べ、米中の関係強化を積極的に働きかけるようになった。カーター政権は前政権が中華人民共和国に譲歩し過ぎたとの見方から、米台の政府間関係を残した米中正常化を提案したが、中華人民共和国は国府との関係断絶を強く迫り交渉は進展しなかった。その後米国は、戦略兵器制限条約（SALT）交渉において強い対ソ連不信に陥り、交渉の梃子として米中関係の正常化をリンクさせることにした。ニクソン政権が誓約した台湾問題に関する5原則を再確認し、「撤兵、条約破棄、断交」の3原則を受け入れる用意があることを鄧小平に伝え、国交正常化に向けた米中協議が極秘裏に再開された。

（3）米中国交正常化と台湾関係法の制定

1978年12月16日、米中両国は「中華人民共和国とアメリカ合衆国の外交関係樹立に関する共同コミュニケ」を発表した。そして1979年1月1日、米国は中華人民共和国を正式に承認し、米華相互防衛条約を破棄して中華民国との公式な関係を断絶した。これに対して米議会は同年3月、政府の動きは「中華民国切り捨て」だとして防衛的武器の国府への供与を認める「台湾関係法」(Taiwan Relations Act)を制定し、4月にはカーター大統領が署名して1月1日に遡って施行された。条約破棄に伴って、台湾・澎湖諸島に駐留させていた空軍を中心とした米軍部隊は1979年中に完全に撤退した。

【参考】「台湾関係法」の概要

①合衆国人民と台湾人民との間および中国大陸人民や西太平洋地区の他のあらゆる人民との間の広範かつ緊密で友好的な通商、文化およびその他の諸関係を維持し、促進する。

②同地域の平和と安定は、合衆国の政治、安全保障および経済的利益に合致し、国際的な関心事でもあることを宣言する。

③合衆国の中華人民共和国との外交関係樹立の決定は、台湾の将来が平和的手段によって決定されるとの期待にもとづくものであることを明確に表明する。

④平和手段以外によって台湾の将来を決定しようとする試みは、ボイコット、封鎖を含むいかなるものであれ、西太平洋地域の平和と安全に対する脅威であり、合衆国の重大関心事と考える。

⑤防御的な性格の兵器を台湾に供給する。
⑥台湾人民の安全または社会、経済の制度に危害を与えるいかなる武力行使または他の強制的な方式にも対抗しうる合衆国の能力を維持する。
〈出典〉東京大学東洋文化研究所・田中明彦研究室、日本政治・国際関係データベース）

中国は台湾関係法が米中合意違反だとして反発し、台湾への武器供与を漸減していくとした約束の履行を強く要求した。１９８２年8月、両国政府は「米中共同コミュニケ」（8・17コミュニケ）を発表し、米国は台湾への武器売却を長期的政策として実施するつもりはないこと、台湾に対する武器売却は質的にも量的にも米中外交関係樹立以降の数年に供与されたもののレベルを越えないこと、及び台湾に対する武器売却を次第に減らしていき、一定期間のうちに最終的解決に導くつもりであることを表明した。このコミュニケは、上海コミュニケ、外交関係樹立に関する共同コミュニケとともに米中間の関係を規定する「三つの基本文書」となっている。

5　第3次台湾海峡危機

（1）「両岸統一」から「台湾独立」への胎動

国交正常化以降の80年代にかけての中国の主要な国益は、ソ連との関係よりも米国との良好な関係維持にシフトした。蔣介石と同様、蔣経国も台湾の独立に言及することはなかった。国交正常化に際して、「アメリカ合衆国政府は、中国はただ一つであり、台湾は中国の一部であるとの中国の立場を認める（acknowledges）」と述べ、「一つの中国」という概念に反対はせず、両岸関係の平和的解決という点で一致していた。鄧小平は1979年1月1日に平和的解決の可能性を見出すために「台湾同胞に告げる書」を発表し、「一国二制度」の平和統一政策を提唱したのであった。

1988年に亡くなった蔣経国総統を引き継いだ李登輝は、霊前で「必ず中原に帰る」といった誓いを立てて両岸統一に向けて、国家統一委員会を1991年に設置し、国家統一綱領を制定した。

1994年、作家の司馬遼太郎が台北で李登輝総統と対談した。この中で李登輝は、「生為台湾人的悲哀」（台湾人に生まれた悲哀）を語った。「かつてわれわれ70代の人間は夜もろくろく寝たことがなかった。子孫をそういう目には遭わせたくない」と戦後の戒厳令下の政治状況を語り、戦後教育についても「台湾のことを教えずに大陸のことばかり教えるなんて、ばかげた教育でした」、「私はいま率先して台湾語で話すんです」などと台湾人の琴線に触れる発言を繰り返した。この会談は日本の週刊誌に掲載され、台湾紙に転載されて「生為台湾人的悲哀」が台湾ではやり言葉になった。

１９９５年、李登輝総統の訪米の要望に対して、ビザを発行しないとしていた米国が態度を変えてビザを発行し訪米が実現した。米国政府は当初、李登輝の訪米に難色を示していたが、１９９４年8月に上院が台湾高官に米国訪問のビザ発給を求める決議案を可決し、１９９５年3月には米国上院外交委員会で、李登輝総統の訪米許可を求める決議案を可決した。続く5月には下院でも上院と同様の決議がなされ、クリントン大統領は、議会に後押しされる格好で制限付きで李登輝に訪米を許したのだった。

李登輝は、6月9日にかつて留学していた母校のコーネル大学で講演を行った。李登輝はその中で、台湾が経済発展と民主化を遂げたにもかかわらず、国際社会でしかるべき地位を与えられていないことに遺憾の意を表明し、外交的孤立からの脱却に全力を挙げると語った。さらに「台湾の中華民国」という言葉を多用し、「一つの中国」を原則とする中国に対して異を唱えたのだった。

7月23日付の新華社は、「李登輝は祖国分裂言論を撒き散らす本性を現してきたが、外国人を利用してこれほど露骨に公然と分裂を鼓吹したのは初めてのことだ」と痛烈に批判した。24日付の人民日報も「隠し続けてきた中台分裂の狙いを、外国人が提供した機会を利用して告白した」と激しい論調で述べ、その後も繰り返し厳しい批判を展開した。台湾海峡安定の大前提であった「一つの中国」という虚構を崩そうとしたことが、両岸関係緊張の端緒となったのだった。

米国が李登輝総統の訪米を許した背景として、１９８９年6月の天安門事件が大きく影響している。民主化を求める学生デモを武力で鎮圧した天安門事件は、中国政府が民主化や人権よりも統治体制を重視していることを白日の下にさらした。その後東欧で起きた非共産主義化の流れがソ連崩壊につながったことから、中国は民主化運動と反体制活動家を徹底的に弾圧し、米国との関係は一気に緊張していった。初の民主的な選挙を実現した台湾に対する米国の姿勢が変化したのは当然ともいえる。

（2）台湾独立阻止をねらう中国のミサイル発射

コーネル大学で台湾独立への志向を明らかにした李登輝への警告なのか、中国は7月21日から26日にかけて台湾基隆沖約56㎞の彭佳嶼の北約60㎞付近に弾道ミサイル試験と称してミサイルを発射して台湾を威嚇した。続いて8月15日から25日にかけて、台湾近海で第2波のミサイル発射を行い、同月に海軍の演習、11月には陸海協同演習を行って、台湾海峡を緊張状態に陥れた。

1996年3月8日から15日には、基隆北東約36㎞沖及び高雄南西約54㎞沖に試験と称して3回目の弾道ミサイル発射を行って再び台湾を威嚇した。3月23日に予定されていた初の台湾総統直接選挙に際して、「台湾独立を指向する李登輝候補に投票するな。独立を志向するリーダーが生まれたら、中国は武力統一に歩を進めるぞ」という台湾国民に対する警告だった。この選挙は、中国側から見ると「中国の主権は中国人全体のもの」であるはずが、中華民国が台湾のみを代表する政権になることを意味していた。台湾の人々による民主的な総統直接選挙は、国民党が「中華民国が中国全土を代表する」との従来の建前を捨てて、台湾の独立をめざすことを意味するため、重大な懸念を抱いたのである。

（3）米空母派遣に対する対抗演習

中国の一連の威嚇に対して、1996年3月8日、米政府は西太平洋所在の空母インディペンデンスを中核とする第5空母戦闘群の台湾海峡派遣を発表した。するとその翌日、中国は3月12日から20日にかけて澎湖県近郊で実弾演習を行なうことを発表した。3月11日、米国はさらにペルシャ湾所在の空母ニミッツを基幹とする第7空母戦闘群の派遣を発表した。これに対して3月15日、中国は3月18日から25日に陸海軍事演習を行なうことを発表し、米中台の緊張はエスカレートしていった。米中の通常戦力の決定的な格差に対して、中国は核兵器使用をちらつかせて米国を牽制しようと試みた。

最終的に中国は米国に対して台湾への攻撃の意図がないことを伝えて、台湾初の総統直接選挙は3月23日に平和裏に行われ、中国の意に反して李登輝候補が総統に選ばれた。26日には米国のペリー国防長官が「危機は過ぎ去ったと理解している」と発言し、事態は収束へ向かった。中国の威嚇は、結果的に李登輝候補の票を伸ばす結果となったのである。

（4）中台間の戦力バランス

当時の中台の軍事力を比較すると、武力による台湾の併合は失敗の公算が高かったと考えられる。

当時の中国の軍事力は、陸軍96個師団220万人、戦車8000両、装甲戦闘車両4500両、火砲14000門、艦艇970隻（114万トン）、航空機5750機、第2砲兵10万人であった。台湾海峡を越えて多数の兵員を台湾本島に投入する機動力が決定的に欠けていた。各種装備は旧式で稼働率も低かった。潜水艦80隻の多くは旧式のディーゼル潜水艦で行動半径は1000NM程度だった。57隻の駆逐艦とフリゲート艦は、ほとんどが対艦ミサイル対処能力を保有せず、航空機の多くはソ連製のMig－17・19・21といった第3世代戦闘機と旧式の軽爆撃機430機、中爆撃機145機が中心で、第4世代機のJ－7・8、Su－27は百数十機だった。航空機の対地／対艦攻撃能力は、第4世代機以外は通常爆弾による爆撃能力のみであった。第2砲兵は、米本土に届くICBMが10発以内、IRBM（射程3000～5000km）とMRBM（射程1000～3000km）が約70発、SRBM（射程1000km以内）が数百発程度だった。搭載量約40トンのIl－76輸送機を14機保有しており、空中警戒管制機や電子妨害能力は未保有で、地対空ミサイルは旧式のソ連製SA－2のみであった。

一方、当時の台湾の軍事力は、陸軍12個師団24万人のほか、海兵隊が1・5万人と地上兵力では中国の1割程度だったが、艦艇380隻（22万トン）のうち旧式の潜水艦が4隻、駆逐艦／フリゲート艦は約20隻、航空機430機のうち、戦闘機はすべて第4世代機に近代化され、さらに地対空ミサイルや地対艦ミサイルを装備していた。

中台の軍事バランスは、量的には大差で中国が優勢だったが、海峡を渡る渡洋能力が低く、航空

アジア太平洋域における戦力の状況

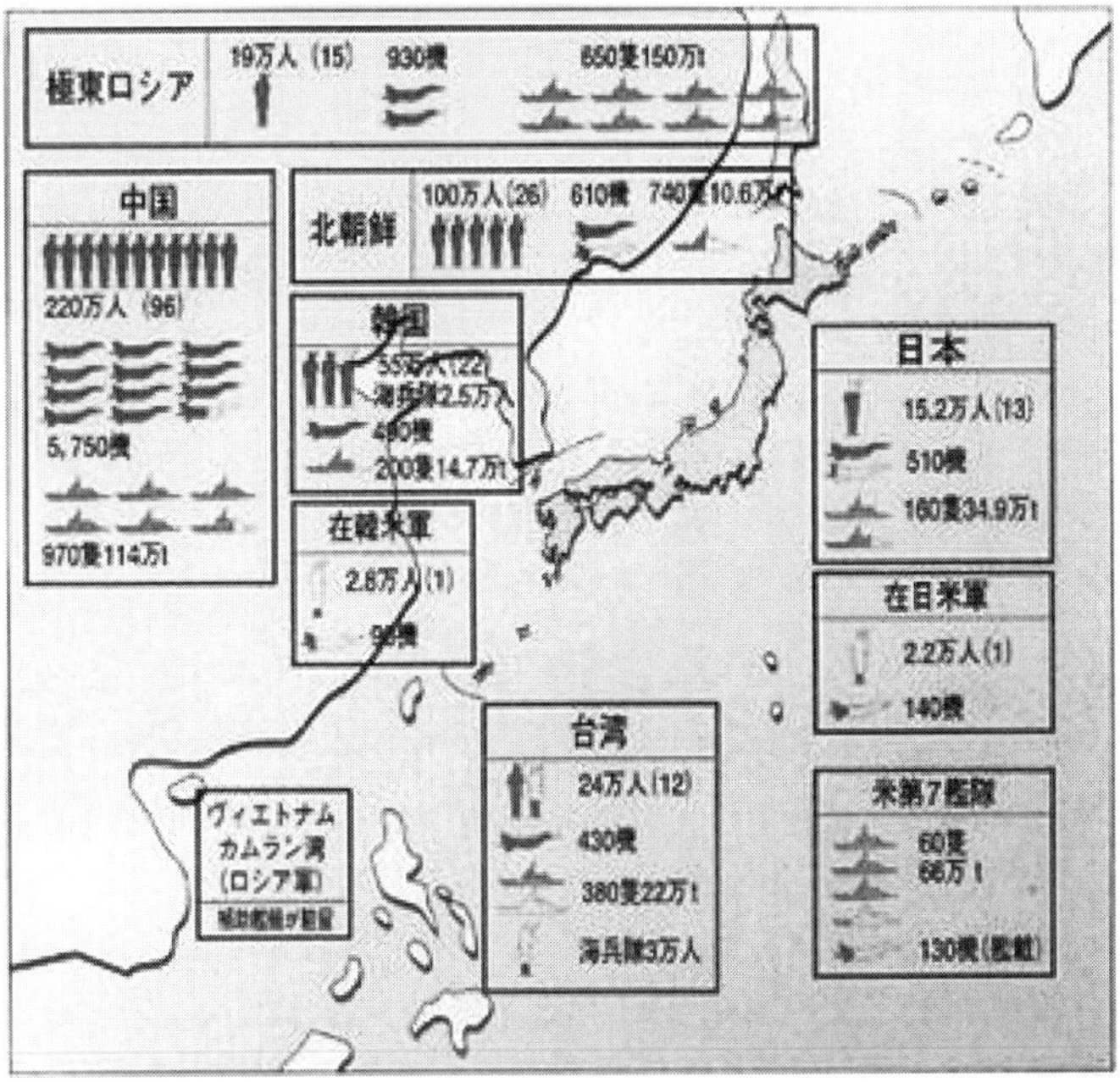

（注）1　資料は、ミリタリー・バランス（96～97）などによる（日本は96年度末実勢力）。
2　在日・在韓駐留米軍の陸上兵力は、陸軍及び海兵隊の総数を示す。
3　カムラン湾ロシア軍の兵力は、極東ロシア兵力の内数である。
4　作戦機については、海軍及び海兵隊機を含む。
5　（　）は、師団数を示す。

陸上兵力（20万人）　艦艇（20万t）　作戦機（500機）

＜出典＞1997年版『防衛白書』

戦力や地対空、地対艦ミサイルなどの質的な面では台湾が優勢であった。したがって仮に米国の介入がなかったとしても、中国は台湾海峡周辺の航空優勢の獲得や陸上戦力の海上機動に失敗する公算が高かったと考えられる。とはいえ、このとき中国が台湾を侵攻する意図はなく威嚇だけが目的だったのかどうかは判然としない。ミサイル射撃や演習によって、米国の介入意図を探っていたかもしれない。米海軍の空母派遣と日本を根拠地にする米空軍の爆撃機などが睨みを利かせていたことが、中国の台湾侵攻を抑止したことは間違いない。

第2節　オバマ政権とトランプ政権の台湾政策

1　オバマ政権の対中戦略と台湾

(1)「テロとの戦い」から「アジアへのリバランス」へ

２００１年に就任したジョージ・W・ブッシュ大統領は、同年9月の米国同時多発テロの発生によって米国の安全保障戦略を「テロとの戦い」へと大きくシフトした。２００２年初頭の一般教書演説では、イラク、イラン、北朝鮮は大量破壊兵器を保有するテロ支援国家であると名指しで非難し、２００３年3月にはイラクへの武力侵攻に踏み切った。中東を焦点とする米国の安全保障戦略は、ブッシュ大統領2期8年に留まらず、オバマ政権に引き継がれることになった。中国、台湾に対する政策は、クリントン政権の中国重視から、中国と台湾との関係をリンクさせずにそれぞれとの併行的な関係発展をめざそうとした。このために台湾関係法を基礎に両岸の現状維持を図ろうとした。武器の供与や軍事協力は前政権よりも積極的に行われたが、同時に台湾の独立志向には反対であり動向を警戒していた。

台湾では半世紀に及ぶ国民党の支配が終わり、2000年に民進党の陳水扁が総統に就任した。陳水扁は国内統治の体制構築に苦慮し、両岸関係については、任期中に独立を宣言せず、国号を変更せず、両国論を憲法に加えることは進めず、統一か独立かの国民投票は行わず、国家統一綱領と国家統一委員会の廃止という問題もないという「四つのノー、一つのない」政策を掲げて中国との関係に配慮した。しかし2005年に中国が「反国家分裂法」を制定したことで前提条件が失われたとして、2006年の春節に国家統一綱領と国家統一委員会の廃止検討や国名「台湾」での国連加盟申請に言及した。2007年10月には軍事パレードを行い、「中国と台湾はそれぞれ独立した国であり、これは否定しようのない事実である」と述べた。

2009年に発足したオバマ政権は、泥沼化している中東での対テロ作戦に見切りをつけて軍事力を撤収し、他の戦略的な重要地域に指向することを目指した。しかしながら、シリアの内戦長期化、イスラム国の建国と武力による勢力拡大、タリバンの勢力再興、イランの核開発進展など、中東情勢は米軍事力の撤収を許さぬ状況が続いた。

対中関係については、２００９年４月の米中首脳会談、２００９年11月のオバマ大統領訪中、２０１１年１月の胡錦涛主席訪米を通じて、オバマ大統領は中国の経済発展を歓迎し、両国が貿易、金融、外交、テロへの対応、北朝鮮問題、イランの核開発問題、宇宙、科学技術、核兵器管理など、広範な分野で協力と交流を拡大するとともに、世界的な問題解決のために両国が協力することで合意した。２００８年のリーマン・ショックによって危機的状況が続く経済を立て直すためにも中国との経済面での協力は米国にとって死活的なものだったのである。

クリントン国務長官は、２０１１年10月のフォーリン・ポリシー氏への寄稿「米国の太平洋の世紀」（American Pacific Century）で、「リーダーシップの維持、国益確保、価値観の普及にとって最も有利な位置を占めるために、時間と資源の投資先を体系的に判断することが必要だ」と述べ、「外交、経済、戦略などの側面でアジア太平洋地域への投資を大幅に拡大すべきである」として、①同盟関係強化、②中国を含む新興国家との関係強化、③地域の多国間機構への関与、④投資と貿易の拡大、⑤軍事プレゼンスの強化、⑥民主主義と人権の普及推進を挙げた。以後、オバマ大統領、国務長官、国防長官をはじめ、多くの高官がアジアを訪問し、様々な会議に出席して米国のアジア重視という外交方針を示した。経済面では、２国間の経済協定締結に積極的に取組むとともに、２０１０年３月には環太平洋パートナーシップ（Trans-Pacific Partnership: TPP）の交渉を開始し、２０１５年末には参加12ケ国で大筋合意に達した。

（2）米中関係発展の影で停滞する米台関係

米中の対話と協力の進展に伴って、米台の関係は低調となった。2009年11月のオバマ大統領訪中時の共同声明では、「米国は、一つの中国政策に従い、三つの米中共同コミュニケの原則を遵守する」、「米国は、台湾海峡両岸の関係が平和的に発展することを歓迎し、経済、政治、その他の分野での対話と交流を増やし、より前向きで安定した両岸の関係を発展させるための双方の努力に期待する」と述べられている。また、「双方は、互いの核心的利益を尊重することが、米中関係の着実な進展を確保するために極めて重要であることに合意した」とされ、台湾に対する中国の立場に歩み寄っている。

この共同声明の内容は、2年後の胡錦涛主席訪米の際にもほぼ同じ内容で踏襲された。このとき台湾国内では、2008年5月に民進党から政権を奪回した国民党の馬英九政権は、世界金融危機で低迷に陥った景気の回復を至上命題としていた。政権発足直後から中台関係の改善と経済政策の重点化を掲げ、前政権時代には制限されていた台湾企業の中国進出を緩和するなどの政策を展開した。中国もこれに応えて大陸に進出する台湾企業や留学生の優遇策を次々と打ち出して両岸の交流は活発化の方向に進んだ。

馬英九政権は、中国との関係発展のために対米関係は抑制的で米国の武器供与も最小限に縮小した。この結果、台湾経済は2010年に10％強の成長を記録し、欧州債務危機で世界経済が混乱した翌年も4％の成長を達成した。総統再選を目指す馬英九政権は、中台関係改善を基調としつつも中国による武力侵攻を危惧する国内の声に応える必要があった。それまで導入に消極的だったF－16C／Dやディーゼル潜水艦の供与を米国に要請するようになった。一方オバマ政権は、米中および中台関係の改善が進む中で台湾への武器供与には慎重な姿勢を続けており、2010年になって初めてペトリオットPAC－3、ブラックホーク・ヘリコプターなどの供与を決定した。台湾から継続的に要請されていたF－16C／Dの供与については、2011年9月になって中国に配慮して現有F－16A／Bの性能向上改修を供与することを決めた。

馬英九総統は、「三不」（台中統一・台湾独立・武力行使のいずれも行わない）政策をスローガンに親中・反中のいずれにも立たない中立派の支持を勝ち取って2期目に入った。しかし、2014年3月、両岸のサービス分野の市場開放を目指す「サービス貿易協定」の批准をめぐって、大陸に飲み込まれることを危惧する学生運動が爆発し、政権は蔡英文率いる民進党へ交代することになった。

（3）米中関係の悪化

米国との対話が進み多くの分野での協力関係が進展する中、中国は急速に拡大する経済力と軍事力の強化を背景に、地域諸国に対して独善的な行動をとることを躊躇しなくなった。特に、東シナ海、南シナ海における強圧的な行動は、中国の主張する「平和的台頭」への信頼を大きく揺るがした。クリントン国務長官は、2010年7月のASEAN地域フォーラム（ARF）において、南シナ海における航行の自由に関する懸念を表明し、地域諸国は米国との安全保障協力の深化に関して歓迎の意向を表明した。

２０１２年1月に発表された「国防戦略指針」(Defense Strategic Guidance: ＤＳＧ)では、安全保障分野に関する戦略的な優先度をアジア太平洋地域にシフトすることを明らかにした。中国の軍事力強化が米軍の地域での活動や介入を拒否するＡ２／ＡＤを目的としていることに新たに注目し、テロや非正規戦といった従来の脅威に加えて、高い脅威下での戦力投射手段の開発が新たな戦略課題とされた。さらに、サイバー領域や宇宙領域が新たな作戦領域として強調され、統合による総合的な体制が必要だとした。アジア地域の戦力再編として、パネッタ国防長官は地域に展開させる艦艇を２０２０年までに全艦艇の5割から6割に強化すると言明した。

このほか、シンガポールへの新型沿岸海域戦闘艦(Littoral Combat Ship: ＬＣＳ)の配備(２０１３年以降)、対潜哨戒機Ｐ－８の配備(２０１３年以降)、海兵空地任務部隊(Marine AirGround Task Force: ＭＡＧＴＦ)の豪州配備(２０１２年以降)、Ｆ－22のローテーション配備(２０１４年)などが実現した。同盟及びパートナーシップの強化では、前述の豪州やシンガポールのほか、日米防衛協力のための指針(日米ガイドライン)の見直し(２０１５年)、フィリピンとの防衛協力強化協定(Enhanced Defense Cooperation Agreement : ＥＤＣＡ)(２０１４年)が合意された。

２０１３年3月に発足した習近平政権は、米国との対話と協力を継続しつつ、「新型の大国間関係」を提示して米国との対等な関係を追求するとともに、西洋社会が主導する既存の秩序に挑戦する姿勢を見せ始めた。米中関係が悪化に向かった要因の一つは、オバマ政権が、対テロ戦争、世界金融危機、北朝鮮およびイランをめぐる核不拡散問題、環境問題などを最優先課題と位置付けていたことに対して、中国が米国にとって協力のパートナーになりえないことが具体的に明らかになってきたことである。北朝鮮の核開発やミサイル発射に対する消極的対応、台湾や南シナ海沿岸諸国に対する挑発的行為の活発化、国連安保理でのシリア情勢決議への拒否権発動などが挙げられる。

要因の第2は、アジア太平洋地域で米国が主導してきた既存の秩序に中国が挑戦する動きを顕在化させてきたことである。2010年頃から中国は、国家間の係争が存在する南シナ海や東シナ海での主権や権益を「核心的利益」と称して国内法で一方的な規定を設け、係争相手国に実力行使を行なうなど示威行動を活発化させた。例えば2013年11月には尖閣諸島を自国領土とする東シナ海防空識別区を設定し、2014年にはスプラトリー諸島で人工島を建設して軍事基地化するといったことが挙げられる。

米国へのサイバー攻撃の拡大は、オバマ政権の中国に対する不信感を決定的なものにした。米中首脳会談でオバマ大統領が中国のサイバー攻撃を問題にすると、習近平主席は、中国は被害者で政府は関与していないとした。2014年5月、米司法省が人民解放軍将校5人を起訴して習近平政権の虚言を指摘した。

人権に関する中国政府の対応も要因の一つである。米国務省の2012年度版『世界人権報告』には、政治的権利の擁護や公共の福祉といった問題に関与している団体・個人・少数民族に対して抑圧と弾圧が日常的に行われていると指摘されている。

さらに経済面においても米中の相剋が表面化した。人民元の切上げを行わず米国の対中赤字は増大の一途になった。オバマ政権が提唱したＴＰＰの交渉で、一旦は参加を検討するとしたものの、２０１３年10月には独自の経済圏構想である「一帯一路」を提案するとともに、アジアインフラ投資銀行（Asian Infrastructure Investment Bank：ＡＩＩＢ）設立を提唱して米国主導の国際秩序に挑戦する姿勢を示したのである。

（4）蔡英文政権の誕生とオバマ政権末期の台湾政策

オバマ政権は2期目に入って、中国への関与を継続しつつ圧力を高めることによって中国の行動変容を目指した。しかし中国の経済規模は急速に拡大し、軍事力強化への投資は継続的に増大する中で、その行動は覇権主義的な方向に進んだ。中国は、２０１６年1月の総統選挙で勝利し5月に発足した民進党の蔡英文政権が台湾独立に向けた行動をとることを警戒した。中国は、経済支援などを梃子に、台湾と国交のある国に中国との国交締結を働きかけて台湾との国交を破棄するよう働きかけた。「一つの中国」原則を主張して国際機関への台湾の参加を排除するなど、国際社会における台湾の地位を狭める方策を積極的に展開するとともに、台湾周辺での軍事活動を活発化させて圧力を高めていった。

こうした中国の動きに対して政権末期のオバマ政権は、中国との緊張をエスカレートさせぬように米太平洋軍（当時）の活動を中央統制下に置くとともに、台湾への軍事供与を凍結した。中国の台湾への軍事的な圧力の高まりを危惧した米議会は、2017年度の国防権限法（National Defense Authorization Act: NDAA）（2016年12月制定）で、米台の国防省高級官僚と軍の将官の間で、情報収集、脅威分析、戦力整備計画、後方支援などについて協議を促進すべきと規定して、台湾支援の意志を明示した。

ちなみに、オバマ政権下の2009年度から2016年度までの国防権限法の中で、台湾に言及しているのは、2013年度（台湾空軍の戦闘機不足に関する分析と対応検討を政府に要請）と2015年度（台湾の防衛能力を分析評価して議会報告を求めるとともに台湾海軍の能力強化支援の検討を要請）のみであった。

2　トランプ政権の対中戦略と台湾

（1）トランプ政権の誕生と積極的な台湾支援への転換

2017年1月に発足したトランプ政権は、中国との貿易赤字改善や不公正貿易の是正によって米国の富を回復させることに重点を置いた。大統領就任前の2016年12月、テレビ局のインタビューで中国との通商交渉に意欲を示し、「中国との貿易関係などでの合意が得られないならば、米国はなぜ「一つの中国」に縛られなければならないのか」と述べ、台湾問題を交渉の梃子に使う姿勢を見せた。

２０１７年6月、トランプ政権は、オバマ政権が凍結していた各種ミサイル、魚雷など14・2億ドル分の台湾軍事供与を承認した。そして２０１８年度の国防権限法（２０１７年12月制定）では、米空軍レッドフラッグ演習への台湾軍の招請、西太平洋での海軍共同演習、海軍艦艇の相互寄港などを検討するとともに、装備品等に関する台湾の要求について処理プロセスを迅速化するよう規定された。

トランプ政権は２０１７年12月に国家安全保障戦略（ＮＳＳ２０１７）を、翌年1月には国家防衛戦略（ＮＤＳ２０１８）をそれぞれ発表した。新政権が発足後1年以内に安全保障に関する基本文書を発表するのは過去に見られないことであった。その特徴は、中国、ロシアなどを既存のルールと秩序に挑戦する現状変更勢力ととらえたこと、これらの脅威対象国が紛争に至らぬレベルで力による現状変更を画策していること、米国は同盟国やパートナー国と協力してその企てに対処することであり、「力による平和」を強調している。２０２０年5月には、中国を対象とした戦略的アプローチをあらためて発表して中国をけん制した。

平時から中国、ロシアを主たる脅威とした「大国間競争」を展開し、紛争時には戦って勝つ体制を構築することで抑止を達成しようとするこの戦略は、党派を超えて議会の支持を得た。戦略策定直後の２０１８年2月に書かれ、政権末期の２０２１年1月に秘密指定を解除された「インド太平洋に関する戦略的枠組」（Strategic Framework for Indo-Pacific）には、「中国は台湾との統一を強要するために、より積極的な措置を取るだろう」とし、「台湾が効果的な非対称防衛戦略と能力を開発することで、安全保障、強要からの自由、回復力、中国との交戦能力を確保する」と述べられている。トランプ政権と米議会の台湾政策は、過去のどの政権よりも積極的であった。以下に、その主要な具体的政策を時系列で見てみよう。

２０１８年3月には「台湾旅行法」（Taiwan Travel Act）が施行された。この法律は、台湾関係法以来、台湾との交流自粛の結果として両国の交流不足が生じたことを背景に、あらゆるレベルの米当局者および台湾当局者の相互訪問と対話を許可するとともに、駐米台北経済文化代表処および米国内の台湾のあらゆる活動を振興することを規定している。

２０１８年8月には蔡英文総統が中南米訪問の行き帰りに米国に立ち寄り、国家航空宇宙局（ＮＡＳＡ）を訪問した。

同年12月には、米国のアジア地域へのコミットメントを再確認する「アジア再保証推進法」（Asia Reassurance Initiative Act）が制定された。同法は、アジア地域の同盟及びパートナー国に対して米国のコミットメントが揺るぎないことを示すことを目的としたものだが、台湾関連では、米台間の緊密な経済的、政治的、安全保障上の関係を支援し、台湾関係法、三つの共同コミュニケ、六つの保証に基づき、台湾に対する約束を忠実に履行すると規定した。また、現状変更を目指す行為に対抗し台湾海峡両岸に受け入れ可能な平和的解決を支援しつつ、現在及び将来の中国の脅威対処に必要な軍事装備品等を計画的に供与し、機動性、残存性、費用対効果を含む非対称な能力の開発、統合を支援すると規定された。

２０１９年度の国防権限法（２０１８年8月制定）では、台湾旅行法に基づいて交流促進を図ること、装備品等の供与では非対称戦と水中戦の能力向上に重点を置くこと、実戦的な訓練演習の機会を模索することに加えて、国防長官に対して台湾当局と協議して台湾の軍事力を分析評価し1年以内に議会に報告するよう規定された。２０１９年5月、蔡英文総統は米フォーリン・ポリシー誌に寄稿し、米国とのパートナーシップが台湾の安定には不可欠だと強調し、6月には米国にエイブラムズ戦車１０８両、対戦車ミサイルなど、20億ドル分の軍事装備の供与を要求した（武器供与の詳細は次項）。

２０１９年6月に発表された米国のインド太平洋戦略報告では、中国は台湾との平和的な統一を標榜する一方で、軍事力の使用を否定せず軍事作戦遂行能力の近代化を続けており、台湾の独立や大陸との統一の混乱に乗じた第三者の干渉を抑止し、遅滞させ、拒否するために必要な準備を整えているとした。米国は、台湾が武力の行使または他の強圧的手段に抵抗するために必要な機動的で残存性の高い効果的な能力を明らかにするとともに、その防衛力強化に必要な物品及び役務を引き続き支援していくと述べている。

２０２０年度の国防権限法（２０１９年12月制定）では、前年度の記述に加えて、サイバーセキュリティでの協力、中国の影響力行使に関する分析評価と報告を求めた。また、前年度の法律に基づいて行った台湾の軍事能力評価を基に、対艦、沿岸防衛、対装甲、防空、機雷戦、指揮統制能力に重点を置いた非対称防衛戦略の実現を支援するよう規定された。さらに同盟及びパートナー国に対して台湾海峡の通航を奨励すべきだと政府に要請した。

（2）厳しさを増す中国の軍事的圧力と米国の対応

2020年の年明け前後から、中国の武漢で発生した新型コロナウイルスの感染の拡がりが徐々に明らかになっていった。武漢市をはじめ中国各都市が封鎖された2月以降も、中国海軍、空軍の東シナ海、南シナ海、西太平洋での活動は続き、2月上旬には東部戦区の海空軍が台湾の南東沖で統合訓練を実施した。3月に入ると感染は欧米を中心に世界中に拡大し、南シナ海で任務に就いていた米空母テオドア・ルーズベルト艦内でもクラスター感染が発生した。3月末、同艦は任務を中止してグアム島に寄港した。

このとき、米空母11隻のうち8隻は整備中や訓練中、2隻はアラビア海で作戦に従事中であり、インド太平洋には空母が不在となった。その空白に乗ずるかのように、空母遼寧を含む合計6隻の中国艦隊が、宮古水道を南下しバシー海峡を通って台湾南西海域で演習を行った。さらに4月から7月にかけて南シナ海や渤海周辺でも長期間の演習が行われた。これらの動きは、1月の台湾総統選挙、5月の蔡英文総統の2期目の就任式典を視野に入れた「力の誇示」だと見られている。米軍は、強襲揚陸艦、巡洋艦、駆逐艦、爆撃機などを台湾海峡や南シナ海に派遣するとともに、日本、豪州を含む同盟国及びパートナー国との共同訓練演習の実施により中国をけん制した。

東シナ海、南シナ海での中国軍の活動は、２０２１年に入っても活発な状態が続いており、特に台湾周辺では中国軍の航空機が毎日のように防空識別圏（ＡＤＩＺ）内を飛行し、台湾空軍はその都度戦闘機をスクランブルさせて警戒にあたっている。また海上においても空母を含む海軍艦艇や、海警の艦船が訓練、演習、警戒監視などの活動に従事しており、その頻度と規模は拡大の傾向にある。この動きは、台湾に対する米国の積極的な軍事支援に反発する中国が、米国と台湾に具体的行動で警告しているものだとみられている。バイデン政権に交代して、米中はさらなるエスカレーションに向かうのか、対話による緊張緩和に向かうのか、予断を許さぬところである。バイデン政権の対中政策については、第３節で分析する。

２０２０年５月、米議会は「台湾同盟国際保護強化イニシアティブ法」（Taiwan Allies International Protection and Enhancement Initiative Act: ＴＡＩＰＥＩ）を制定した。この法律は、台湾が世界各国との関係を強化することをワシントンが支援することを表明するもので、台湾を国際社会の中で孤立させようとする中国の試みに対抗するものである。台湾が、国家としての資格要件を必要としないすべての国際機関に加盟するよう米国政府は提唱すべきであり、その他の適切な国際機関においても台湾にオブザーバー資格を与えるべきだと規定している。こうした米国の動きにもかかわらず、新型コロナウイルスの感染封じ込めに成功した台湾の世界保健機関（ＷＨＯ）の会議へのオブザーバー参加は中国の強い反対によって認められなかった。トランプ政権は、「米国第一」を標榜して国連をはじめとする国際機関への不信をたびたび表明してきた。皮肉なことに、トランプ政権が国際機関に反発し圧力を加える度に、中国の国際社会での存在感は高まり豊かな経済力を背景として国際的な支持を広げつつある。

米議会は2021年度の国防権限法（2021年1月制定）に前年度の内容に加えてサプライチェーンのセキュリティとパンデミック対策に関する米台協力の検討と実行を盛り込んで、更なる協力関係の実効化を図っている。

3　台湾への武器供与の変遷

本項では、ジョージ・H・W・ブッシュ大統領（1989～93年）以降、クリントン大統領（1993～2001年）、ジョージ・W・ブッシュ大統領（2001～09年）、オバマ大統領（2009～17年）、トランプ大統領（2017～21年）が行った、米国から台湾への主要な武器供与について、巻末参考資料「米国から台湾への主要な武器輸出（議会への通告分）（1990～2020年）」を基に分析する（巻末456～460頁図表参照）。

なお、台湾軍は国共内戦の歴史から陸戦主体に構成されていたが、大陸反攻から現在の防衛的な戦略に転換以降は、洋上阻止、着上陸阻止、沿岸及び内陸での撃破という防衛構想を基本にしている。

（1）戦闘機

第1次、第2次台湾海峡危機では、中国は大陸に近接している金門・馬祖島などの島嶼を攻略しようとして失敗した。台湾の国民党軍は機会を見て大陸反攻を行なう構想を1960年代まで堅持していたため、陸軍の充実強化が当時の至上命題であった。大陸反攻の構想を放棄して以降、敵戦力を渡洋時に撃破するとともに、大陸からの火砲による攻撃に対しては航空攻撃による策源地攻撃を行なうことで台湾を防衛する構想に転じた。

台湾は1970年代末からF－5とF－104戦闘機の後継として、F－16の供与を米国に要請していたが、米政府は中国を刺激することに配慮して供与を断っていた。そこで台湾は、米国のジェネラル・ダイナミクスなどの技術支援を受けて国産の戦闘機「IDF経国」を開発した。1990年代の中台情勢悪化に伴って、仏がダッソー・ミラージュ2000－5の売却を承認したことから、米国は1992年にF－16の供与を認め、1996年から合計150機のF－16A／Bが引き渡された。暗視ゴーグル（1996年）と航法／目標捕捉用ポッド（LANTIRN）（1998年、2000年）によって全天候対地攻撃能力を装備するとともに、AN／ALQ－184ECMポッド（2000年）も取得した。兵装としては、AIM－9Mサイドワインダー短距離空対空ミサイル（2002年、2005年）、AIM－120CAMRAAM中距離空対空ミサイル（2000年、2007年）、AGM－84ハープーン空対地ミサイル（1998年、2007年）、AGM－65Gマーベリック空対地ミサイル（2001年、2007年）などを次々と取得した。

そしてトランプ政権は、オバマ政権が凍結していたAGM－154C統合スタンドオフ兵器（JSOW）空対地ミサイル、AGM－88B対レーダー・ミサイル（HARM）の供与を2017年に決定した。度重なる台湾からのF－16C／Dの供与要請に対して、オバマ政権は中国への刺激を考慮して2011年にF－16A／B戦闘機×145機の近代化（AESAレーダー、JDAM搭載改修など）の供与に留めた。F－16C／Dの供与要請はその後も引き続いて行われ、トランプ政権下の2019年になってようやく最新形態のブロック70の供与が認められた。

（2）艦艇

台湾海軍の艦艇は、第2次大戦に使用された米駆逐艦の貸与や戦後に接収された日本の旧海軍艦艇を主力としていたが、その老朽化に伴って大型艦艇を国内生産できない台湾は、米国の供与にほぼ全面的に依存していた。一方米国は、国交正常化で中国の反応を伺いながら、ノックス級フリゲート艦（1998年）、キッド級ミサイル駆逐艦（2002年）などを供与してきた。台湾側のイージス艦の供与要請に対して、米国は最新鋭とは言えない型落ちの艦艇を供与したのである。中国からの強い軍事的圧力を受けていた台湾は、仏からラファイエット級（康定級）の駆逐艦6隻を導入し、1996年から逐次就役させた。トランプ政権に替わった2017年、キッド級駆逐艦用の電子戦装置AN／SLQ－32（V）3が供与されることになり逐次近代化が進展している。

潜水艦については、第2次大戦末期に就役した米国のテンチ級「海獅」とパラオ級「海豹」各1隻の供与を受けて以降は米国からの供与は受けていない。これは米国が通常型潜水艦を排して原子力潜水艦に転換していったことによる。台湾が運用する残りの2隻はオランダから購入したズヴァールトフィス級で「海龍」（1987年就役）と「海虎」（1988年就役）の2隻である。2008年には米国からUGM－84Lハープーン潜水艦発射対艦ミサイル×32発、翌2009年には対艦訓練用テレメトリ・ミサイルの供与が認められ、2014年には所要の試験を経て「海龍」および「海虎」の対艦攻撃能力が大きく改善された。現在では老朽化したこれら4隻の後継艦については、最終的に船体を国産することになった。2018年に指揮統制や兵装などのミッション・システムは米国メーカーから支援を受けることで合意されている。また、台湾国防部（国防省に相当）は、2021年4月2日、国産による潜水艦の新規建造計画を欧州の複数の主要国が支援していると発表した。

（3）陸上装備

陸上装備の供与は、戦車、火砲、ヘリコプター、対空・対艦ミサイルなどであり、米国の軍事供与の歴史の中心部分を占めている。戦車では、M60A3（1991年）、M60A3TTS（1996年）、そして待望のM1A2エイブラムズ戦車の供与が2019年に決定された。火砲では、M109A5榴弾砲（2000年）、ヘリコプターでは対戦車ヘリのAH－1コブラ（1997年）、AH64アパッチ（2008年）のほか、輸送ヘリのCH－47チヌーク（1998年）、多用途のUH－60Mブラックホーク（2009年）などが供与された。ミサイル関係では対戦車用TOWミサイルやジャブリン・ミサイル、対空用のスティンガー、ホーク、ペトリオット・ミサイルが供与され、ペトリオットは弾道ミサイル対処能力のあるPAC－3形態に能力向上されている。

トランプ政権下では、地上配備型のRGM－84Lハープーン対艦ミサイル、陸軍戦術ミサイルATACMS、高機動砲ロケットシステムHIMARSの供与が2020年に決定された。これらは米軍が保有する最も長射程の対艦ミサイルで、米インド太平洋軍が中国軍の艦艇などを目標に第1列島線上の島に機動的に配備する構想の中核的な装備である。第1列島線上の戦略的に重要な位置を占める台湾がその構想の一翼を担うことを示している。

第3節　バイデン政権の台湾政策の展望

1　安全保障・国防戦略の展望

(1)　緊張を増す両岸

バイデン政権への交代が決まった2020年11月以降、台湾周辺における中国の軍事活動は引き続き高いレベルで推移している。台湾国防部が発表する中国軍の活動を見ると、ほぼ毎日のように軍用機の活動が報告されている。航空活動では、情報収集機や哨戒機だけでなく爆撃機や戦闘機が多く見られるようになり機数は著しく増加している。海洋においても空母をはじめ多数の海軍艦艇とともに、法執行艦船の活動や漁船に姿を変えた海上民兵と思しき集団の活動が目立っている。

これらは軍事力の量的な拡大と質的な進化を示していることはもちろん、中国が米中台の緊張を背景に軍事だけでなく非軍事の手段をも使って他国の介入を排除しつつ政治目的を達成しようとしているものと見られている。習近平国家主席は就任以来、中国軍に対して「戦って勝てる軍」を目指せと指示しており、今年3月にも軍や武装警察に対して「戦う準備をせよ」と叱咤し強硬な姿勢を示してバイデン政権を試している。

（2）安全保障戦略の展望

バイデン政権は2021年3月、外交・安全保障政策の当面の指針となる「暫定国家安全保障戦略ガイダンス」（Interim National Security Strategic Guidance）を公表した。

同ガイダンスは、「世界全体の力の分布が変化し、新たな脅威を生み出しているという現実に立ち向かわなければならない」とし、新たな脅威として中国、ロシア、イラン、テロリズムと暴力的過激主義を例示している。そして、「反民主主義勢力は、誤報、偽情報、汚職などを利用し、認知面での弱点を悪用して自由な国の内部分裂を生み出し、既存の国際ルールを侵食し権威主義的な統治のモデルを推進している」と指摘し、国際秩序を支える同盟、制度、協定、規範がいま試されていると述べた。「急速な変化と危機の高まりの中で、我々のシステムの欠陥と不公平が明らかになり、将来へのシステムの持続性に疑問を抱かせている」と警戒感を示している。こうした課題に対処するために次の事項が必要だという。

① 国民、経済、国防、民主主義など、米国の強さの根源を守り育てる。
② 米国や同盟国への直接の脅威、国際公共財へのアクセス妨害、主要地域の支配を試みる敵対者を抑止する。
③ 強力な民主的同盟、パートナーシップ、多国機関、ルールに基づく開かれた国際システムを主導し維持する。

ガイダンスは、同盟、パートナーをはじめとする国際的な協力について多くの紙面を割くとともに、国内的な分断と民主主義強化のために中産階級の国民が利益を享受できるような施策の展開について多く語っている点が特徴的である。米国が将来に向けた変曲点に立っているとの認識の下、民主主義の強化刷新によって経済的基盤を強化し、国際機関での地位を取戻し、外交で主導しつつ軍事力を近代化する。そして、同盟関係のネットワークを活性化し、パートナーシップを再活性化することが安全保障戦略の中核であると強調している。

2　対中戦略と対台湾政策

（1）大国間競争を勝ち抜く対中戦略

トランプ政権は、台湾を米中貿易摩擦解消の梃子として利用している側面が見えたが、バイデン政権では民主主義や香港、新疆ウイグル自治区などの人権問題など、価値観を含めて米台関係を伝統的な位置付けに復帰させている。政権就任3ケ月という本稿執筆時点で政権の対中戦略を論じるのはやや時期尚早だが、暫定ガイドラインでは、中国は、経済力、外交力、軍事力、技術力を組み合わせて、安定した開かれた国際システムに持続的な挑戦を行い得る唯一の競争相手であり、急速に自己主張を強めていると指摘している。さらに、中国の指導者は、多くの分野で不当な優位性を求め、攻撃的かつ強圧的に行動し、開放的で安定した国際システムのルールと価値観を損なっていると警戒感を露わにしている。そして台湾に関しては、「主要な民主主義国家であり、重要な経済的・安全保障上のパートナーである台湾を、米国の長年のコミットメントに沿って支援する」と原則的な事項の記述に留めているが、その後の政権高官の発言からは、台湾防衛のコミットメントは堅持されていると考えられる。

２０２１年3月18、19日にアラスカで行われたバイデン政権発足後の最初の米中外交トップ会談は、冒頭から互いを非難する異例の展開となった。ブリンケン国務長官は会談の冒頭から、いきなり新疆、香港、台湾の問題を持ち出し、中国が米国の同盟国に経済的な圧迫を加えていると批判した。バイデン政権がオバマ政権のように融和的な対中姿勢に転じるのではないかとの見方に反して、バイデン政権の対中姿勢は予測していた以上に厳しいように見える。トップ会談の主な目的は互いの関心や立場を伝えることだが、中国側は国家の主権や国益に関わる問題では譲歩しないということを強調した。米側からは、第1に中国の戦略的位置づけは、トランプ政権同様に競争相手だということ、第2に貿易よりも人権や民主主義を重んじること、第3に同盟国との団結を重視して多国チームで中国に対峙するということを主張したとされている。

中国への高関税は当面は維持する方針であり、中国が国を挙げて科学技術分野で米国をリードすることに対抗するだろう。気候変動対策など可能な分野では協力をしていく意志を示しているものの、原則的な問題で根本的に対立しており妥協を許す状況にはない。

（2）米台協力は国防だけでなく多分野に展開

米国務省はバイデン政権発足直後の1月23日の声明で「中国に対して台湾への軍事・外交・経済的圧力を停止し、台湾の民主的に選ばれた代表者と有意義な対話を行なうよう促す」と表明し、「十分な自衛能力を維持するよう台湾を支援していく」と台湾との緊密な関係を維持する意向を明らかにした。就任早々に台湾政策に触れたのは、バイデン氏がこれまで台湾防衛について語ったことがないこと、中国が台湾周辺での中国軍の軍事活動を活発化させてバイデン政権の出方を試していることにあるとみられている。

バイデン政権の台湾政策は国防力強化の支援だけではない。２０２１年3月28日、南太平洋パラオのウィップス大統領がヘネシー・ナイランド駐パラオ米国大使とともに台湾を訪問した。同大統領は1月に就任したばかりで、初の外遊先に外交関係を結ぶ台湾を選んだ。駐パラオ米国大使は、記者会見で「米国の仕事は、パラオや太平洋のパートナーと協力を深めることだ」と語り、3者の緊密さを示した。台湾を孤立させようとする中国の経済外交攻勢によって、２０１９年には南太平洋のソロモン諸島とキリバスが台湾と断交し中国と国交を結んだ。これに対抗するため、蔡総統は２０１９年にパラオを訪れ、沿岸警備に関する連携協定を結んでいた。台湾は２０２１年3月25日に米国とも沿岸警備に関する協力で合意し覚書に調印した。3者が連携して海洋の安定を目指すネットワークを拡大していく考えだ。

4月14日には、米国からクリス・ドッド元上院議員、リチャード・アーミテージ元国務次官補、ジェームズ・スタインバーグ元国務次官補の3人が台湾を訪問して蔡英文総統らと会談した。バイデン大統領の「私的な」使節として台湾に対するコミットメントを再確認したと報じられており、台湾総統府は米台関係の強固さを物語るものだとして歓迎の意を表明した。一方、中国は米中合意を踏みにじるものだとして激しく非難した。

これらは米の台湾政策を示す一例に過ぎないが、２０２０年度、２０２１年度の国防権限法には台湾とのサイバーセキュリティ協力、公衆衛生分野での協力、サプライチェーンのセキュリティに関する協力が挙げられており、今後多方面にわたって協力が進展していくものと考えられる。

（3）2021年戦略的競争法

米議会は、2021年3月にホワイトハウスが発表した暫定安保戦略ガイダンスに呼応して、4月8日、上院外交委員会議長のメネンデス議員（民主党）と同委員会のリッシュ議員（共和党）が超党派で「2021戦略的競争法案」（Strategic Competition Act of 2021）を提出した。同法案は4月20日に同委員会でほぼ全会一致で可決され、今後上院及び下院本会議で可決され、バイデン大統領が承認して施行される見込みである。

この法案は、中国との戦略的競争のために実行すべき措置を規定したもので、①競争の未来への投資、②同盟とパートナーシップへの投資、③米国の価値観への投資、④経済政策への投資、⑤戦略的な安全保障の確保という5章で構成されている。280頁に及ぶ法案には例えば、米国の対中戦略・政策の一層の強化、対中制裁・規制の完全な履行、ウイグル人権法制裁規定の改正強化、対米外国投資委員会（CFIUS）の審査対象拡大、同盟国・パートナー国と連携した規制、サプライチェーンの多様化支援、中国共産党の影響力行使に対抗する基金の創設、米国の中国に対する経済制裁の強化、インド太平洋戦略を踏まえた台湾への関与強化、中国の軍事施設を設けている国への支援制限、中国の核・ミサイル等の軍備に対する安全保障戦略といった広範かつ包括的な内容が含まれている。

台湾に関する内容を以下に抜粋する（和訳は筆者）。

第212条　米国と台湾のパートナーシップの強化

米国の政策は以下のとおりである。

（1）台湾を米国のインド太平洋戦略の重要な一部として認識する。

（2）台湾の安全保障とその民主主義は、インド太平洋地域の継続的な平和と安定のための重要な要素であり、米国の重要な国家安全保障上の利益であることを推進する。

（3）台湾関係法（公法96－8）および「六つの保証」に基づく台湾へのコミットメントを強化し、米国の「一つの中国」政策に従う。

（4）台湾の「全体防衛構想」（Overall Defense Concept）で特定された優先事項を含む、台湾の非対称防衛戦略の実施を支援する。

（5）台湾の防衛戦略を十分に実現するために、防衛費の増額を促す。

（6）台湾の自衛能力を強化するために防衛装備品等の定期的な供与を行なうこと、特に台湾軍に、対艦、沿岸防衛、対機甲、防空、水中戦、高度なC4ISR（指揮・統制・通信・コンピュータ・情報・監視・偵察）、弾力的な指揮統制能力などの非対称能力を開発、統合する。

（7）国連、世界保健機構総会、国際民間航空機関、国際刑事警察機構、およびその他の適切な国際機関への台湾の有意義な参加を提唱し、積極的に推進する。

（8）米国、台湾、およびその他の志を同じくするパートナーとの間での有意義な協力関係を促進する。

第213条　台湾政府の扱い

（a）国務省およびその他の米国政府機関は、民主的に選出された台湾政府に対し、米国政府が他の外国政府に関わるのと同じように、同じ名称とプロトコルを用いて関わるものとする。米国の外交政策を遂行し、台湾における米国の利益を保護する上で、在台湾米国協会が引き続き支援する役割を担う。米国政府は、国務省およびその他の米国政府機関の職員が台湾政府の対応者と直接かつ日常的に交流する能力にいかなる制限も課してはならない。

（b）この段落のいかなる内容も、中華民国（台湾）との外交関係を回復することを意味し、また台湾の国際的地位に関する米国政府の立場を変更するものと解釈してはならない。

（4）まだ見えないバイデン政権の先行き

バイデン政権は、政権発足100日間に中国の人権状況、強圧的行動、国際的なルール無視などを厳しく糾弾して「競争」に勝つ方針を明示した。台湾に対してはトランプ政権の方針に引き続いてコミットメントを確認している。

安全保障、軍事分野とは対照的に、バイデン政権の経済面での対中戦略はまだ具体的には見えてはいない。米国の戦略は、抑止力の信頼性を維持するために軍事的優位性を確保することに重きを置いている。優位性確保のためには、大規模な投資が必要である。それには安定した経済財政基盤が不可欠だが、そこに中国が占める割合は依然として大きい。中国への強硬姿勢をさらに強めて世界から孤立させ、方針転換を迫るという選択肢はあるが経済的な代償は大きい。米国とその同盟国やパートナーは、自らのパワーを増進しつつ、協力して中国と対峙する選択肢を用意していかねばならない。

ジョージ・ワシントン大学のチャールズ・グレイザー教授は2021年4月28日のフォーリン・アフェア誌で、「衰退する国にとっては、コミットメントを削減することが最良の選択肢である可能性がある。東アジアでは、南シナ海で北京に自由裁量権を与えること、台湾を手放すこと、そして米国がかつてのような地域の支配力を失ったことを受け入れることを意味する」と述べている。中国との戦争のリスクを回避することが米国の国益であり、そのためには中国との緊張の原因となっているコミットメントを「縮小」させるべきだという。

この種の論説は現在のワシントンでは稀有なものだ。しかし、米中の力関係が変化していく中で「コミットメントの縮小」という選択肢が議論になることは十分にあり得るだろう。100年余にわたる対中関係、70年余に及ぶ台湾との関係を振り返ると、米国の対中、対台湾戦略が現在の延長線で推移するかどうかは予断を許さない。1970年代、米国はイデオロギーから国益へと戦略を転換して中国との国交正常化に進んだ。現在は中国の覇権的な行動に対して「協調」から「対抗」へと進みつつある。コミットメントの縮小が極論だとしても、習近平政権が対米柔軟化に転じたら、あるいは中国の政権が交代して親米路線に転換したら、再び1970年代の米中蜜月に戻る可能性は十分にある。このとき台湾の地位にはどのような変化を生ずるであろうか。

第3章

東アジアの安全保障環境の変化と台湾防衛

第1節　米国の関与政策と中国の経済・軍事力伸張

1　中国の経済発展を促した米国の関与政策

1977年、中国の実質的な指導者として返り咲いた鄧小平は「改革開放路線」を掲げ市場経済体制を採り、毛沢東時代に疲弊した中国経済の回復を企図した。その際、鄧小平は「韜光養晦」(力を蓄えるまでは自己の意図を秘匿し耐える)を唱え、隠忍自重を説いた。

この方針の下、中国はあらゆる機会を通じて、同国が「平和的発展を目指し、如何に発展しても永遠に覇を唱えず、軍事的な拡張は実施しない」と明言してきた（現在に至るも中国は、この言葉を繰り返し使用している）。この中国の政策に幻惑された米国をはじめとする自由陣営諸国は中国に対して、「これを段階的に責任ある国家に導く」とした「関与政策」を採用し、この政策の下、米国をはじめとする各国は、中国に対して競うかのように技術力、資本力を投入した。これは、多分に中国の市場価値に眩惑された結果であるが、確かに米国には中等レベルへの経済発展は、国家を民主主義へと導くとの経済発展が民主主義形成の主要な変革要因とする思想が存在したことは事実である。中国は、この関与政策を逆手に取り、自己の市場利益と巧みに連動させ、これを活用し、外国企業からのノウハウ（know how）を吸収して急速な経済伸張を遂げるとともに、自由陣営の信用を獲得して、各種軍事技術の供与を得るまでになった

しかしながら、この蜜月は1989年の「天安門事件」によって冷水を浴びせられた。この事件において、米国をはじめとする自由陣営主要国は中国の人権侵害を非難し、対中武器禁輸、経済制裁を発動した。その後、中国の再三の要求にもかかわらず、対中武器禁輸は現在に至るも継続している（潜水艦用ディーゼル機関を非常発電機として売却するような抜け穴的な武器輸出は存在する）。この時点で、日本は遺憾の意は表明したものの、「民主主義社会の尺度では許容できないものであっても基本的には中国の国内問題であり、対中政策を変更すべきではない」との姿勢を示し、それに加えて国際的に窮地に陥った中国に代って国際社会に協調を促す声明文案まで用意した。つまり、自由陣営の普遍的共通価値観である民主・人権等に関する問題も経済的な利益には代えがたいと言っているの

に等しい。これに鑑みれば、昨今の中国、ミャンマー等の民主主義・人権抑圧に対する日本の消極的な姿勢も十分説明がつく。つまり、全てに政経分離に基づく経済優先思考が色濃く反映されていることが理解できる。

前記のとおり、天安門事件による一時的な頓挫期間は生じたものの、その後も「関与政策」は継続され、中国経済は目覚ましく伸長し、周知のとおり、２０１０年には日本のＧＤＰを上回り、世界第2位の経済大国に発展した。

2　中国の経済発展の軍事力への転嫁

中国経済の伸長は当然ながら国防費の増大を招き、１９８９年以降、ほぼ毎年2桁の伸び率を維持した結果、過去30年間で55倍となり、２０１９年度国防予算は1兆８０８２億元（17兆８０００億円）に達している。しかも、この金額の算定根拠は不明瞭であり、実際の国防費は、この額の１・5倍~2倍以上と推定されている。現に、２０１６年、筆者が中国政経懇話会の一員として訪中した際、国防費に含まれない国務院から国防企業への補助金が存在することを確認している。また、外国からの装備品の購入費や研究開発費は公表された国防費に含まれていないとの観測もある。中国は、この急速に増大された軍事力を背景に、次第に「韜光養晦」路線をかなぐり捨て、「力による現状変更」を強引に推し進める姿勢に転向している。

２００７年、米太平洋軍司令官と懇談した中国軍高級幹部が「太平洋分割管理案」を提示し、以降、年月を経るごとに中国の政治姿勢は強引さを増幅させている。

２００９年から始まった米オバマ政権は、当初から中国に対し低姿勢で臨み「戦略的安心供与（Strategic Reassurance）」と呼称される戦略アプローチを採用し、「米国とその同盟国は中国の台頭を歓迎するが、中国もまた世界における他国の安全と国際法などで構成される世界公共財を認め相互に再認識する」ことを訴え、引き続き「関与政策」の履行を企図した。しかし中国は、この親中路線を米国の「譲歩」と認識し、急速に伸長する軍事力を背景に「力による現状変更」を推進して、東アジア、西太平洋における地域覇権獲得の動きを本格化させている。

オバマ政権成立後の中国の主要な動きは次のとおりである。

２０１０年：南シナ海領有権問題を核心的利益と位置付ける
：中国漁船、海上保安庁巡視船と衝突（対日レアメタル禁輸）
２０１１年：南沙諸島において本格的な人工島造成を開始
２０１２年：尖閣諸島領空侵犯事案
２０１３年：尖閣諸島領有権問題を核心的利益と位置付ける
：東シナ海防空識別区の設置（領空外で防御的緊急措置を宣言）
２０１４年：新たな公式地図公表（台湾を自国領とした10段線表示）

「新型大国関係」の中国案提示

2016年：国際仲裁裁判所の南シナ海問題に関する裁定を全面否定

事ここに至っては、さすがに米国をはじめとする自由主義陣営諸国は中国が地域覇権確立を目指していることを否応なく認識し（日本は未だに認識が甘い）、米国は中国東シナ海防空識別区空域内における軍用機の飛行や南シナ海における「航行の自由作戦」等の対抗措置を開始した。

第2節　台湾の民主化を牽制する中国と日米の対応

1　台湾の民主化と日米との実務関係の進展への中国の対応

日中、米中正常化によって、日米と中国との関係が安定化すれば、一方的に新しい国際環境に置かれた台湾と日米との関係も形こそ異なれ、結果的には安定化する。そして、この安定下において台湾の民主化と「台湾化」が進展することとなった。

台湾には、蔣介石の台湾への撤退に伴い、大陸から兵士を含めて100万人以上の中国人（外省人）が台湾に移動した。1947年、生来の台湾住民である本省人を国府政府に隷従させるために戒厳令を発布し、2・28事件を引き起こした。この事件による本省人に対する弾圧の結果、外省人は台湾における支配階級層を形成し、社会的にも優遇されて現在に至っている。このため高級官吏・軍人には外省人出身者が多い。当然、このような社会構造に対する本省人の不満や反発は根強く、今日の台湾においても双方の対立は厳然として存在している。

1984年、蔣介石の後継者として総統に地位にあった蔣経国は、副総裁として本省人の李登輝を指名した。以後、台湾における国民党一党独裁体制はほころび始め、翌1987年に50年間継続していた戒厳令が解除されるとともに新党結成が解禁された。

1988年の蔣経国の死去により、総統に就任した李登輝は、野党「民主進歩党」(以下、民進党)を合法化し、各党代表者が参加する「国是会議」を開催して、憲法改正等、国家法治体制の刷新に着手した。このため、同時期に生起した「天安門事件」とは対照的に台湾の民主化は国際社会に大きくアピールし、歓迎される結果となった。

また、李登輝は、それまでの国民党の方針を転換して「実務外交」を推進した。これは、中国と正式な外交関係を有しない国家や国際組織に対しても台湾との非公式な外交関係を構築し、要人のハイレベル交流を画策するものであり、台湾の国際的地位向上に大きく貢献した。1996年、李登輝が台湾初の総統直接選挙によって総統に就任すると、非公式ながらも日台間の交流は促進され、日本新幹線技術を導入した台湾高速鉄道システムの契約が成立する等、交流は活性化した。

一方、この1996年3月の台湾初の総統選挙の直前、中国は台湾海峡付近での弾道ミサイルの発射と3軍統合演習を実施して、台湾の民主化を恫喝し、いわゆる第3次台湾海峡危機を演出するに至った。

米国は中国の行動に即座に対応し、日本（横須賀）からインディペンデンス空母戦闘群、中東からニミッツ空母戦闘群をそれぞれ台湾海峡に派遣して同海峡の安全を確保するとともに、台湾問題の平和的解決に対する揺るぎない決意を示した。結局、中国の恫喝にもかかわらず、台湾総統選挙は平穏に終了し、国民党の李登輝は54％の得票率をもって圧勝する結果となった。また、第2位の彭明敏（民進党）を含めれば、台湾独立容認派の得票率は75％以上に上る結果となった。

他方、中国は、二つの米空母戦闘群の戦力の前に沈黙せざるを得ず、これが中国をして、新たな軍事戦略である「接近阻止／領域拒否（A2／AD）」戦略の策定と、これを実行するための軍事力の増強に邁進させる結果となった。

2　台湾海峡危機に直面した日本の対応――周辺事態法の制定と同法の問題点

戦後初めて日本周辺において、第3次台湾海峡危機を巡る大国間戦争の危機に直面した日本は、その対応方針を巡り深刻な課題を突き付けられた。同盟国米国が台湾支援の体制を採り、極東の平和のための軍事行動を発動する状況下に、日本は、自国防衛にとって最重要な日米同盟の相手国である米国と全く共同歩調を執れないという異常な事態に直面したのである。長年、安全保障・防衛に関する論議を封印してきたことが祟った自業自得の事態とはいえ、日本政府の狼狽ぶりは察するに余りあるものであった。

このため、日本が、この危機に際して、自主的に実施できた対中対応は、僅かに雀の涙ほどの対中無償資金協力の凍結に留まっている。同時に、中国に対する「円借款停止」等の選択肢も検討されたが、「中国市場への投資と進出日本企業への報復が予想される」として見送られており、この事実からも日本が経済的利益を最優先し、同盟国米国と民主化を図る台湾よりも、共産党独裁を継続し、力による現状変更を強行する中国に対して過剰とも言える自己規制を課していたことが確認できる。

この現実は日本政府に衝撃を与えるとともに、同時期に朝鮮半島情勢が険悪化したこともあり、これを契機として、我が国周辺において軍事衝突が生起した場合における日米の連携要領を急遽、検討・強化する必要性に迫られる結果となった。

この情勢を受けた形で、1996年4月、当時の橋本総理とクリントン大統領によって、「日米安全保障共同宣言－21世紀に向けての同盟」が発表され、「日本周辺地域において発生しうる事態で日本の平和と安全に重要な影響を与える場合における日米間の協力に関する研究をはじめ日米間の政策調整を促進する必要性につき意見が一致した」として日米安保体制を再定義することを宣言した。1997年には「日米防衛協力のための指針」（以下、新ガイドライン）が策定され、これに基づき「周辺事態安全確保法」（以下、周辺事態法）及び「周辺事態に際して実施する船舶検査活動に関する法律」（以下、船舶検査法）が制定された。

「周辺事態法」は日本の国内法として整備されたものであるが、その認定基準及び適用範囲は周辺国の重大な関心事となった。この法律に定める「周辺事態」の認定基準は、「日本の平和及び安全に重要な影響を与える事態」と規定され、当該事態の判断は、当然ながら、我が国政府の判断となる。また、「周辺事態の概念は地理的なものではなく、事態の性質に着目した概念」と説明され、双方ともに「戦略的曖昧性」を含ませている。

このため、周辺事態に台湾有事が含まれるか否かについては、この法律を視る限り、明白ではない。然しながら、前述したとおり、日米安保条約第6条の適用範囲（極東）に台湾が含まれていることは確認されており、周辺事態法が日米の協力（日米安保体制）を促進する目的で制定されたものであることは、これまでの経緯からも明らかである。また、日本の防衛に台湾が重要な地位を占めていることは、否定しようのない事実であり、これに鑑みれば、周辺事態が、「台湾有事」を含むことは明白であると言える。

また、前述したとおり、この法律の適用認定については、日本政府の判断に基づくことは当然であるにせよ、協力対象である米国の日米安保に対する実効的なコミットメントに鑑みれば、これまた当然に当該認定によって発する影響力も絶大であると言わざるを得ない。その意味では、協力が後方支援に限定されているとはいえ、「周辺事態法」は、日米安保体制を強化することにより、台湾と密接な関係を保持する米国を通じて日米台の安全保障関係を軌道修正し、前進させたものと評価できる。

当然、この法律の制定は、中国の台湾に関する懸念を刺激し、猛反発を招来する。しかしながら、日本政府は、上記「戦略的曖昧性」を駆使して、中国を刺激することを回避し、同時に、この曖昧性を持って、逆に中国を牽制する結果となったことも事実である。

この中国の懸念を受けて、我が国の親中政治家の中には「新ガイドラインは中国を念頭に置いていない」と発言する者まで現われたが、当時の梶山官房長官は、周辺事態には「中国と台湾の紛争は当然含まれる」（1997年8月梶山官房長官談話）との見解を示している。また、田中均外務審議官と王毅中国外交部アジア局長（いずれも当時）との会談においても、「中国が台湾に戦争を仕掛ける場合、日本の安全保障に影響する重大な事態とみなされ、ガイドラインに従う行動を採らざるを得ない」旨明言しており、このことからも同法律が「台湾有事」を対象としていることが明らかに確認できる。

これに引き続き、日米両国は、2005年2月、日米安全保障協議委員会において、中国が地域及び社会において責任ある建設的な役割を果たすことを歓迎し、「中国との協力関係を発展させる」、「台湾海峡を巡る問題の対話を通じた平和的解決を促す」、「中国が軍事分野における透明性を高めるよう促す」とした共同声明を掲げ、中国に対し、日米安全保障体制が決して台湾の防衛に無関心ではないことを明確に発信している。

一方で、「周辺事態法」は、同盟国の米軍との共同作戦であっても、集団的自衛権の行使は強要されないとの政府見解を前提としている。このため、本法律に基づく自衛隊の行動は「後方地域支援」、「後方地域捜索救助活動」、「その他必要な措置」に限定され、その際の自衛官の武器使用も正当防衛又は緊急避難に該当する場合の他は、危害を加えることを禁止する等、実行上、少なからぬ問題を抱えていた。他方、日本が如何に「後方支援」であると弁明しても、当該行動が戦時国際法上の中立義務に違反することは明白であり、相手国にとっては明白な敵対行為であるとみなされる。つまり日本は、明らかに戦争状態を作為する行為であるにも関わらず、自衛隊はいわゆる警察権で、これに対応せざるを得ないという自国軍隊にとって危険極まりないジレンマを抱えていたことになる。

日本の防衛に対する台湾の重要性は裏を返せば中国にも適応される。したがって、中国による台湾進攻が生起した場合、中国が米国に協力する日本を敵国と認識することは、前述した国際法上の解釈から見ても至極当然である。また、この行動の如何にかかわらず、米軍が日本から出撃する以上（日本による当該行為の許容も中立義務違反）、当該事態が日本有事に拡大する可能性は非常に高い。これに鑑みれば、台湾有事（周辺事態）が5条事態（日本有事）と6条事態（極東有事）の連動、併発を招くことは必至と言え、これらの事態に対応して日本が実施すべき行動態様に関しては大きな課題が残されていた。これら諸問題に対応するための法整備等がその後の「国家安全保障戦略」および「平和安全法制」として進化することとなる。

3　台湾民主化の進行と日米台関係の強化

台湾では、2000年3月、民進党の陳水扁が総統に当選し、初の民進党政権が誕生した。同政権は「日台関係は非常に重要である」と認識し、「日中が政治・歴史で対立を深める中、日台関係を深めることによって、中国の外圧を軽減でき、民主国家の相互交流を深めることが可能」であり、また「日米関係の緊密化により、安保・軍事分野で日台、米台関係も強化される」として対日外交を推進した。これを受けて、民間シンクタンク、退役軍人、自衛官・官僚OB間での安全保障対話が促進され、日台間の交流と相互理解は大きく前進した。この枠組は、その後も振れ幅はあるものの、継続され現在に至っている。

他方、日本では2001年4月、小泉政権が発足し、台湾に対する関与を増大させた。同政権は、台湾の世界保健機関（WHO）へのオブザーバーとしての参加を支持するとともに、前述したとおり、2003年には自衛官将官OBを交流協会台北事務所に常駐させる措置を採り、防衛駐在官に準じた実務を担当させている。また、2005年中国が制定した「反国家分裂法」に対しては「日本として台湾海峡の平和と安定、また最近緩和しつつある両岸関係への否定的影響の観点から懸念を有している」旨を表明し、平和的解決以外のいかなる解決方法にも反対する姿勢を鮮明に示した。

しかしながら、2008年国民党の馬英九が総統に就任すると、日台関係は後退する。同政権は

「一つの中国」を承認した上で「三つのノー」（統一せず、独立せず、武力行使せず）を掲げ、両岸交流の回復・拡大を図った。2008年には前政権が拒否し続けていた「3通」（通商、通航、通郵〈通信〉）が解禁され、2010年10月には「中台経済協力枠組協定」が発効し、両岸の経済関係は更に拡大・緊密化した。しかしながら、同政権は日台関係も両岸関係とバランスをとる如く促進し、2011年には「日台民間投資取決め」および「日台オープンスカイ」が実現した。2013年には「日台民間漁業取決め」に署名し、両国間の交流、問題解決にも一定の配慮を示している。しかしながら、これらは全て民間ベースの取決めとして対処され、その効力には一定の限界がある。

その一方で、同政権による台湾の領有権に関する主張は強硬であり、2012年、日本政府が尖閣諸島を民間人から購入した際に、時の駐日代表処代表を帰国させるとともに台湾の巡視船、漁船を同海域に派出して、日本の巡視船との間に緊張を生じさせた。しかしながら、台湾は、この問題について、中国と共闘する姿勢は明確に否定しており、同政権が、中国との関係強化に軸足を置きつつも、日本、中国双方に一定のバランス感覚を保っていたことは明確である。

同政権下で特筆すべきは、災害援助を通じて相互の国民間の友好関係が促進された事実である。日本は、2009年の「台風8号」により被害を受けた台湾に対し、額は限定されたものの1億数千万円の緊急無償援助と緊急追加支援を実施した。一方で台湾は2011年の「東日本大震災」に際して台湾外交部、地方自治体等から253億円という桁外れの義援金及び救援物資等を提供し、これに多くの日本国民が感謝の意を表したことは記憶に新しい。この種の行為の応酬に双方の国民が親近感を増加するのは当然であり、2016年台湾南部における地震被害に対しても日本から120万ドルの緊急無償資金協力と救援物資が提供され、双方の国民が、中国など足元にも及ばない親近感と好意を共有する結果となっている。この事実は、今後の両国の関係を考慮していく上で重要な要素となる。

2014年3月、馬政権は、前述した「中台経済協力枠組協定」に基づき、市場の相互開放と貿易の自由化を目標とする「海峡両岸サービス協定」の締結を目指した。しかしながら、同協定締結の裏に中国の圧力が噂されたことと同協定が台湾の前途に及ぼす影響に対する与党の説明責任不足の2件を糾弾する学生グループが台湾立法院を占拠する行為に及んだ。この行為を一般市民も支援し、「海峡両岸サービス協定」審議は延期され、次いで国民党は地方選挙で大敗して馬総統は辞任に追い込まれた。

この流れを受けて、2016年民進党の蔡英文が総統に当選し、台湾の対中政策は大きく変化する。同政権は、中国との関係を「両岸関係」と呼称し、中台の「現状維持」を掲げ、中国に一定の配慮を示しているが、「一国二制度」の受け入れは断乎拒否しており、台湾のアイデンティティを堅持している。また、「単一市場（中国）への過度の依存」からの脱却を図るとともに、自由民主・人権等の普遍的な価値を共有する日米欧との関係強化を目指す等、明らかに中国とは距離を置く姿勢を示している。

同政権の日本に対する領有権問題等に関する政策は次のとおりである。

① 沖の鳥島に対する前馬政権の主張（岩であり、ＥＥＺなし）を「国連の判断に委ねる」（国連は島としてＥＥＺを認めている）。

② 尖閣諸島への領有権主張は取下げないものの、経済的利益は双方で享受すると提唱するとともに、「日本との関係を重視し、この主権上の争いを（日本との）関係発展に影響させることは希望しない」と述べている。

また、同政権は中国の脅威に対して軍事力の増強に舵を切っており、

① 防衛固守・確保国土安全（国土の安全保障を確保する防衛）

② 重層嚇阻・発揮連合戦力（総合戦力発揮による重層抑止）

を掲げ、戦力強化に邁進している。

つまり、今、台湾は、増大した中国の脅威の前に、自国防衛力の強化と自由陣営諸国との連携強化を重視しており、特に、自国の領土に関する主張を封印してでも我が国との関係改善を明確に希求している状態にあると言える。

民進党蔡政権は、２０１９年の地方統一選挙で大敗し、２０２０年の総裁選挙においては、当初、国民の期待に十分応じ得なかったとして蔡総統は落選の危機にあった。しかしながら、２０１９年の香港における「逃亡犯改正条例」に端を発した「香港民主化運動」とそれに対する香港・中国当局の強圧的な対応が、台湾の民主主義に対する危機感を醸成した結果、蔡英文は57％の得票率で圧勝し、民進党も61議席（国民党38議席）を獲得した。これに鑑みれば、台湾住民の民主主義に対する

姿勢は疑いようのない確固としたものであると判断できる。また、その後、中国政府が制定した「香港国家安全維持法」により、香港の「一国二制度」が崩壊した現実を確認した台湾が、最早強制されない限り、中国との統一を希望しないことは確実であり、同法は、中国自身が台湾統一は武力統一の道以外存在しないことを確定したものと言える。

このように、民主主義や人権といった普遍的価値観を共有し、日本の防衛上重要な戦略的位置を占める台湾の防衛を支援することは、日本にとっては最早義務に等しいと断言しても過言ではない。周知のとおり、現在の中国の振る舞いは、「他国の領土の掠め取り」、「民族浄化」、「人権・民主主義否定」、「国際法の否定」と、第2次大戦直前のナチスドイツと大差ない。日本が、中台どちらを重視するかを道義的に考えれば、答えは自ずから明らかである。

第3節　日米の安全保障戦略の変換と台湾防衛と平和安全法制

1　日本の安全保障戦略の大転換——初の「安全保障戦略」策定とその問題点

中国の「力による現状変更」行動と北朝鮮の「核の脅威」が顕在化した極東情勢を受けて、2013年12月に我が国は戦後初となる国家安全保障戦略（以下、25安保戦略）を制定した。それまで、日本には安全保障戦略と呼称できるものは無く、僅かに1957年に制定された「国防の基本方針」が存在するのみであった。「国防の基本方針」が、実に57年間、一度も改訂されることなく維持されてきたことは、日本が如何に安全保障政策に配慮を欠いていたかの象徴であると言える。その意味では、25安保戦略の策定は我が国の安全保障政策上、画期的な出来事であり、大いに評価できる。

25安保戦略は、「一国平和主義」と決別し、国際協調主義に基づき、これに積極的に対応する「積極的平和的主義」を理念として、これを具体化するため、我が国の国益と国家安全保障の目標を設定している。

国益は次の三つに整理される。

① 我が国の主権・独立の維持、領域保全、国民の安全確保

② 経済発展を通じての繁栄

・海洋国家

・アジア太平洋地域の自由貿易体制

・安定性、透明性の高い国際環境

③ 自由、民主主義、基本的人権の尊重、法の支配という普遍的価値

また、国家の安全保障の目標については、

① 平和と安全の維持、存立を全うするため、必要な抑止力を強化し、万が一脅威が及ぶ場合は、

これを排除し、被害の最小化を図る。
② 日米同盟の強化。域内外パートナーとの信頼・協力関係を強化して我が国に対する直接的な脅威の発生を予防する。
③ 外交努力と人的貢献による国際秩序の強化・紛争の解決に主体的役割を果たし、平和で安定した国際社会を構築する。
の3点に整理し、この目標達成のための戦略的アプローチとして
○我が国の能力・役割の強化
・安定した国際環境創出のための外交力の強化
・我が国を守る総合的な防衛体制の構築
・領域保全に関する取組みの強化
・海洋安全保障の確保
・サイバーセキュリティの強化
・国際テロ対策の強化
・情報機能の強化
・防衛装備・技術協力
・宇宙空間の安定的利用の確保及び安全保障分野での活用の推進
・技術力の強化

○　日米同盟の強化
○　国際社会の平和と安定のためのパートナーとの外交・安全保障協力の強化
○　国際社会の平和と安定のための国際的努力への積極的寄与
○　国家安全保障を支える国内基盤の強化と内外における理解促進
を掲げている。そして、この中で国家安全保障の最終的な担保が防衛力であり、これを着実に整備する旨、記載している。

この文面通り読めば、同戦略を履行する限り、日本は極東のみならず国際社会の平和と安定に積極的に寄与し、延いては日米台の関係強化にも貢献できることとなる。

しかしながら、25安保戦略は重大な欠陥を抱えている。その第1は、同戦略には肝心の戦略思想が欠けていることである。25安保戦略における戦略的アプローチについては前述したとおりであるが、全て並列的に記載されている。つまり、アプローチを羅列しただけであり、どのアプローチに重点を置き、どこに国家資源を重点的に投資するかの戦略的思考が無い。これでは、脅威の対象である大国には対抗できないと同時に、この戦略を受け取る側（安保戦略に基づいて、その下部戦略を策定する国家機関）は、これを如何ようにでも、あるいは都合の良いように解釈できるのである。

次に、国家としての戦略に対する姿勢である。今まで述べてきた通り、我が国は「政経分離」に立脚した政策を実行している。これは、極論すれば、政治が外交・防衛（軍事）戦略を策定しても、経済の立場からは従う必要がないことになる。つまり、安全保障戦略は策定されただけであり、対外経済政策は同戦略に拘束されないことが可能となる。この国家戦略としての一貫性の欠如が安保戦略の実効性を著しく低下させ、前述した欠点を増幅しているのである。

端的な例が、25安保戦略に示された国益に対する取組みである。前述した普遍的価値として示された国益は、民主主義国家としては至極当然の事柄であり、それ自体に問題はない。では、現情勢で我が国は、この国益を追求できているのか？

我が国は近年、中国に領土を脅かされ、中国が香港、新疆ウイグル自治区などで民主主義を破壊し、民族浄化とも言える動きを強めていることは周知の事実であり、先に示した国益の内の①③が中国に明確に脅かされている。

また、②についても、それを実現する手段として掲げた3項目のいずれもが中国の振る舞いによって影響を受けている。米、オーストラリア、カナダ等、他の自由主義国家にとっては、人権、民主主義は譲れない国益であり、経済的な利益を犠牲にしてでも、これに敢然と立ち向かい、制裁、非難決議を実施している。しかるに、日本は、「遺憾の意」の表明以外に何の行動も起こしていない。繰り返すが、自国の安保戦略に、これを国益として明示し、積極的平和主義を理念として掲げているにも関わらずである。

確かに、経済活動は国家の基本であり、基盤であることは認めるが、明白な敵対行為を現に遂行している中国に経済的利益を与え、禍根を後世に残すような歴史的愚行は改めなければならない。これに鑑みれば、目先の利益しか追求しない政経分離という二枚舌外交が国家にとって如何に危険なものであるかが理解されるであろう。戦略とは策定する以上、国家の諸活動を、これに整合させ、方向性を一致させる必要がある。

また、国家安全保障戦略は我が国を取巻く安全保障環境に変化があれば、当然改訂されて然るべきものである。しかしながら、我が国では、その動きはほとんど見られない。25安保戦略には、重要な変化が見られれば修正すると明確に記述されている。昨年、世界的な新型コロナウイルスの蔓延を受けて、25安保戦略改訂の必要性が論じられたが、その後改訂の動きは政治日程から外れてしまったかのようである。

2　米国の対中戦略の転換と日米台共同体制の強化

米国は、国家戦略体系を確立し、戦略の見直しを定期的に実施することを義務付けている。米国は、2017年、トランプ政権において、安全保障環境の変化に対応して国家安全保障戦略（以下、NSS2017）を策定し、これに引き続き国家防衛戦略（以下、NDS2018）等の下位戦略も見直した。

米国は、この新たに策定した戦略において、「中国を長期競争相手」と規定し、「米国の関与政策により、競争相手が無害化または信頼できるパートナーに変化するという幻想に基づく政策を変更させる必要性を強調」している。そして、「同盟国と強力な防衛ネットワークを構築し、敵を不利な立場に追い込み勝利する」と宣言している。また、台湾に対しても「台湾の正当な防衛上の必要性を満たし、強固な結びつきを維持する」ことを明記しており、NSS2017及びNDS2018において米国の対中姿勢は大きく転換している。

周知のとおり、日本の安全保障は同盟国たる米国に大きく依存している。25安保戦略においても「日米同盟の強化」を最重要視しており、再三再四、これを強調しているが、同戦略と米国戦略との整合が図られた形跡はない。前述したとおり、2017年に米国の国家戦略が大幅に変更された。同盟国米国の戦略転換は、日米同盟を最重要視する日本にとって大きな変化のはずであるが、25安保戦略の見直しは全く実施されていない。このため、同戦略が日本の脅威として認定しているのは、「北朝鮮の核、弾道ミサイル」のみであり、中国については米国が否定した関与政策が、そのまま継承されていることになる。したがって、25安保戦略の下位戦略も現実に高まる中国の脅威を前提として、これを公然と立案することが出来ない状態にある。自国の防衛を米国に依存している国家としては理解不能である。同盟国米国と戦略上の脅威認識を一致させることは最低限の条件であると言え、それを一致させれば、必然的に日米台の防衛ネットワーク構築の重要性が浮かび上がるものと思料する。

米国は、上記NSS2017及びNDS2018に基づき、対中政策を着々と実施している。トランプ政権下では、国防費の強制削減措置を撤廃して、これを大幅に増額するとともに、中国に対する追加関税措置を実施し、米中貿易戦争を発動して、中国の経済基盤の伸長とこれに依拠する軍事力の増強を防止している。また、国防授権法や台湾旅行法を制定し、台湾に対する人的、防衛交流を活発化させている。さらに、過去最高額の軍事供与（F－16V戦闘機、M1A2戦車、UAV、各種ミサイル・ロケットシステム等）に踏み切るとともに、米台両軍による共同訓練まで開始している。我が国は、この同盟国の行動に無関心でいいのか？　このまま、日米の戦略的な乖離が拡大すれば、日米同盟は再び機能不全に陥り、東アジアの平和と安全に重大な影響を及ぼすことは必至である。

この情勢に鑑みれば、日本の国家戦略を同盟国米国と整合させ、両国の足並みを揃え、強固な日米関係を構築することが、日米豪印（クアッド）及び日米台の共同抑止体制強化への第1歩であり、極東の平和と安全に大きく寄与するものと考える。そのための国家安全保障戦略の見直しは避けて通れない喫緊の課題なのである。

3　日本の平和安全法制整備と台湾防衛

2015年9月、安倍総理の強いイニシアティブのもと「我が国及び国際社会の平和及び安全の確保に資するための自衛隊法等の一部を改正する法律」（以下、平和安全法制整備法）及び「国際平和共同対処事態に際して我が国が実施する諸外国軍隊等に対する協力支援活動等に関する法律」（以下、国際平和支援法）（以下、二つ併せて平和安全法制）が可決、成立した。

この内、平和安全法制整備法において、日本は、従来の「武力攻撃事態」に加え、「存立危機事態」「重要影響事態」の二つの概念と、これに対応する法整備を実施した。

「存立危機事態」とは、「我が国と密接な関係にある他国に対する武力攻撃が発生し、これにより、我が国の存立が脅かされ、国民の生命、自由及び幸福追求の権利が根底から覆される明白な危険がある事態」と定義され、①日本に対する武力攻撃が発生したこと又は存立危機事態が存在すること②これを排除し、日本の存立を全うし、国民を守るために他に適当な手段がないこと③必要最小限度の実力行使に留まるべきことの3項目を「武力行使の新3要件」として、いわゆる集団的自衛権（ちなみに、法律上では集団的自衛権の用語は使用していない）の限定的な行使を可能とするものである。

また、本事態においては、米軍のみならず、これに参画する他の外国軍隊に対する物品・役務の提供、各種支援活動及び公共施設の提供を可能としている。

「重要影響事態」とは、「そのまま放置すれば我が国に対する直接の武力攻撃に至るおそれのある事態等、我が国の平和及び安全に重要な影響を与える事態」と定義され、周辺事態の地理的な概念を撤廃し、日本の支援対象を日米安保条約の目的以外に国連憲章の目的達成に寄与する外国軍隊にまで拡大するとともに支援項目を追加し（弾薬提供及び戦闘行動準備中の航空機に対する給油・整備可能）、同時に、これら軍隊に対する「武器等防護（警察権的な防護、現に戦闘が行われている現場は除く）」による権限行使を可能としている。

本法律には、未だ、日本が抱える本質的な問題が数多く存在するものの、限定的とはいえ、集団的自衛権の行使を認めたことは、日米同盟の絆をより一層緊密なものとするとともに、支援対象を他の外国軍隊にまで拡大したことは、価値観を共有するクアッド等の友好国との重層的な連携拡大を図ることが可能となり、この地域の紛争抑止効果が期待できることは疑いない。

また、特筆すべきは、本法制は、集団的自衛権のみならず集団安全保障に対する日本の参加も可能としている点にある。

日本は、国際連合に加盟時は何の留保も行っておらず、当然、加盟国として国連軍参加義務を保有するにもかかわらず、国内的には「国連軍への参加は憲法上許されない」とし、国連重視を謳いながらも国連軽視も甚だしい状況を呈してきた。

そもそも、我が国の安全保障の基本は（すべての国も）国連による集団安全保障体制を基盤としており、同体制が機能するまでの間、日米安保による集団的自衛権を基調として対処する構図となっている。このため、集団安全保障と自衛権は表裏一体の関係にあり、双方の活動を同時に担保しない限り完結した安全保障体制は構築できないという問題があった。今回の法整備における国会答弁において、「『武力の行使の新3要件』を満たしている限り、国際法上の根拠が集団的自衛権であろうが集団安全保障であろうが自衛隊は活動できる」とされた。これにより、今まで日本が抱えていた国際法上の矛盾点が一つ解消されるとともに、日本が国連安全保障下の国連軍にも参加できる道を切り開いたことになる。

つまり、日本が存立危機事態と認定すれば、集団的自衛権から集団安全保障まで切れ目なく、米国のみならず、これに参加する国家の軍隊と共に自衛隊が行動することが可能となった。これは、極東の平和と安全に関する多国間の共同防衛体制への我が国の参画が可能となったことを示し、日本としては、「存立危機事態」「重要影響事態」を必要に応じて宣言することにより、日米安保体制、国連集団安全保障体制を通じて台湾防衛を支援することが可能となったと言える。

なお、重要影響事態には未だ周辺事態と同様の国際法上の中立義務違反が存在している。このため、同法の適用は、日本がこれを理由に当該敵国から攻撃を受けても致し方ない情勢を現出させるとともに、この攻撃に対して自衛隊は警察権で対応せざるを得ない問題が付随しており、日本の防衛上、大きな課題を残していることを改めて付言しておく。

column

「中立国の義務」とは

戦時国際法によって定められた中立国の義務は次のとおりである。

○　黙認義務：交戦国の敵国に関する戦争行為によって中立国の利益が害されたとしても、中立国はこれに抗議できない（例、当該敵国領土内の中立国民の私有財産を軍事上の必要性から、破壊、押収する。敵国海岸を封鎖することにより、中立国船の出入りを禁止し、違反船舶、戦時禁制品を没収する）。

○ 公平義務：中立国は交戦国双方に対して、戦争遂行上の便宜を与えない義務を負う。
・ 防止義務：交戦国による中立国領域内の軍事的利用を防止する義務
・ 回避義務：中立国が国家として、交戦国に対し、軍隊の提供、軍事物資の供給、軍事資金を贈与する行為を回避する義務

この中立義務の違反によって損害を被る交戦国は、当該中立国の行為を敵対行為と見做し、戦争状態の発生と受け止めることが可能である。

＜出典＞各種資料を基に筆者作成

今まで述べてきたことの証左として、平和安全法制の整備は、中国、韓国を除く他の諸国から一様に高い評価を受けている。

つまり、日米安全保障体制は一貫して台湾有事に対する関与を否定しておらず、同事態に対する日米（＋他の諸国）の共同対処能力を高めてきたと言える。

その意味では、日米安全保障体制の存在と米国の「台湾関係法」との一体化を可能とする平和安全法の制定は、中国の台湾進攻に対して強力な抑止力を提供しており、間接的にせよ大きなアドバンテージを台湾に与えているものと言える。台湾有事は、正に日米同盟の試金石である。日本は、平時においては日米同盟に頼り（米政権が交代するたびに尖閣が5条事態に含まれることを確認して喜び）、自国が本来実施すべき防衛努力を怠り、同盟からの利益を享受しておきながら、有事においては戦

争に巻き込まれると騒ぐ。しかし日米同盟に対して消極的な態度を示すことは、即、日米同盟の解消に直結するとともに、米軍との共同作戦を遂行する自衛隊に対する無用な損害を誘発させかねない。このことを、日本政府及び国民は今一度しっかりと認識し、強固な日米同盟を機能させ、自国の損害を局限するには、日本自身が非現実的な自己規制や独善的な考えから脱却し、日本防衛の主体となる自衛隊の能力を強化するための不断の努力が不可欠であることを認識する必要がある。

前述したとおり、米国及び他の自由主義諸国は中国に対する態度を明確に硬化させており、我が国の「政治と経済は別」などと言う理屈は最早通用しない。日本は現在の中国の姿勢を直視し、価値観を共有する自由主義陣営の一員としての自己の立場を再認識し、米国の国家安全保障戦略等と密接に連携し、日米豪印（クアッド）や日米台の連接を可能とする新たな国家安全保障・防衛戦略を立案し、これに立脚した国家の運営が求められているのである。

第4章　コロナ禍で激変する国際秩序

第1節　コロナ後の世界の潮流

1　コロナ禍で顕在化した世界の軋みと脆弱性（リスク）

2019年末に中国の湖北省武漢市で発生した新型コロナウイルス感染症（以下、「新型コロナ」）は、中国の意図的な情報隠蔽と偽装工作により初期対応が遅れた。地元当局は1月23日に武漢市の都市封鎖に踏み切ったが、ちょうど旧正月休み前の移動時期と重なったため、封鎖した時点では市の人口の半数近い500万人がすでに武漢をはなれ、中国全土、そして海外へと出掛けてしまって

世界における新型コロナウイルスの累計感染者数（2021.8.18現在）

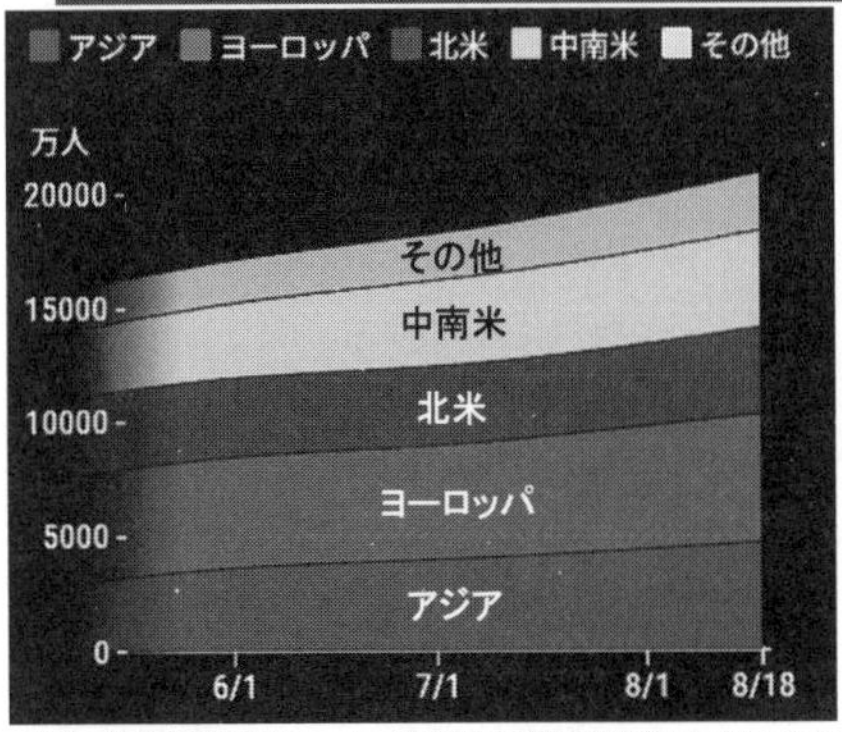

世界全体の累計感染者は8月18日時点で2億859万人を超えた。地域別では欧州が最多で5610万人に達し、世界全体の26.9％を占めている。北米は3848万人、中南米は4224万人、アジアは4661万人だ。

＜出典＞日本経済新聞「チャートで見る世界の感染状況 新型コロナウイルス」（2020年03月31日公開2021年08月19日更新）

いたと見られている。

また、中国の影響を受けているとされるテドロス事務局長率いる世界保健機関（ＷＨＯ）は、機能不全を露呈した。例えば、1月23日段階における緊急事態宣言の見送り、人から人への感染の否定、台湾排除による情報共有や適時・正確な指針提供の遅れなどがあり、それらと中国の行動が相まった初動対処や水際対策の遅れから、瞬く間に世界的な感染の爆発（パンデミック）を引き起こした。

新型コロナは、世界中の人々の移動を止め、経済社会活動に大打撃を与えるとともに、数え切れないほどの尊い命を奪い、「第２次世界大戦以来の最大の災難」をもたらしている。同時に、各国の社会や経済、政治のみならず、国際社会のガバナンスや秩序が抱える根本的な軋みや歪み、さらには脆弱性（リスク）をも露わにした。このように新型コロナは、従来の人類社会のあらゆる種類の秩序やシステムに疑問を投げ掛け、これまで確実視されてきた事物に動揺を与えた。また、米国と中国の覇権対立の激化等、以前から兆しが見られた傾向に拍車をかけたため、新型コロナ後の世界では、既存の国際秩序を激変させる様々な動きが表面化する可能性が指摘されている。

（1）生活や社会経済活動の変容

ア　新しい生活様式

2021年2月初め現在、世界では約1億4000万人の新型コロナの感染が確認され、死者数は225万人余に及んでおり、感染拡大の防止とその収束が世界の最優先課題となっている。そして、自身や家族、周辺の人々、地域社会を感染拡大から守るため、それぞれの日常生活において、「新しい生活様式」の実践が叫ばれている。

日本では、感染防止の三つの基本として、①身体的距離の確保、いわゆる「3密」（密集、密接、密閉）の回避、②マスクの着用、③手洗いの励行が求められている。

握手やハグは過去のものとなり、社会的距離（ソーシャルディスタンス）を保つことが新しい生活様式になるかもしれない。一方、感染拡大の防止や強制隔離のために導入された顔認識ソフトウエアなどのテクノロジーが今後も使い続けられ、中国のような監視・統制社会の到来というリスクが増大するとの指摘もある。

イ　変わる働き方の新しいスタイル・オンライン（リモート）化の進展

新型コロナ以前から、多くの企業は働き方改革という名の下に、テレワークを含めた新しい働き方を模索していたが、新型コロナを契機としてテレワークやローテーション勤務、時差通勤、オンライン会議、そして対面での打ち合せは換気とマスクが推奨され、働き方に大きな変化が現われている。以前は直接会って解決していた問題も、オンライン（リモート）などの新たな方式に取って代わる可能性がある一方、従来型の「境界型セキュリティ（社内ファイルサーバ）」に対する外部からのアクセスやセキュリティの確保など新たな問題も浮上している。

他方、在宅勤務が主流となり、それが家事の再配分をもたらし、女性の社会進出を一段と加速させるとも見られている。

ウ 「新型コロナ世代」の誕生

かつての世界恐慌（1929～33年）では、企業倒産、銀行の閉鎖、経済不況が一挙に深刻化して、米国では1300万人（4人に1人）の失業者を出し、その後、この世代は質素節約の習慣を持ち続けた。

すでに日本でも、企業の経営悪化や倒産の影響で新卒の内定取消しや新卒採用を一時ストップする動きが出てきており、新型コロナの影響を受けた「第2の就職氷河期世代（新型コロナ世代）」と言われ始めている。

このように、20代の若者は長期にわたって就職難となる可能性があり、「新型コロナ世代」として生涯にわたり深い苦しみや重い負担を背負うことになり、大きな社会問題となるかもしれない。

（2）環境や感染症への関心の高まりと警戒

中国当局は、2020年1月1日、新型コロナの発生源とされ、コウモリやヘビ、センザンコウなどの野生動物を食材として扱う武漢市の海鮮市場を閉鎖した。

それを契機に、新型コロナは、環境や科学に対する人類の認識を変化させ、人と自然との調和の必要性を再意識させ、また、都市計画・デザインにおける公衆衛生の改善や医療システムなどについて再考を促すこととなった。

他方、新型コロナは、中国科学院武漢ウイルス研究所から流出したとの未確認情報がある。同研究所は、中国軍と秘密裏に共同プロジェクトを行っており、新型コロナウイルスの研究は生物化学兵器開発の一環であるとの疑いもあり、生物兵器禁止条約に違反する国際的問題であるとの懸念の声があがっている。

（3）富の格差の拡大とポピュリズムの台頭

感染拡大防止のため、多くの国で飲食店や旅行・観光産業などのサービス業が軒並み営業停止や縮小を余儀なくされ、そこで働く大量の契約社員、派遣社員、アルバイト、パートなど低収入の非正規労働者が失業し貧富の差が拡大している。

このように、新型コロナは多くの国における貧富の両極化をより深刻なものとし、それに伴ってポピュリズム（大衆迎合主義）政治勢力を伸張させる土壌を拡げ、既存勢力と対立する政治の不安定化を招いている。

（4）グローバリズムの終焉

ア　サプライチェーンの切断とその多様化及び国内回帰の動き

グローバル化の進展に伴い、重要な医薬品・医療用品や生活必需品の製造を中国に過度に依存した結果、新型コロナによってサプライチェーンが切断し、各国は高度のリスクにさらされた。世界各国は、グローバルな活動が停止し、ヒト、モノ、カネが国を跨いで流れることがなくなる状況を想定して生き延びる必要性を痛感した。そして、戦略物資や生活必需品の供給について、外国企業への依存度を低減しつつサプライチェーンを多様化し、国内生産によって輸入への依存を緩和する方策を模索するようになった。

将来的に世界的な産業チェーンは再編され、反グローバルが新たな国際秩序の特徴となるかもしれない。

他方、自国生産を重視する保護主義的政策に傾きすぎれば、自由貿易の大義は深刻な敗北を喫することになる。また、例えば、中国が競合国向けのレアアース輸出停止措置をちらつかせていることに備える必要もある。それらを踏まえ、基本的価値を共有する国々がレアアースの共同生産・流通システムを整備することや、米国が提唱する中国排除の「クリーンネットワーク」プログラムなどによって安全保障を確保することなどが検討されている。

column

「クリーンネットワーク」プログラム

ポンペオ米国務長官は、2020年8月5日、米国民のプライバシーと企業の知的財産権などを悪質な侵入行為から保護する目的で、「クリーンネットワーク」プログラムを発表した。このプログラムの五つの取組みとして、クリーンキャリア（通信ネットワーク）、クリーンストア（アプリストア）、クリーンアプリ、クリーンクラウド、クリーンケーブル（海底ケーブル）を掲げた。次世代通信網（5G）、クラウドサービス、スマートフォンアプリ、電気通信事業者、海底ケーブルの五つの分野で、中国共産党の影響を受ける中国IT企業を排除する取組みである。

ポンペオ米国務長官は2020年10月14日の記者会見で、米国提唱の「クリーンネットワーク」プログラムに、約40以上の国と50の通信企業が参加したと明らかにした。

＜出典＞各種資料を基に筆者作成

イ　国際機関や同盟の機能不全と国家主義の台頭

新型コロナ・パンデミックによって、国際機関や同盟の無力と機能不全が明らかになった。欧州連合（EU）は迅速に動いて、ユーロ圏加盟国の財政赤字に関する規制を解除したものの、欧州の各国政府は初期段階ではあまり協調せず、自国の問題への対応にほぼ集中した。

国連は勧告するが実効的措置は取れず、また、世界保健機関（WHO）は緊急会合から台湾を除外したり、中国の新型コロナ対応を称賛したりするといった措置のおかげで、中国政府の代弁者として振る舞ったと見られた。

主要7ケ国（G7）も主要20ケ国・地域（G20）も目立った役割を果たしておらず、国際通貨基金（IMF）と世界銀行も世界的な対応の最前線には立っていない。対応策を取りまとめて措置しているのは主に各国政府であり、国際機関や同盟国ではない。

新型コロナ禍のようなグローバルな広がりのある危機を経て、国際機関も同盟も無力であり、機能不全に陥ることを露呈した。

今後、国際機関や同盟内部の不均衡などの問題がさらに進行すれば、国民が、政府の対応はより大規模かつ強力であるべきだと考えるのは当然で、「大きな政府」による解決策を支持することになる。これにナショナリズムの高揚が相俟って、いわゆる国家主義ひいては全体主義へ傾斜しやすいことは歴史の示すところである。

特に中国は、米国より早く危機から脱したことから、全体主義・権威主義の優位性を宣伝して国際的な影響力を拡大しようとしている。

これまでの歴史は、いわゆる戦争などの国家非常事態において、民主主義は短期的には全体主義・権威主義より劣勢を強いられてきた側面を有しているが、長期的には必ず優位に立つという確かな前例を示してきた。

民主主義は、基本的人権を主張する自然権思想を基礎とし、国民が統治する正当性と自由かつ独創的な発想を是認する多様性の受容によって全体主義・権威主義システムなどに対して最も重要なアドバンテージを保持している。しかし、民主主義の危機が叫ばれる今、その事実や原因を探求しつつ、これまでの人類史の中で「最も優れた政治制度」といわれる民主主義の真の力強さを再現し、国際社会で主導的な役割を担うことが大きな課題となろう。

ウ　全体主義・権威主義の挑戦による世界の分断化

新型コロナの発生源である中国は、本来なら、習近平国家主席が世界中を混沌（カオス）に陥れている自らの失政の責任を痛感し、国際社会に向けて心からの反省と深甚なる謝罪の意を表明するのが最低限の国際儀礼であろう。

しかし中国は、前述の通り、世界に先駆けて危機から脱したとして、全体主義・権威主義の優位性を喧伝して国際的な影響力を拡大しようとしている。そして、新型コロナ禍を逆手にとり、マスク外交やワクチン外交を展開し、ヨーロッパやアフリカ、中東、東南アジア、南アメリカなどで囲い込みに動き、米国に挑戦状を突き付けている。

この際、外交は内政の延長と言われるように、戦狼外交に代表される中国の強硬な外交姿勢には、内政問題が大きく係わっている。共産党による1党独裁体制を維持するために、その正統性や中国を世界の強国に発展させたとする党の偉大なる業績の喧伝、愛国心（ナショナリズム）の高揚などを狙った国民向けのプロパガンダの側面があることを見逃してはならない。

冷戦が終わり、フランシス・フクヤマ氏の『歴史の終わり』（渡部昇一訳、三笠書房、1992年）やイギリス外交官であるロバート・クーパー氏の『国家の崩壊』（北沢格訳、日本経済新聞社、2008年）に代表されるように、欧米では、自由民主主義が戦いの最終勝利者となり、「対立や紛争を基調とする歴史」は終わった。これからの国際関係は、道徳が重要で、国際問題は話し合いや国際法に従って解決できるし、国際司法裁判所などの国際機関が画期的な意味をもつと考えられていた。

しかし、それも束の間の平和に過ぎず、全体主義・権威主義の中国は、大統領選挙で混乱した米国の民主主義の未熟や不完全を嗤い、「西欧の（新型コロナの）感染拡大は個人主義とエゴイズムのせいだ」（盧沙野駐仏中国大使）とこき下ろした。そして、その経済的・軍事的な影響力を背景とした攻撃的な行動によって世界のパワー・バランスが大きく変化するとともに、世界の分断化・ブロック化が進もうとしている。

なお、このことについては、次の項で詳しく述べることにする。

（5）大規模な財政出動と世界経済の長期停滞への懸念

国際通貨基金（ＩＭＦ）は、新型コロナの影響に伴い、１９３０年代の世界大恐慌以来の最も急激な経済の落ち込みを警告し、また、国際労働機関（ＩＬＯ）も、世界中の33億人の労働者の81％が、職場の全面的または一部閉鎖による影響を被っていると報告している。

「尋常ならざる時期には尋常ならざる対応が必要」（豪グリフィス大学のトニー・マシューズ上級講師、都市・環境計画論）との発言通りに、また、保護主義と自給自足を唱える政治に対する国民の支持と要求を受けて、日本や欧米は、経済衰退を阻止するため、大規模な財政出動に踏み出した。

その結果として、国の債務が天文学的レベルに拡大し、日本が経験した「失われた20年」のように世界経済全体が長期停滞する「日本化」の懸念も指摘されている。

2　新型コロナ禍は21世紀の分岐点——国際秩序の分断と新国際秩序の模索

米中対立は、第2期オバマ政権の後半から高まり、トランプ大統領の登場によって本格化した。英国のＥＵ離脱（ブレグジット）は、２０１６年6月の国民投票でのＥＵ離脱選択から約4年半の歳月を経て、２０２０年1月末に成立したが、欧州統合に動揺をもたらした。

他方、ロシアは、ロシア・グルジア戦争（２００８年）、クリミア半島併合と東部ウクライナへの軍事侵攻（２０１４年〜）、シリア紛争への軍事介入（２０１５年〜）など、旧勢力圏の回復と国際社会における影響力の拡大に腐心しており、欧州や中東、アフリカでは懸念材料となっている。

これらは国際秩序の軋みや不安定化をもたらす大きな要因として、新型コロナ発生以前から現われていたが、コロナ禍がそのトレンドを加速し、21世紀の形を決める分岐点となったと見ることが出来よう。

英国防省隷下のドクトリン・概念・開発センター（ＤＣＤＣ）は、２０１８年に最新版の「グローバル戦略トレンド」を発行し、次頁図表「Future Worlds 未来の世界」を提示した。

図表では、X軸に「競争的」と「協力的」を、そしてY軸に「強大国家の出現」と「力の分散」を置いている。それらを組み合わせ、第1象限から第4象限の順に「多極化」、「多国間主義」、「国家・非国家主体のネットワーク」そして「権力の分散化」の四つのシナリオを予測している。

このシナリオを基にした筆者の分析では、今後の国際秩序は第1象限の「多極化」、すなわち米中両大国の2極化（G2）を基本として推移することになろう。また、その対立の中で、ＮＡＴＯや日豪韓などとの同盟関係を「米国にとって最も強力な戦略的資産」として重視するとともに多国間主義を掲げるバイデン米政権は、同盟国及び友好国との間で第2象限の「多国間主義」の手法を採用すると見られる。

改めて、第1象限から第4象限のシナリオについて説明すると、次の通りである。

歴史を振り返ると、戦後の東西冷戦期、米ソ2極支配構造が長く続いたが、１９９１年12月のソ

Future Worlds 未来の世界
強大国家の出現
Powerful states
＊白枠内は可能性を示す
括弧は筆者注記
Multilateralism
△小
多国間主義
States are the most influential actors in the global order. Almost all states use multilateral institutions to address global challenges, define legal frameworks and settle disputes. Good global governance is a characteristic of this world.
Multipolarity
◎大
多極化（米中の2極化：G2）
Major powers are the main international actors who form blocs with other geographically close or like-minded states. While states within a bloc cooperate under the leadership of the major power, the blocs compete for power and influence.
Cooperation
協力的
Competition
競争的
Network of actors
×極小
国家・非国家主体のネットワーク
Power is shared between a variety of state and non-state actors. Corporations and megacity leaders are the main non-state actors, but all actors cooperate to address global challenges and provide effective governance.
Fragmentation
×極小
権力の分断化
States, corporations, megacities and other non-state actors, including organised criminal and dissident groups, compete for power. Cooperation is rare and only sought when there is a benefit to further an actor's interests.
Diffusion of power
力の分散

<出典>UK Ministry of Defence " Global Strategic Trend-The Future Starts Today ", Sixth Edition, 2018

連邦の解体に伴い、１９９０年代に米国１極支配体制へと移行した。

中露は、米国の１極支配体制に反抗し、世界の多極化を推進する立場を共有して、「中露善隣友好協力条約」の締結（２００１年）、上海協力機構（ＳＣＯ）の設立（２００１年）、「中国とロシアの21世紀の国際秩序に関する共同声明」（２００５年）などを通じて戦略的協力関係を維持してきた。なお、中露の関係は、両国の戦略目標の著しい相違や極東ロシア・中央アジアでの利害の対立などがあり、実質的には「付かず離れず」の利便的な関係との見方もあることに留意する必要がある。

米国の１極支配を快く思わない欧州連合（ＥＵ）も、その結束を強化して米国に対抗しようとした。

その後、中国は経済力を飛躍的に拡大し、それに伴って軍事力を増強し単独で米国の１極支配体制を脅かすまでに台頭した。

象　限	シナリオ	説　　　明
第１象限	多極化	大国が主たる国際的な主体であり、地理的に近接するか同志国たる他国と共にブロックを形成し、大国のリーダーシップの下でブロック内の国家は協力する一方、ブロック間で権力及び影響力を求めての競争が生じる。
第２象限	多国間主義	国家は世界的な秩序において最も影響力のある主体であり、ほとんどの国家が世界的な問題解決、法的枠組の設定及び紛争解決に多国間組織・制度を用いるなど、世界的に良好なガバナンスを特徴とする。
第３象限	国家・非国家主体のネットワーク	権力は様々な国家及び非国家主体により共有され、企業や大都市の指導者が主として非国家主体となるが、すべての主体が世界的な問題解決や効果的ガバナンスの提供を行なう。
第４象限	権力の分散化	国家、企業、大都市及び組織犯罪集団や反体制勢力を含む非国家主体が権力を求めて競争し、協力は稀であるが、ある主体の利益に結びつく場合にのみ追及される。

ロシアは、軍事大国の地位を維持し、世界の多極化と自国の大国としての地位強化を目指してSCO、BRICS、G20等の多国間枠組の中で活動を活発化させているが、２０１４年以降の経済低迷から脱却できず、今後長期にわたって低迷を続けるものとみられる。

ちなみに、ロシアの２０２０年の名目DGPは１・66兆米ドルで、韓国（1・63兆米ドル）とほぼ同等、日本（5・41兆米ドル）の３分の１、米国（22・32兆米ドル）の１割にも満たない状況である。明らかに、米国（や中国）と対等に渡り合う国力を備えていないため、極超音速滑空兵器などの新型兵器開発による核戦力の強化やサイバー攻撃などの非対称戦を重視するとともに、引き続き資源エネルギー戦略に依存するとみられる。

EUは、英国のEU離脱、多発する移民・難民問題への対応、ポピュリズム（大衆主義）勢力の伸張といった諸課題に直面している。特に、英国のEU離脱は、英国のみならず欧州全体、そして世界全体に大きな衝撃を与え、今後いろいろな分野に影響を及ぼすものと見られる。

前記のEU域内が抱える様々な課題への対応等にも大きな進展は見られず、欧州統合は動揺し弱体化が加速するのではないかと懸念されており、世界のパワー重心が欧州・大西洋からインド太平洋へシフトするにつれて、EUは、国際社会における影響力を長期的に低下させることになろう。

一方、「米国の再生」を掲げて大統領に就任したバイデン氏は、2021年2月4日、就任後初の外交演説で、中国を「最も手ごわい競争相手」と位置づけ、「米国の繁栄と安全、民主的価値観は中国の直接的な挑戦を受けている」と指摘した上で、中国による「攻撃的で強圧的な行動」に対抗すると表明した。トランプ前政権の対中強硬策を基本的に維持するとの決意であろう。

繰り返し述べたが、中国は、世界の至る所で米国と競争できると信じており、米中対立と、それに伴う中国主導の秩序形成に自信をのぞかせている。

ロシアとEUの低迷や国際機関の存在感・信頼感が低下する一方で、米国と中国は、すでに新冷戦あるいは覇権争いとも言われる大国間対立・闘争に踏み込んでおり、これからの国際秩序は、米中両大国が対立する2極化（G2）を基本として推移することになろう。

また、次頁の図表が示すように、例えば中国の「香港国家安全維持法」に対する世界各国の対応は、その支持国と反対国に大きく二分されていることから、今後国際社会は、経済、外交、安全保障（軍事）などあらゆる分野で、米国を中心とした自由民主主義勢力と中国を中心とした全体主

「香港国家安全維持法」に対する各国の対応
―第44回国連人権理事会、2020.6.30―

賛否	国	地域	背景
賛成国（53ケ国）	中国、バーレーン、ベラルーシ、カンボジア、カメルーン、中央アフリカ、キューバ、ドミニカ、エジプト、赤道ギニア、イラン、イラク、クウェート、ラオス、モーリタニア、モロッコ、モザンビーク、ミャンマー、ネパール、北朝鮮、オマーン、パキスタン、パプアニューギニア、サウジアラビア、ソマリア、スリランカ、スーダン、シリア、UAE、ベネズエラ、ザンビア、ジンバブエなど ＊キューバが賛成文書策定	中央アジア、中東、アフリカ、中南米、東南アジアの親中国	・独裁的・権威主義的国家 ・イスラム過激派などの反政府勢力問題を抱えている国→体制維持 ・「一帯一路」による莫大なチャイナマネー援助国（発展途上国）
中国外交の勝利？	デカップリング（分離・分断）→2極化		
反対国（27ケ国）	日本、オーストラリア、オーストリア、ベルギー、カナダ、デンマーク、フランス、アイルランド、ドイツ、マーシャル諸島、オランダ、ニュージーランド、ノルウェー、パラオ、スウェーデン、スイス、イギリスなど ＊イギリスが反対文書策定	北米、欧州、オセアニア、ラテンアメリカ、アフリカの一部の民主主義国	・自由・民主主義国
備考	＊米国：トランプ政権になって国連人権理事会（UNHRC）、世界保健機関（WHO）から脱退 ＊韓国：不参加		

＜出典＞諸資料を基に、筆者作成

義・強権主義勢力との対立・分断が進み、ブロック化する傾向を強めるものと推測される。

バイデン大統領は、同じ外交演説で「中国は米国と肩を並べる野心を拡大し、ロシアは米国の民主体制を破壊する決意を固めている。米国は、こうした権威主義が台頭する新たな局面に対応しなければならない」と訴えた。そして、「米国は各国との同盟関係を修復し、再び世界と関与していく」と述べ、同盟重視と国際協調の立場を表明した。

同大統領は、トランプ前政権の「一国主義」の反省の上に立ち、自国のみが行動することでは安全保障を担保できないとの認識から、あらゆるテーマについて同盟国及び友好国との間で「多国間主義」の手法を取入れ、国際協調路線への復帰と強めている。

バイデン政権は、2021年1月の発足から「ハネムーン期間」の100日が過ぎ、同政権の政策課題や目標、外交方針などが逐次明らかになってきた。中でも、同盟国及び友好国との間の「多国間主義」の動きが顕著である。

特に、これまで米国と一線を画してきた、27ケ国から構成される欧州連合（ＥＵ）が、中国の少数民族ウイグル族に対する人権問題を巡って米国と足並みを揃えたことは計り知れないほど大きな戦略的可能性を秘めている。

ＥＵは２０２０年、アメリカを抜いて中国最大の貿易相手となり、また、習近平国家主席が掲げる世界規模の経済圏構想「一帯一路」の終着点でもある。そして欧州と中国は、インド太平洋に戦略的利害を有する英国とフランスを除けば、地理的離隔により相互に地政学上の直接的影響を受けない位置にあることから、経済を主軸とした関与の関係を享受してきた。

そのＥＵが、中国抜きには経済が成り立たない実態をも顧みず、ウイグルの人権問題を巡って米国や英国とともに中国への制裁に踏み切った。中国がＥＵから制裁を受けるのは、30年余り前の天安門事件（１９８９年）以来のことである。ほぼ同時に、北大西洋条約機構（ＮＡＴＯ）の外相会議が開かれ、米国を含む加盟国30ケ国のＮＡＴＯは中国に対処するため同盟関係の強化を確認した。

その結果、２０２０年12月に中国と大筋合意していた包括投資協定も、今回の制裁の応酬によりヨーロッパ議会の承認の目途が立っておらず、ＥＵと中国間の経済関係のみならず、「一帯一路」の先行きにも大きな影を落とすことになった。

また、安全保障の面でも、中国はこれまで太平洋を挟んでアメリカと正面からの対決に臨んできたが、ＥＵの制裁やＮＡＴＯの結束の再確認により、背後から圧力をかけられ、挟み撃ちにされる形になり、中国にとって絶対に避けたかった最悪のパターンに陥ったといえよう。

これに対し中国は、EUに対し報復制裁を発動するとともに、中国包囲網を突き崩そうと躍起になって、ロシアやイランなどと共闘して欧米に対抗する構えを見せている。

米国が「多国間主義」の手法を取入れ、EUが中国に対して経済優先から人権重視へと政策を転換させたことで、欧州と中国との関係は、単に経済的な対立だけにとどまらず、安全保障の面でも、地球規模での覇権争いにつながり得る動きになったといえる。

インド太平洋における日米豪印の戦略対話（クアッド）を基本に西側の欧州から援軍が加わり、東西冷戦を彷彿とさせる「民主主義と専制主義の争い」（バイデン大統領）へと両陣営の緊張が高まりつつあるのだ。

第2節　コロナ禍で一段と鮮明になった米中新冷戦

1　コロナ禍で加速化・深刻化した米中対立――「体制の争い」へ

米国では、2020年1月21日に国内で初の新型コロナ感染者がワシントン州シアトルで確認され、瞬く間に全米に広がった。

それから2ケ月後、パンデミックを制御しようと取組む中、トランプ米大統領（当時）は非常事態を宣言した。

5月末には、米国の感染者は170万人、感染死者が10万人を超え（米ジョンズ・ホプキンス大学の集計による）、いずれも世界最大となった。世界全体の感染者は569万人、死者は35万人を超えた。ウイルスとの闘いの終わりが見えない状態が続く中で、米国政府は、新型コロナを発生させた中国共産党の支配体制批判を込めて、強硬姿勢を一段と鮮明にした。

オブライエン前大統領補佐官（国家安全保障担当）は2020年6月24日、「中国共産党のイデオロギーと世界的野望」と題した対中政策演説を行った。その中で、中国の指導者を持ち上げることで中国共産主義体制を近代化させるという過去数十年間の政策は裏目に出て、「1930年代以降の米国の外交政策で最大の失敗だった」と断言し、「中国に対して米国が受動的で未熟であった時代は終わった」と明言した。

レイ前米連邦捜査局（FBI）長官は7月7日、「中国はどんな方法を使っても世界唯一の超大国になろうと、国家的な取組みを進めている」と述べ、アメリカにとっての「最大の長期的脅威」になっていると強調した。

バー前司法長官は7月16日、中国で事業を展開するために「中国政府と連携している」として、ハリウッド（ディズニーなど）や米テクノロジー企業（グーグル、ヤフー、マイクロソフト、アップル）を非難し、そのような行為は「自由な世界秩序」を損なう恐れがあると警告した。

米国務省はこれまで、他国の領有権問題に関し、公式には中立の立場を維持してきた。しかしその立場を翻し、7月13日に発表した声明で、2016年にオランダ・ハーグの国際仲裁裁判所が示した判断を初めて支持し、「南シナ海の大半にわたる海洋資源に対する中国政府の主張は、完全に違法である」と言明した。そして、「世界は、中国政府が南シナ海を自らの海洋帝国として扱うことを許さない」と述べた。

エスパー前国防長官は2020年7月21日、中国と対峙する可能性に備え、アジア全域に米軍を配置していることを明らかにし、トランプ政権が軍事面でも対中姿勢を硬化させていることを鮮明にした。また、同長官は、米国は2019年に南シナ海において過去40年で最多となる「航行の自由」作戦を実施し、2020年7月には、同地域で2014年以来となる空母2隻による演習を実施したと述べ、「この方針は、地域の各国が平和的に存続・繁栄することができる、自由で開かれたインド太平洋を守るものだ。また、公海を排他的水域や自国の海洋帝国に変える権利は（中国に）ないことを明確に示している」と語った。

この方針を受け、在日米軍のシュナイダー司令官（空軍中将）は7月29日、尖閣諸島周辺における中国公船による「前例のない侵入」の監視を米軍が支援することが可能であると、従来より1歩踏み込んだ見解を示した。

極め付けは、7月23日のポンペオ前国務長官によるニクソン大統領図書館での対決色を顕わにした講演である。

同長官は、中国による知的財産権の侵害や、南シナ海など周辺国への権益の主張などを並べ立てた上で、習近平国家主席を名指しして「全体主義のイデオロギーの信奉者だ。その野望は共産主義による覇権の確立だ」と強く非難した。

また、同演説の中で、実に27回も「共産主義」国家の中国、および中国共産党を名指しして非難し、「われわれが今、屈従すれば、われわれの孫たちは中国共産党のなすがままになる可能性がある」と強調した。そして、「中国共産党から世界の自由を守ることは、われわれの使命だ」と述べ、中国に対抗するために民主主義国家による新たな同盟の構築を訴えた。

このように、トランプ前政権の主要閣僚が、立て続けに共産主義の中国を厳しく非難する演説を行い、中国への強硬姿勢を一段と鮮明にした。

それらは、米中関係の対立・闘争が、すでに後戻りできない地点（point of no return）を超えたことを示す明確な意思表明とみて差し支えなく、イデオロギーや政治制度などの「体制の争い」へと事態が深刻化したことを示すものである。

2　世界のパワーシフトと米中対立の主戦場としてのインド太平洋

21世紀に入り、世界では、インド太平洋地域の国家関係における経済、外交、安全保障（軍事）などの面や地域協力の面でダイナミックな動きが現われており、欧州・大西洋からインド太平洋へのパワーシフト（力の移動）という歴史的なムーブメントが基本的趨勢となった。

中国、インド、韓国、台湾、ＡＳＥＡＮなどの経済成長とともに、政治的・軍事的にも力を付け、インドアジア太平洋地域が「世界の成長センター」の一つとして発展を遂げている。

経済を見ると、２０２０年の国内総生産（ＧＤＰ）の規模では、第1位米国（24・6％）、第2位中国（16・9％）、第3位日本（6・0％）と、インド太平洋国家が上位3位を占め、第4位のドイツ（4・4％）に次いでインドが第5位（3・5％）に入っている。以上のインド太平洋4ケ国の世界全体に占めるＧＤＰの割合は50％を超えており、アジア太平洋は、「世界経済の発展センター」として今後ともダイナミックな経済発展が続くものと見られる。

国力や経済発展の重要な指標である人口は、第1位中国（14・3億人）、第2位インド（13・7億人）、第3位米国（3・3億人）、第4位インドネシア（2・7億人）と、アジア太平洋諸国が上位を独占している（日本は第11位で1・3億人、以上、２０１９年国連推計人口統計）。世界人口の総計は77・1億人であるので、アジア太平洋上位4ケ国でその44％を占めていることになる。

しかも、米国やインド太平洋には若い人口が多い。「人口ボーナス」は、生産年齢人口の割合の高さが経済発展を後押しすることを示す指数であるが、インド太平洋では、これから本格的な人口ボーナス期を迎えるのがインドネシア、マレーシア、ミャンマー、フィリピン、インド、バングラデシュなど多数あり、極めて高い経済発展の可能性を有している。

また、本地域では、欧州に比し遅れていた地域協力の枠組（ネットワーク）も逐次整備されている。

平和で繁栄した地域の実現は大きな外交課題であり、そのような観点から、東南アジア諸国連合（ＡＳＥＡＮ）や東アジア首脳会議（ＥＡＳ）、アジア太平洋経済協力（ＡＰＥＣ）、南アジア地域協力連合（ＳＡＡＲＣ）などが設立され、それぞれの目的に沿った活動が行われている。日本が提唱した、国際法に則ったルールを基盤とする「自由で開かれたインド太平洋」（ＦＯＩＰ）は、米、豪、印の支持を受け、４ケ国安全保障協力（クアッド）としてアジア太平洋地域全体の成長と発展並びに平和と安定に向けた礎石としての役割が期待されている。

また、２０１８年12月末に発効した環太平洋パートナーシップ（ＴＰＰ）には、11ケ国が参加し、２０１７年１月に離脱を表明した米国の再加入や域外の欧州から英国が加入申請するなどの動きもあり、さらなる発展が期待される。

このように、インド太平洋は「世界経済の中心（発展センター）」として注目される一方、中国や北朝鮮などの懸念要因が増え、特に米中対立における「地政学上の競争の中心」となり、安全保障の世界的課題も欧州・大西洋から本地域へ移っている。

特に中国は、「世界の工場」、「世界の市場」として地域のみならず世界中の関心を引き付けて来たが、経済発展とともに軍事力の質・量を広範かつ急速に強化し、東シナ海・南シナ海から太平洋・インド洋などの海空域において軍事活動を拡大・活発化させ、「力を背景とした一方的な現状変更」を試みつつ地域覇権の確立を目指すようになった。

そのため、インド太平洋国家は、対中政策において、経済的利益を追求する「関与」と同時に安全保障上の脅威に「対処」するジレンマに立たされている。つまり、各国は、中国との「経済関係を追求」しつつも、「安全保障上の最大の脅威」として厳重な警戒や対処を余儀なくされているのである。

さらに、これまで問題化されなかった経済（ハイテクを含む）も、中国が「社会主義市場経済」、すなわち共産党が指導する政治的資本主義、換言すれば似非市場経済あるいは国家統制資本主義を採っているため、国家ぐるみの知的財産・企業秘密の窃盗、技術移転の強制、外国企業に対する規制乱用、利益を度外視した国営企業への補助金交付などの問題が噴出し、米国とは貿易戦争へと発展した。

今後、インド太平洋は、中国の海洋侵出の先鋭化に代表される独善的な覇権的拡張の動きに複雑な貿易やハイテク問題が絡まる米中新冷戦の主戦場となり、地域のみならず世界の安全保障・防衛上の最大の課題として激しい対立・闘争の荒波にさらされることになろう。

第3節　米中対立下の日本と台湾

1　高まる中国の台湾や尖閣諸島などへの武力侵攻の危機

中国の軍隊、すなわち人民解放軍（PLA）は、中国共産党が創建、指導する人民軍隊とされ、中国共産党中央軍事委員会の指導及び指揮を受けるものとされている。

その中央軍事委員会主席は、習近平である。

習近平は、2018年3月、全国人民代表大会の憲法改正で終身国家主席の地位を手に入れた。任期制限がない中国共産党トップの総書記、中国人民解放軍（PLA）トップの中央軍事委員会主席を兼務していることから、いわば「中国皇帝」として君臨する独裁体制を勝ち取ったことになる。

そして、2020年10月に北京で開かれた中国共産党の重要会議である「党中央委員会第5回全体会議（5中全会）」において、習主席の後継者につながる人事は示されず、同主席が2期目の終わる2023年以降もトップの座にとどまり長期政権となる可能性が強まった。

中国には、習国家主席が地盤とする「浙江閥」「太子党」のほかに、前々国家主席であった江沢民が率いる「上海閥」、前国家主席を務めた胡錦濤の「中国共産主義青年団（共青団）」派の3大派閥による権謀術数の権力闘争が繰り広げられてきた。

しかしそのような中で、なぜ、習国家主席の独走・独裁を許すに至ったのかについては、様々な議論があるが、台湾問題の解決が大きなウエイトを占めていると見られている。

中国の憲法は、その前文で「台湾は、中華人民共和国の神聖な領土の一部である。祖国統一の大業を成し遂げることは、台湾の同胞を含む全中国人民の神聖な責務である」と定めている。そして、中国は、平和的な統一を目指す努力は放棄しないと表明しつつも、台湾を「核心的利益」と呼び、中台統一に対する外国の干渉や台湾独立運動に対して反対する立場から、武力行使も辞さないことを定めた「反国家分裂法」を制定している。

それを盾に、香港返還（1997年）そしてマカオ返還（1999年）を成し遂げた今、習国家主席は、最も困難な台湾問題を解決して祖国統一の大業を完成し「中華民族の偉大な復興」の夢を実現するには、強力な指導者に率いられた長期安定した政治体制が必要であると主張したとみられる。そして、反論の余地のないその主張に対しては、共産党内部の反対派であっても口を閉ざざるを得なかった、というのが終身国家主席へ至ったとの見立てである。

それは取りも直さず、1953年6月生まれの習近平時代に台湾統一を成し遂げることを意味する。

習国家主席は、かねて「我々は台湾の政治的解決を永遠には待てない」と明言しており、在任中に平和的統一が達成できないと見れば、武力統一も辞さない構えである。

他方、中国は、歴史的にも国際法上も日本固有の領土である尖閣諸島を、古くから中国の領土であると主張し、台湾と同じく「核心的利益」と呼んでおり、台湾と同時一体的に占領支配する可能性が高い。

中国は、常態的に戦闘機（H－6、Su－35など）や空母遼寧を含む艦艇に台湾本島を周回させている。中国戦闘機による中台「中間線」を越えた飛行が多発し、さらに、台湾海峡で実弾演習を行なうとともに、海空作戦や台湾侵攻を想定した大規模な着上陸作戦のための軍事演習・訓練を増加させている。このように、近年、中国の台湾に対する軍事展開能力は格段に強化され、台湾に対して一段と軍事的圧力を強めている。

日本の尖閣諸島周辺においては、中国公船がほぼ毎日接続水域において確認され、かなりの頻度でわが国領海への侵入を繰り返している。

中国の立法機関である全国人民代表大会（全人代）の常務委員会は、海上警備を担う中国海警局（海警）に武器使用を認める権限などを定めた海警法草案を可決・成立し、2021年2月1日から施行しており、独自の領有権主張を展開する東シナ海などで海警の活動が強化され地域の緊張が増す恐れが高まっている。

また、近年、中国の海上・航空戦力は、尖閣諸島周辺を含むわが国周辺海空域における活動を拡大・活発化させており、行動を一方的にエスカレートさせる事案もみられるなど、強く懸念される状況となっている。

習国家主席は、2020年10月に、台湾や南西諸島などへの着上陸侵攻作戦を担うことになる海軍陸戦隊（海兵隊）を視察し、現在策定中の第14次5ケ年計画（2021～25年）による「国防・軍隊の現代化の加速」を訴え、「戦争への備えに全身全霊を注ぐ」よう部隊に求めた。同5ケ年計画では、「2027年までの強軍の実現」を主要目標に掲げており、台湾統一などを念頭に置いているものと見られる。

このように、台湾及び尖閣諸島を含む南西諸島に対する中国の軍事的脅威は日々高まっており、当事国の台湾・日本はもとより、米国などの同盟国や友好国、関係国に向けて、台湾及び同周辺をめぐる武力侵攻の危機が現実のものとして切迫しつつあることを示す重大な警告と見なければならない。

2 日台関係（ダイアッド）および日米台関係（トライアッド）の構築・強化

先に述べたように、台湾の故李登輝元総統は、産経新聞（2019年1月4日付）のインタビューで「仮に台湾が中国の手に落ちれば、日米にとっては喉元にナイフを突きつけられる状態になる」と指摘した。

その指摘の通り、万一、台湾が中国に占領された場合、米国は、主として第1列島線に沿った前方展開戦略の極めて重要な一角を喪失して東アジアからの撤退を余儀なくされよう。日本は、西の東シナ海方向からだけではなく、南の台湾、さらには東の太平洋側からも軍事的脅威を受け、我が国の防衛は極めて困難な局面に陥ることになろう。台湾問題の行方は、日本・米国にとっても、また東アジア地域にとっても極めて深刻かつ死活的である。そのため、米国は、台湾進攻を窺う中国の急激な軍事力強化によって中台間の軍事的バランスが崩れ、台湾海峡の緊張が高まることを危惧し、トランプ政権になって、「台湾関係法」を基本に、前述したように「台湾旅行法」（2018年3月）や「アジア再保証推進法（ARIA）」（2018年12月）などを制定し、台湾への大規模な武器売却を進めた。また、アザー前厚生長官やクラック前国務次官などの政府高官が台湾を訪問するなど、安全保障・防衛や貿易・ハイテク技術、医療、そして共通の価値観である自由や民主主義、人権、法の支配といった観点での米台関係の重要性を再確認しつつ関係強化に注力した。

米国の政権交代に伴い、バイデン米大統領の就任式に、台湾の台北駐米経済文化代表処（駐米代表部に相当）の蕭美琴代表が出席した。正式な招待を受けての出席は、米台が断交した1979年以来初めてである。

また、ブリンケン国務長官は2021年2月5日、中国外交担当トップの楊潔篪共産党政治局員と電話会談し、「台湾を含むインド太平洋地域の安定を脅かす行為や、規則に基づく国際的な枠組を損ねる行為について、中国政府に責任を負わせる」（傍線は筆者）と述べた。

台湾を名指しして防衛コミットメントの意思を表明したのは、トランプ前政権から一歩踏み込んだものであり、当事国の台湾や中国、そして日本をはじめとする国際社会に対する強いメッセージを発したものと解釈されよう。

中国の習主席は、2019年1月2日の演説で、改めて台湾への武力行使を辞さない構えを示した。これに対し、台湾の蔡英文総統は同月5日、総統府で海外メディアと会見し、「防衛力の構築が重要政策の中でも最優先だ」と強調するとともに、「台湾の防衛力強化に協力してくれる全ての国とともに努力したい」と述べ、米国だけでなく日本との安全保障協力にも期待をにじませた。

では、台湾と死活的利益を共有する「運命共同体」の関係にあり、その期待に呼応すべき日本は、どうすればよいのか。その答えは、日台2ケ国（ダイアッド）、そして日米台3ケ国（トライアッド）の安全保障・防衛協力の枠組をすみやかに構築し、それを強化することに他ならない。

安倍晋三政権下で、日台関係は少しずつ強化されたと言ってよかろう。

日本と台湾は、1972年の断交後、双方が窓口機関を設置して実務的な交流を行ってきた。前述したように、日本の対台湾窓口機関の名称は「交流協会」であったが、2017年1月に「日本台湾交流協会」に変更された。台湾側もこれに呼応した形で、対日窓口機関の名称を「亜東関係協会」から「台湾日本関係協会」に変更した。

両機関の旧名称はともに「一つの中国」原則を主張する中国への配慮から名付けられものであり、日台関係の困難を示す象徴であった。その困難を克服し歴史的な1歩を踏み出したのは安倍首相のイニシアティブによることが、陳水扁元総統のインタビュー（産経新聞、2018年9月5日付）で明らかにされている。そして、安倍政権下で平和安全法制が整備された。

菅義偉首相は2021年4月16日午後（日本時間17日未明）、ホワイトハウスでバイデン米大統領と初の首脳会談を行った。中国が軍事的圧力を強める台湾問題への対応を協議し、共同声明に「台湾海峡の平和と安定の重要性を強調するとともに、両岸問題の平和的解決を促す」と明記した。日米首脳の合意文書に「台湾」が盛り込まれたのは、日中国交正常化前の１９６９年に佐藤栄作首相とニクソン大統領が出した共同声明以来である。併せて、菅義偉首相は、会談後の共同記者会見で「日米同盟の抑止力、対処力を強化する必要がある。防衛力強化への決意を（大統領に）述べた」と表明した。

今後は、台湾海峡の平和と安定を重要視した日米の取組みや日本の防衛力強化の決意を、如何に具体化し実行するかに掛っている。

日本国内には、米国と同様に「台湾関係法」や「台湾旅行法」のような法律を作り、法的整備の面でも台湾を支援しなければならないとの有力な意見が存在し、大きな政治的課題となっている。しかし、法案名に台湾が入ると中国が強く反発し法案の成立そのものが危ぶまれる恐れがある。そのため、法案の整備に当たっては、台湾を地域として組み込んだ「国際交流基本法」のような名称とする工夫が求められよう。

他方、日台関係強化の面で、両国間に意義ある進展をもたらしたのは、いわゆる平和安全法制の制定である。武力攻撃事態対処法の改正では、これまでの武力攻撃事態等に加え、日本と密接な関係にある他国に対する武力攻撃が発生し、これにより日本の存立が脅かされ、国民の生命、自由及び幸福追求の権利が根底から覆される明白な危険がある「存立危機事態」への対処が追加された。

<出典>地図：Google Earth、筆者作成

台湾が攻撃され、これを米軍が助ける中で日本の存立が脅かされると認定されれば、自衛隊が米・台湾軍と協力して武力行使を行なう、いわゆる集団的自衛権の行使が可能となった。

また、前述した重要影響事態安全確保法は、重要影響事態を「我が国の平和及び安全に重要な影響を与える事態（そのまま放置すればわが国に対する直接の武力攻撃に至るおそれのある事態等）」とし、支援対象となる重要影響事態に対処する軍隊等を、「日米安保条約の目的の達成に寄与する活動を行なう米軍」、「国連憲章の目的の達成に寄与する活動を行なう外国の軍隊」及び「その他これに類する組織」と規定した。

その際の対応措置として、①後方支援活動、②捜索救助活動、③船舶検査活動、④その他の重要影響事態に対応するための必要な措置とし、外国領域での対応措置も、当該外国等の同意がある場合に限り、実施できることとしている。

他方、日米防衛協力のための指針（ガイドライン、2015年4月）では、そのⅣ項「日本の平和及び安全の切れ目のない確保」B項「日本の平和及び安全に対して発生する脅威への対処」において、「同盟は、日本の平和及び安全に重要な影響を与える事態に対処する。当該事態については地理的に定めることはできない」と記述されている（傍線は筆者）。

以上のことから、平和安全法制は、明らかに台湾有事をカバーしていると解釈され、また、そのような事態に日米が共同して対処することを、ガイドラインは裏付けている。

しかし、このように法的整備が出来ても、日米台の3ケ国による平時からの協議、政策面及び運用面の調整、そして共同演習・訓練などが行われなければ、有事における有効な機能発揮を期待することはできない。一方、いきなり有事演習・訓練を始めれば、中国の激しい非難や抵抗を受けることは容易に想像がつく。

そこで、日台の2ケ国間では、中国も容認せざるを得ない平和目的の活動や措置、例えば、国際人道支援・災害派遣、非戦闘員を退避させるための活動、サイバー空間に関する協力、捜索・救難、海洋安全保障、空域管理のための調整、海空連絡メカニズム（ホットライン）の構築、情報交換など、実行可能なことから始めたらどうだろうか。

さらに、米国が主導する台湾政府高官・軍高級幹部との交流プログラムの実施、台湾軍の軍事演習への参加招請、西太平洋における台湾海軍との2国間海上訓練などに、日米同盟の相手国である米国を念頭に日本も参加すれば、それが日米台3ケ国の防衛協力の基礎を作り、最も現実的かつ実効的に日米台の安全保障・防衛協力を前進させる大きな一歩となるのではないだろうか。

【参考】リムパックへの海上自衛隊の参加について

リムパック（環太平洋合同演習）の目的は、参加艦艇等の能力評価を行い、練度の向上を図るものであり、このため、対水上艦艇、対潜水艦、対航空機等の各種訓練とともに誘導武器評価施設を使用した魚雷等の発射訓練も併せて実施するものである。…防衛庁としては、この訓練の目的等について米側に確認する等慎重に検討した結果、この訓練は、いわゆる集団的自衛権の行使を前提とした特定の国を防衛するというものではなく、単なる戦術技量の向上を図るものであり、この訓練に参加することにより、従来のハワイ派遣訓練では得ることのできない米海軍の最新の戦闘技術を習得でき、これまで毎年実施しているハワイ派遣訓練の充実強化になると考え、本年10月参加を決定し、米側に伝えた。なお、米側以外の参加国は現在のところ公表されていないが、わが国としては、リムパック主催国である米国との訓練を念頭に置いて参加することとしたものである。

…

自衛隊が外国との間において訓練を行なうことができることの法的根拠は、防衛庁設置法第5条21号の規定である。すなわち、同号は、「所掌事務の遂行に必要な教育訓練を行なうこと」と規定しており、この所掌事務の遂行に必要な範囲内のものであれば、外国との間において訓練を行なうことも可能であると理解している。……（以上、傍線は筆者）

〈出典〉昭和54年12月11日衆・予算委提出資料（平成20年版『防衛ハンドブック』）

第４部　中国の台湾・尖閣侵攻の脅威と日本の採るべき戦略

2021年１月、米国ではバイデン新政権が成立した。対中強硬路線を掲げて、日米豪印（クアッド）の連携、台湾への武器支援など関係強化を明確に打ち出していたトランプ政権の路線が、現状ではバイデン政権に継承されているように見えるが、今後その動向が大いに注目される。

中国の習近平政権は、バイデン政権の出方を試すかのように、2021年に入り台湾の近海での中国海空軍の活動を活発化させ、日本の固有領土である尖閣諸島周辺でも接続水域への連続立ち入り、領海侵犯などを繰り返している。

このような中国の軍事的圧迫の背後に、どのような台湾統一・尖閣奪取戦略があるのか、もし武力攻撃が発動されるとすれば、そのシナリオはどのようになるかを分析することは、日本の安全保障にとっても差し迫った課題と言える。

そこで第４部では、第３部までの各部で明らかにしてきた緊密な関係にある日本と台湾、その両者が米中対立の緊迫化した最前線に立っていることを踏まえて、台湾と日本が直面している脅威の背景にある中国の戦略と予想される台湾・尖閣への侵攻について具体的に分析することとする。その上で、台湾統一、尖閣奪取という中国の野望を思いとどまらせる（抑止する）ために米台等と協力する上で日本はどうすべきか、日本が採るべき安全保障・防衛戦略はどうあるべきかについて検討を試みることとする。

第1章

米国との対決姿勢を鮮明にした中国の国家戦略

第1節　中国の夢「中華民族の偉大な復興」と台湾・尖閣

1　「中華民族の偉大な復興」の実現

中国の国家ビジョンは「中華民族の偉大な復興」であり、このため世界最強国家をめざしてひたすら「富強大国」への道を邁進している。具体的には、広域経済圏「一帯一路」構想による勢力圏・影響圏の拡大、強軍の建設とA2／AD戦略による西太平洋からの米軍の駆逐と東・南シナ海の支配権獲得の追求などである。そのためには台湾・尖閣を中心とする第1列島線の確保が不可欠である。

この中国の戦略を一覧表にしてみると、次頁のとおりである。

これを読み解くと、当然ながら中国の国家戦略は全てが繋がっていると言えよう。その中でも特に第1列島線は、中国の国家目標達成の出発点と言える。言い方を変えれば、第1列島線を支配できなければ、中国の国家目標は全てが崩れ、画餅に帰すのである。

例えば、経済強国となるための「一帯一路」構想の一路は、中国の経済発展地域である沿岸部が海上経由の貿易に依存しており、それは東シナ海、南シナ海を経由することとなる。中国の核心的利益は、尖閣諸島、台湾、南シナ海であり、第1列島線そのものである。国家軍事戦略の軸となる核兵器は、地上発射型の大陸間弾道ミサイル（ＩＣＢＭ）や潜水艦発射弾道ミサイル（ＳＬＢＭ）、中・短距離弾道ミサイル（ＩＲＢＭ／ＭＲＢＭ、ＳＲＢＭ）となるが、このうち第2撃力となる核兵器はＳＬＢＭであり、水深の浅い東シナ海ではなく、必要な水深のある南シナ海に潜行し残存を目指すこととなろう。

次に、Ａ2／ＡＤ戦略では、中国はすでに第1列島線以西の海空域を支配する第1段階の目標を達成したと評価している。そして、第2列島線以西を掌握する第2段階の作戦に着手しており、今後はアジア太平洋地域から米軍を完全に排除するのが目標となる。

しかしながら中国の言うようには第1列島線の支配は進んでいない。それがなければ第2段階へは進めない。よって第1列島線の支配こそが、中国の目標達成には必須なのである。逆に言えば、

中国の戦略

項　目	内　容
国家ビジョン	中国の夢＝中華民族の偉大な復興
国家目標	「富強大国の建設」 ○2021年（共産党創設100周年）貧困撲滅、小康社会の実現 ○2049年（中華人民共和国建国100周年）富強・民主・文明・調和の「社会主義現代国家」実現
世界最強国家	総合国力と国際的影響力において世界の先頭に立つ『社会主義現代化強国』実現
経済強国	広域経済圏構想「一帯一路」 ○一帯構想 旧ソ連国であるキルギス、タジキスタン、トルクメニスタンを経由、このため露との対立を避ける。また、印、中央アジア諸国、中東諸国との利害衝突の回避を図る。 シルクロード経済ベルト構想の実現と、高速鉄道、高速道、天然ガスパイプラインを整備する ○一路構想 マラッカ海峡への過度の依存回避し、交通インフラである港湾、高速鉄道、高速道を整備する。米印とその他の国の間にくさびを打ち込む
核心的利益	○国家主権と領土保全 台湾問題、チベット独立問題、東トルキスタン独立問題、南シナ海問題、尖閣諸島帰属問題 ○国家の基本制度と安全の保障 ○経済社会の持続的・安定的な発展
国家軍事戦略	核戦力を軸として、宇宙戦略と海洋戦略を相互にリンクした軍事大国化 「情報化環境下における局地戦争に勝利する」（米国防省より） ※局地戦争：台湾、尖閣諸島（南西諸島周辺地域）、南シナ海
中国軍発展の実現	○2010年～2020年（第１段階） 軍の機械化と情報化の実現 ○2020年～2035年（第２段階） 国防と人民解放軍の現代化実現 ○2035年～2050年（第３段階） 世界一流の軍隊に育成

Ａ２／ＡＤ戦略	米軍事的影響力を西太平洋から排除、同海域を中国の支配下に置く。 ○2018年頃 「第１列島線以西の掌握」達成 ○2020年 「第２列島線以西の掌握」実現 ○2050年頃 米軍をアジア太平洋地域から完全に排除 三戦「輿論戦」「心理戦」「法律戦」を属性として併用 その他、キャベツ戦術、サラミ戦術

＜出典＞各種資料を基に筆者作成

第1列島線の支配権を中国に渡さないことこそが、中国の目標達成を阻止する根本であり、日本の南西諸島地域防衛と台湾防衛が今後の「自由で開かれたインド太平洋」を維持できるかどうかの攻防の焦点となるのである。

2　中国の主敵は米国

劉明福著『新時代の中国の強軍夢（新时代中国强军梦）』（中共中央党校出版社、２０２０年11月）には、習近平体制下での「強軍の夢」の狙いと戦略思想などについて、細部が論述されている。

本書では、米国は、建国以来２３９年の歴史のうち２２２年は戦争をしており、米国は世界で最も好戦的な国家であるとし、その一方で、新中国の基本国策は覇権を求めず領土拡大を求めないことにあり、最も平和的な国家であるとしている。また、「米国の覇権は許されるが、中国の覇権は許さない」というのが、21世紀における米国の覇権の突出した特色であると指摘している。

主要な敵である米国以外の「群敵（多くの敵、大勢の敵の意）」として、米国の組織している四つの連盟、すなわち①ファイブ・アイズなどの英語圏の国家連盟、②NATOなどの西欧連盟、③周辺国の反中連盟、④外敵と台湾、ウイグル、チベット、香港の独立派、分裂派などの内部の敵との連盟が挙げられている。このように、中国の脅威認識は、「狼煙が四方で起こり、危機が四方に伏在している」という、正に四面楚歌であるとの見方に立っている。

中国は、四周の危機に対処するための基本戦略として、「各方面の脅威度や挑戦は異なるが、全局面を総合し、重点を最優先し、軍事闘争準備は全面的に共調させながら展開し、戦略を堅持して、全局面の力のバランスと安定を維持する」との方針を示している。

なお、「いつでも局地の争いが衝突に、衝突が戦争に、局地戦争が長期の本格的戦争に発展し得るのであり、その背後には必ず米国が介在している」とし、「実質的にはすべて米国との競争と闘争である」とみている。

この競争と闘争という概念は、米軍の「マルチドメイン作戦」における、競争（competition）から紛争（conflict）へ、紛争から競争へと言う、将来戦様相の見方と符合している。すなわち、米中共に、将来戦を、インド太平洋を中心とする米中間の競争と紛争の反復と連動とみているのである。

米国の同盟国であり中国に隣接した日本としては、競争と紛争の反復、局地戦から長期持久戦、本格戦争への発展と言う米中の戦争観を前提として、安全保障・防衛政策を考えねばならない。

第2節　中国から見た核心的利益としての台湾と尖閣諸島の戦略的価値

1　中国の太平洋への出口の「大門」を閉ざす一対の「かんぬき」

中国の戦略文献、中国政策科学会国家安全政策委員会編『中国の地理的安全環境評価に関する評価報告2010－2011』（中央編訳出版会、2011年8月）によれば、台湾と釣魚島（尖閣諸島の中国名）の戦略的価値について、「中国の太平洋への出口の『大門』の『かんぬき』に当たる釣魚島と台湾」との見出しで、以下のように記述されている。

中国は周辺の海に隣接しているが、その多くは周辺国の列島により包囲されている。このため中国は、海洋交通と海洋権益の面では、国際海洋法で言うところの「地理的に不利な国家」に属する。

このような不利を克服し外洋に出るための要域として、以下の海域が挙げられている。すなわち、日本～朝鮮～韓国とフィリピン～マレーシアは、中国が太平洋方向に出る際の南北の大門であり、釣魚島（魚釣島の中国名）と台湾島は、その門の「かんぬき」に当たる。日本～台湾～フィリピンとマレーシア～インドネシアは、中国が、太平洋、インド洋方向に出る際の門であり、日本の南西諸島はその門の「かんぬき」に当たる。

中国がこれらの「門とかんぬき」を握れば、中国の外洋への進出は自由になるが、「門とかんぬき」を失えば、中国は「長江と長城と黄山と黄河」の間に封じ込められる。したがって、東海（東シナ海）と南海（南シナ海）は中国のシーレーンにとり特に重要な意味を持っており、中国は東海と南海の「門とかんぬき」をしっかりと確保しなければならない。（括弧は筆者）

このように、中国にとり台湾本島と尖閣諸島は中国が太平洋に出る「大門」を閉ざしている一対の「かんぬき」であるとみており、一方のみを制圧しても不十分で共に制圧しなければ太平洋に安全に出ることはできないとみている。すなわち、台湾本島と尖閣諸島侵攻は、同時または緊密に連携して実施されることを意味している。さらにその作戦は、フィリピンとマレーシア～インドネシアにまで及ぶことになる。

2　戦略的価値の高い東シナ海：中国が太平洋に出る際の喉元に当たる要域

また、同評価報告によると、尖閣諸島を含む日本が位置する東シナ海については、中国が太平洋に出る際の喉元に当たる要域とみている。その理由として、以下の要因が挙げられている。

①東シナ海は、東北から西南に約１３００㎞、面積約77万㎢あり、中国が太平洋に連接する３大海域の一つであり、太平洋西部の周縁海域の南北航路の要点を制し、その戦略的位置は重要である。
②東シナ海域内の島嶼の主要部分は東西両側に分布し、東部は琉球列島から九州に弧状に連なり、西部は中国の島嶼の60％が集中している。その中には、舟山群島、金門島などが含まれ、南部には台湾島、澎湖列島、尖閣諸島が存在する。
③多くの水道が海区と重なり、東北では朝鮮海峡が日本海に、西南では台湾海峡が南シナ海に通じ、東部には大隅海峡、吐噶喇《トカラ》海峡、宮古水道などの水道が太平洋への出口となっている。東シナ海の平均水深は３７０ｍ（ママ）であり、大部分は１００ｍ未満（ママ）である。
④中国大陸から太平洋に出るには必ず東シナ海を経由しなければならないが、潜水艦が秘匿して出航するための水路は限定されている。台湾島と尖閣諸島がともに東シナ海の喉の「扁桃腺」に当たる。

すなわち、台湾と尖閣諸島は、ともに東シナ海から太平洋に出るための「喉元を制する扁桃腺」であり、中国の潜水艦が外洋に進出するための経路を制する要点として類似の価値を持ち、この海域全体の最も重要な要点であるとされている。

また潜水艦のみならず、配備された地対空、地対艦ミサイルの脅威も考慮すれば、航空機、水上艦艇の太平洋への進出においても、事前に制圧あるいは奪取すべき重要な要域であるとみられていると言えよう。

3 「不沈空母」としての価値

同じく前掲の評価報告によると、台湾の戦略的な価値については、以下のように、「不沈空母」であるとともに、中国が太平洋に出るための「出口」に当たるとされている。

台湾は中国の海洋防衛にとり不可欠の島であり、台湾を取戻すことは、台湾の両岸の分離状態を一体にし、単に土地のみならず海洋防衛も取戻すことでもある。台湾と澎湖諸島がなければ、中国の海洋防衛の東南の海岸部は外部の攻撃に露出し、随所で脅威に晒されることになる。台湾の軍事的な価値は、3万6000㎢の「不沈空母」であることにある。台湾は中国にとり太平洋への最も重要な進出路となり、中国の海洋国家としての生命線でもある。

台湾問題は中国の未来の生存に関わる問題であり、祖国の統一は中華民族の根本的な利益に関わるものである。国家の主権を保持し、中華の海洋権を振興し、大洋に進出し、新たな海洋の世紀の主人となるためには、台湾問題を解決し、祖国を統一しなければならない。

中国の戦略的防御の観点から言えば、台湾は重要な「前方沿海の掩護陣地」である。台湾島の北端は舟山群島を遠望し、その西南端は海南島の北端と相対している。これらの2ケ所は海上の有力な天然の防衛線を形成し、大陸東南の六つの省市を掩護し、その戦略的縦深を形成している。

中国の未来の成長と持続的発展の観点から言えば、台湾は中国にとり不可欠な「前進出発陣地」である。台湾は直接太平洋に面し、太平洋にすぐ出られるだけでなく、台湾島の東側の海岸線は、その外側に数百㎢の排他的経済水域を有する。

4　列島線と海上交易路を制する台湾島と台湾海峡の戦略的価値

前掲の評価報告では、台湾島と台湾海峡は、第1列島線の中間に位置し、西太平洋の島嶼列島線を制する戦略的な要衝であり、また台湾島は大陸と最も近接する要域とされている。

台湾島周辺は、インド洋、中東など世界第2位の貿易地区との往来に際し必ず経由しなければならない海域であり、中国の南北の海上交通路の要衝である。さらに、中国の海洋権益と核心的利益にとり枢要なキーストーンであるとされている。

核心的利益には、領土主権の護持と海洋権益の護持の2面があるが、台湾は、これら二つの核心的利益と密接に関連しており、台湾の統一は、将来、台湾内での両岸関係が発展し国家の領土が一体になるというだけでなく、中国の発展と国家の安全にとっても、重大な意義を有するとされている。

台湾海峡の価値についても、「日々の商船の通過数は100隻を超えるが、中国大陸の港湾の分布は、北部に多く南部には少ない。台湾海峡中央部の泉州を境にして、16の主要港のうち10がその北側にある。港湾の分布とは逆に、大陸の航路は南部が主で北部は少ない。対外貿易の4分の3は南方航路を使用している。また、中国の南方地区が必要とする石炭や石油などの必要物資はほぼ南方から海上輸送される。このことからみても、台湾海峡が中国の国内外の貿易にとりきわめて重要な意義を有していることは明らかである」と述べている。

5 妥協の余地のない台湾統一と尖閣諸島奪取方針

習近平総書記は、2018年10月の中国共産党第19回全国代表大会で、同党大会の主題が「新時代の特色ある社会主義の偉大な勝利を勝ち取り、中華民族の偉大な復興という中国の夢の実現のために怠りなく努力すること」にあると宣言した。そのための基本戦略として14の方針が掲げられている。
その第12番目の基本方針では、「『一国両制（一国二制度）』と祖国統一推進の堅持」が挙げられている。その中では、香港や厦門《アモイ》の長期的な繁栄と安定を保持し祖国の完全統一を実現することが、中華民族の偉大な復興を実現する上での必然的要求であるとしている。特に祖国統一にとり最も重要な台湾問題では、「一切の国家分裂活動に反対し、（台湾同胞と）共同で中華民族の偉大な復興の実現のために奮闘する」（括弧は筆者）と強調している。さらに、中国が「両岸関係」の政治的基礎と位置付け「一つの中国」を体現しているとする「九二共識（92年コンセンサス）」を堅持し、両岸関係の平和的発展を促進するとともに、両岸の経済文化交流を拡大し、両岸の同胞が共同で一切の国家分裂活動に反対するよう促し、共に中華民族の偉大な復興の実現に奮闘しなければならないと述べている。

column

「九二共識（92年コンセンサス）」とは

1992年、中台双方の窓口機関の間での事務レベルの折衝過程で形成されたとされる。中国側はこれを「一つの中国原則を口頭で確認した合意」と解釈し、当時の台湾国民党は「一つの中国の中身について（中華民国と中華人民共和国）それぞれが述べ合うことで合意した」と解釈している。

中国側は中華民国の存在を認めていないので、江沢民時代はこの台湾側の解釈を否定してきたが、胡錦濤時代になって台湾側の解釈を否定も肯定もしない方針に切り替え、2005年以降の共産党と国民党との連携に道を開いた。台湾側は馬政権登場後、中台はこれを話し合いの基礎とすることで一連の争点を棚上げにし各種協定を結んだので、「92年コンセンサス」が一定の効用を持つことが示された。民進党の蔡英文主席は、合意文書が存在しないこと、中国が台湾側の解釈を公式に認めていないことを理由として、それは「存在しない」と主張している。

〈出典〉東京外国語大学・小笠原欣幸執筆「解説：「92年コンセンサス」」を基に筆者補正

台湾はもとより尖閣諸島についても、中国は固有の領土と主張しており、「祖国の完全統一」には、台湾と尖閣諸島の併合が含まれており、ともに中国は「核心的利益」と称している。

その中で、「一国二制度」の堅持が謳われているものの、あくまで「祖国の完全統一」である。そのことは、香港での国家安全維持法制定と仮借のない民主派弾圧でも明らかなように、実質的な「一国一制（一国一制度）」、共産党独裁支配体制の強要を意味する。台湾に対しても、軍事力を行使するか否かに関わらず、「一国二制度」は暫定的なものに過ぎず、いずれ共産党独裁体制に組み込まれることになるのは、明らかである。

両岸の政治統一の基礎であり、国民党と約束したとしている「92年コンセンサス」についても、

「一つの中国」であり、「二つの中国」すなわち「台湾の独立」は認めないという認識は共有しているとしても、実質的な解釈は異なっている。「一国一制度」を大陸側は共産主義独裁統治と解釈し、国民党は自由民主主義体制の維持を前提としている。このように中国は、台湾独立を明確に否定し中国政権に最も近い国民党反独立派との間でも、妥協の余地はない。

これが「強軍夢（強軍の夢）」として、偉大な中華民族の復興と並ぶ長期戦略目標として採りあげられることになる。

第3節　活発に展開されている台湾、米国等に対する超限戦

1　「超限戦」の思想とその脅威

中国軍の2人の大佐により1999年に提唱された「超限戦」と言われる戦争概念では、「兵器の新概念では、一般人、軍人を問わず、その身の回りにある日常的な物を戦争を行なう兵器に豹変させてしまう」「人々はある朝、目が覚めると、おとなしくて平和的な事物が攻撃性と殺傷性を持ち始めたことに気が付くだろう」と述べている。

このように、中国の戦略家たちが捉える戦争概念は、従来の概念よりもはるかに幅が広い。およ

そ文明の利器として利用できるもので、戦いの手段にならないものはないとの発想に立って、中国の戦争概念は組み立てられていると言えよう。

21世紀の戦いは、「情報の戦い」であるとの認識は、今では世界各国の安全保障・軍事専門家の共通認識になっている。特に、中国は江沢民時代以来「情報戦下の局地戦」に勝利することを目標に、「三戦」などを呼応させた、いわゆる「情報化戦争」における軍事力の近代化・現代化に努めてきた。

さらに中国は、軍事力を背景として、経済、金融、メディアその他のあらゆる分野にわたり、日本を含む欧米の敵性国に対して、国際ルールを無視した手段を選ばない、平時の「戦争には見えない戦争」を数十年にわたり仕掛けてきた。特にその主対象となったのが、米国である。

オバマ政権下の2016年頃まで、米国では「関与政策」の美名のもとに対中融和政策が採られ、ややもすれば、中国の脅威が軽んじられ、あるいは意図的に抑えられてきた。しかし、トランプ政権成立以来、2018年10月と2019年10月の2度にわたるペンス副大統領の演説に見られるように、中国を主敵として明確に位置付け、中国の限度を超えた「戦争には見えない戦争」に対し反撃に出た。

2　中国の影響力行使作戦と米国の対応

中国が常に、米国こそ消滅させるべき主要な敵であると繰り返し主張していたにもかかわらず、米国では、親中政策が浸透し、米国にとり「平和裏に台頭する」中国は望ましく、台頭する共産主義勢力と良好な関係を求めるべきだとの主張が展開された。

このような親中的な見方は、ジョージ・W・ブッシュ政権時代から続いていた。

しかし2015年頃には、親中勢力として米国の敵性勢力に融和政策をとっていたオバマ大統領の下でさえ、「関与政策」は維持できなくなった。

中国との対立姿勢を強めたトランプ大統領にとって、中国の脅威は主に経済的なものだった。米国の国家安全保障は経済的な安全保障と直接結びついている。トランプ大統領は就任後間もなくから、融和反対政策を始動させ、前政権とは大きく異なる対中政策を展開した。台湾の蔡英文総統の電話を受け、米国内の親中勢力を動顚させた。

中国は、影響力行使のために、ロビー活動、強要、ハッキングなど様々の手法を使い、亡命者を取戻し、米国の社会に影響力を振るおうとしている。

中国の影響力行使の目標は、明確でかつ戦略的なものである。その最優先目標は、中国での独裁的で全体主義的な共産党の指導力を維持することにある。それに次いで目標として重視されているのは、中国を世界最強の国にして台湾を奪取することである。

米国防総省は2019年に、中国の影響力行使作戦の危険性を初めて指摘している。中国軍は宇宙戦やサイバー戦、電磁波戦なども含めた、輿論戦、心理戦、法律戦の「三戦」を重視している。「三戦」は、米国はじめ各国での影響力行使作戦で、文化機関、メディア、ビジネス・学界・政治集団を目標に行使される。「三戦」の目標は、中国の安全保障と軍事戦略の目標にとり好ましい結果をもたらすことにある。

中国の影響力行使、介入、宣伝工作の脅威は、選挙過程、政府の政策決定、基本的な市民の権利などの面で、米国の国家主権を絶え間なく溶融させている。

その脅威は看過されるべきではなく、自由で開かれた社会であり続けるためには、対抗措置が採られなければならない。

2021年1月バイデン新政権が成立した。民主党は伝統的に、同盟国と協調しつつ国際的な枠組の中で、国際社会の秩序と安定を図るとの制度的リベラリズムを基調とした対外政策に重点を置いており、新政権の中枢メンバーにはオバマ政権、クリントン政権時代の人物も多い。また民主、共和両党の議会での議席数も伯仲しており、バイデン政権は中道的なバランス政策を採らざるを得ない立場にある。

このため、バイデン政権発足当初は、中国との融和や台湾へのコミットメントの低下などが懸念材料として取上げられていたが、バイデン政権は、対中強硬姿勢を貫いたトランプ前大統領のスタンスを踏襲する構えであり、台湾に対するアプローチも、トランプ政権が取った行動・実績に積み上げを行っていると見られている。

いずれにしても、今後は、台湾海峡の平和と安定や尖閣諸島防衛を重要視した日米共同声明の決意を、如何に具体化し実行するかが注目される。

3 各種台湾統一工作と尖閣併合既成事実化工作――故李登輝元総統の「お人好し過ぎる日本人」への警告

故李登輝元台湾総統は、中国人の気質について自らの体験を踏まえて、「端的に言えば、中国人は利にさとく、平気で嘘をつく」が、「そのことを日本人は知らない。あまりにもお人好し過ぎる」、「中国人は常に、強い者には弱い姿勢で、弱い者には強く出るなど、態度を使い分ける」と、中国の欺瞞性と力の信奉者という性格を指摘している。これらの点は、前述した習近平体制下の「強軍の夢」でも如実に示されている。

また同総統は、「習近平政権は2018年3月の全国人民代表大会で（2期10年までと定めた国家主席の）『任期条項』を削除した。習氏は毛沢東以来の独裁体制を作ったが、習氏は毛沢東に並ぶ政治実績がないため、（党内の権力基盤拡大に向け）台湾統一工作に躍起になるだろう」（括弧は筆者）とインタビューで述べ、習近平体制下で台湾統一を果たすとの、習近平国家主席の野望も指摘している。

この点も、２０３５年までの「強軍の夢」の達成年表から見ても、裏付けられている。

その手法については、「中国の台湾併呑手段は武力だけではない。経済や科学技術、学術交流などの面で、（少しずつ刻んで工作する）サラミスライス戦術で進んでいる危険性を認識すべきだ」（括弧は筆者）と、超限戦に通じる多面的な非軍事手段や影響力浸透工作の脅威、台湾の附属島嶼と主張する尖閣諸島併合のための既成事実の積上げなどに対し警告を発している。

習近平国家主席にとり在任間の最大の目標の一つが、台湾統一にあることは李登輝元総統が指摘している通りである。この点に関連し、前述した習近平国家主席の『台湾同胞に告げる書』発表40周年の談話（２０１９年１月20日）について、これに反対する台湾の立場が、台北駐大阪経済文化弁事処から、２０１９年２月26日に出された。その反対理由の概要は次の通りである。
①中華民国の滅亡を企んでいる：台湾住民の意思に違反し、台湾に「一国二制度」を強引に押し付け、統一の日程を加速させている。
②台湾の我が政府の合法性を否定している：直接選挙で発足された我が政府を無視し、直接に政党と協議しようとしている。
③台湾に対する武力脅威：武力行使の放棄を承諾せず、あらゆる必要な措置をとるとの選択肢を保留し、地域不安のリスクを増幅させている。
④外国勢力に干渉しないことを警告：台湾は中国の一部だと称し、台湾問題は中国の内政問題だと主張している。

4　侵攻する台湾浸透作戦の実態と危険性――蔡英文総統の浸透作戦に対する警告

民進党の蔡英文総統は、2019年の単独インタビューの中で、『台湾同胞に告げる書』発表40周年談話の中国側の呼びかけについて、「われわれは立ち上がってはっきりと中国に『一国二制度』は台湾人が受け入れることができないものだと伝えると同時に、全世界に対してもこれは台湾人が受け入れられるものではないと知らせた」と、拒絶の意思を明言している。

また、我々はこの地域の平和と安定のために「挑発しないという態度」をとっているが、「はっきりと語らなければならないときには、中国そして全世界に伝える」とも述べ、台湾側には挑発の意図はないが伝えるべきは伝えるとしている。

さらに、「現代の安全保障の問題は伝統的な外部からの軍事攻撃だけでなく、実は多くは内部に浸透しているものなのだ。内部の混乱が社会メカニズムに危害を与えるなどしている。これは現代の民主主義国家が直面している安全保障上のとても重要な脅威となっている」と浸透工作の危険性も指摘している。

例えば中国軍のサイバー戦部隊による具体的な浸透工作の事例として、①軍事演習のニュースで過去の写真や映像を使って、まるで現在脅威が生じているかのように捏造した、②選挙において

（蔡政権の）競争相手に協力したため、選挙に衝撃を生じさせた、③台風21号により旅行客らが関西新空港に残されたとき、中国が送ったバスが空港内に来て旅客を乗せていったというフェイクニュースなどの事例を挙げている。

これらは、台湾がサイバー攻撃による、軍事的威嚇、選挙介入、世論誘導などの浸透工作の脅威に日々晒されている現状を如実に示している。

また、台湾で製造した半導体や重要部品は多くの国にとって安全なものだが、「ある日、台湾がコントロールされるか、存在しなくなれば、世界の多くの産業は影響を受ける」と述べ、台湾の世界における技術戦略上の重要性に言及している。この点は、中国の台湾に対する経済的、技術的支配の脅威について語ったものと言える。

台湾を外交的に孤立させ、その国際的空間を圧迫しようとする試みも進められている。国民党政権の時代、台湾が国交を持つ国は22ケ国だった。中国と台湾は長年、各国と国交を結ぶことを競い合ってきたが、対中融和路線の国民党政権時代は（現状維持のままにして中国を刺激しないという外交戦の）休戦状態が続いた。蔡英文氏はこれを「外交休兵（消極受動的な外交）」と批判し、「外交出兵（積極主動的な外交）」を主張した。ところが実際に「出兵」したのは中国だった（括弧は筆者）。

1992年コンセンサスを受け入れない蔡政権を国際的に孤立させようと、台湾と国交を結ぶ国々に経済協力などの「札束外交」を展開している。その結果、アフリカのブルキナファソとサントメ・プリンシペ、中南米のパナマ、ドミニカ、エルサルバドル、太平洋のソロモン諸島とキリバスの7ケ国が台湾と断交し中国と国交を樹立した。欧州で唯一国交があるバチカンも中国政府との関係改善が進んでいる。台湾が国交を結ぶ他の国はアフリカ、中南米、太平洋の小国に限られている。

また、中国政府の意向で大陸からの観光客が激減している。一方で中国政府は、大陸で活動する台湾人に社会サービスが受けられる「居住証」を発行した。アメとムチを使い分け、台湾市民の「民進党離れ」を図っていると蔡英文総統は語っている。

そして、中国は、台湾に対する軍事圧力を日々強めている。

そのため蔡英文総統は、日本との安全保障面での協力内容として、①サイバー戦争でのより進んだ議論、②中国海空軍の即時情報の日台間での共有、③北朝鮮の非核化での協力を挙げている。

第2章　台湾及び尖閣諸島に対する軍事侵攻の分析

第1節　台湾海峡両岸の軍事バランス

米国防省の『2020年の中華人民共和国を含む軍事力と安全保障の発展』に関する米議会への年次報告によれば、中国と台湾の戦力データとして、台湾海峡両岸の陸海空軍及びロケット戦力についての以下の各付表を付している。

なお注釈として冒頭に、「この年報のデータは、これまでの報告とは大きく異なった数値の結果としての新技術から導き出されたものであるが、能力の突然の変化を必ずしも反映したものではない」としている。

以下、米国防省の資料にみられる両岸軍事バランスにおける軍種毎の実態と趨勢を紹介し、そこから台湾・尖閣への侵攻能力に関連する事項を読み取り分析したい。

1　陸上戦力

米国防省の資料にみられる台湾海峡両岸における陸上戦力の軍事バランスは、付表1のとおりである。

column

各部隊の兵員数の基準

軍：5万人～6万人
軍団：3万人
師団：1万人～2万人
旅団：2000人～5000人
連隊：500人～5000人
大隊：300人～1000人
中隊：60人～250人
小隊：30人～60人
<出典>諸資料から筆者作成

付表1「台湾海峡の軍事力バランス：地上戦力」

区分	全中国	東部・南部戦区	台湾
全陸上兵力兵員数	103万	41.2万	8.8万**
集団軍	13	5	3
諸兵種連合旅団	78	30（6個は水陸両用）	該当なし
機械化歩兵旅団	該当なし	該当なし	3
自動車化歩兵旅団	該当なし	該当なし	6
機甲旅団	該当なし	該当なし	4
空中襲撃／陸軍航空旅団	15	5	2
砲兵旅団	15	5	3
空挺旅団	7*	7	0
海兵旅団	8*	4	3
戦車	6300		800
火砲	6300		1100

注：この文書の目的上、ここで言う「台湾両岸地域」とは、中国軍の東部戦区と南部戦区の部隊を含んでいる。表中の＊は、この付表の目的上、ここでは陸上軍として計上しているが、中国の空挺旅団は中国空軍に隷属している。また海兵旅団は、中国海軍陸戦隊に隷属している。表中の＊＊は、現役の陸軍兵員のみを計上している。

＜出典＞ U. S. DoD, "Military and Security Developments Involving the People's Republic of China 2020," *Annual Report to Congress,* 2019

column

中国軍の配置（5大戦区）

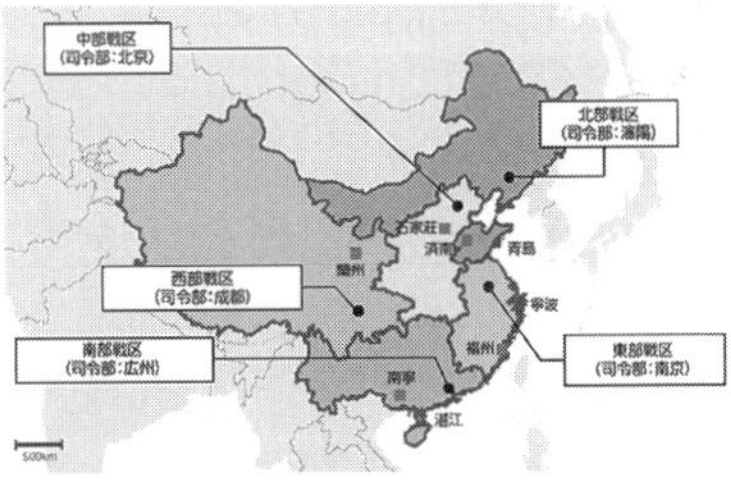

（注1）●戦区司令部 ▦戦区陸軍機関 ▲戦区海軍司令部
（注2）戦区の区割りについては公式発表がなく、上地図は米国防省報告書や報道等を元に作成
＜出典＞令和3年版「防衛白書」

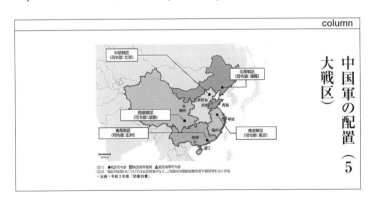

2　海軍戦力

米国防省の資料にみられる台湾海峡両岸における海軍戦力の軍事バランスは、付表2のとおりである。

3　航空戦力

米国防省の資料にみられる台湾海峡両岸における空軍戦力の軍事バランスは、付表3のとおりである。

4　ロケット戦力

米国防省の資料にみられる台湾海峡両岸におけるロケット戦力の軍事バランスは、付表4のとお

付表2「台湾海峡の軍事力バランス：海軍戦力」

艦艇の種類	全中国	東部・南部戦区	台湾
空母	2	1	0
巡洋艦	1	0	0
駆逐艦	32	23	4
フリゲート	49	37	22
コルベット	49	39	0
戦車揚陸／水陸両用ドック型輸送艦	37	35	14
中型上陸用艦艇	21	16	0
ディーゼル推進攻撃型潜水艦	46	32	2
原子力推進攻撃型潜水艦	6	2	0
弾道ミサイル搭載潜水艦	4	4	0
沿岸警備艇（ミサイル搭載）	86	68	44
海警艦艇	255*	該当なし	23

付表2の注：台湾での主要な紛争が生じた場合には、中国軍の東部戦区と南部戦区の戦域海軍が台湾海軍に対する直接行動に参加することになるであろう。（表には示されていない）北部戦区海軍は、中国に対する洋上からの接近に対して防護する主たる責任を負っているのかもしれないが、他の艦隊を支援するための任務にとり死活的な資産を提供することもできるかもしれない。紛争では、中国は中国海警局（China Coast Guard: CCG）と人民武装海上民兵（People's Armed Forces Maritime Militia: PAFMM）の舟艇を、軍事作戦を支援するために展開するかもしれない。＊中国の沿岸警備の艦船は、人民武装警察の隷下にある中国海警局に所属している。

＜出典＞ U. S. DoD, "Military and Security Developments Involving the People's Republic of China 2020," *Annual Report to Congress,* 2019

付表3「台湾海峡のバランス：航空戦力」

航空機の種類	全中国	東部・南部戦区	台湾
戦闘機	1500（2700*）	600（750*）	400（500*）
爆撃機／対地攻撃機	450	250	0
輸送機	400	20	30
特殊任務機	150	100	30

付表3の注：この表は中国空軍と中国海軍航空機の作戦可能な軍用機の総数の見積もりを示している。しかし、中国空軍は戦闘シナリオにおいては、その軍事的な輸送力を民間航空機により補完できるかもしれない。約800機という中国軍の空軍と海軍航空機の全戦闘機は、少なくとも第4世代の近代化されたものであることに注意を要する。表中の＊の挿入文の総数には訓練用戦闘機が含まれている。

＜出典＞ U. S. DoD, "Military and Security Developments Involving the People's Republic of China 2020," *Annual Report to Congress,* 2019

りである。

なお、台湾のミサイル戦力について、ロイター（2021年3月25日）は、以下のように報じている。

（台湾の）公的研究機関である国家中山科学研究院の幹部は立法院で、1種類の陸上発射型長距離ミサイルがすでに生産段階に入ったと発言した。これとは別に3種類の長距離ミサイルを開発中だと述べた。ミサイルの飛行距離は明らかにしなかった。同研究所は台湾の兵器開発で中心的な役割を担っており、ここ数カ月、南東部の海岸で一連のミサイル実験を実施している。（括弧は筆者）

5　台湾・尖閣への侵攻能力の分析

以上の、米国防省の中国に関する軍事力と安全保障

付表4「台湾海峡の軍事力バランス：ロケット戦力」

システムの種類	発射機数	ミサイル数	射程見積もり
大陸間弾道ミサイル	100	100	5500km以上
中距離弾道ミサイル	200	200以上	3000–5500km
準中距離弾道ミサイル	150	150以上	1000–3000km
短距離弾道ミサイル	250	600以上	300–1000km
地上発射巡航ミサイル	100	300以上	1500km以上

＜出典＞ U. S. DoD, "Military and Security Developments Involving the People's Republic of China 2020," *Annual Report to Congress,* 2019

の発展報告と台湾軍との軍事バランス評価から、以下のような点が指摘できる。

台湾・尖閣の軍事作戦に参加するのは、東部戦区と南部戦区の陸海空軍が主体であるが、人民武装警察指揮下の海警局と武装海上民兵の艦艇も参加するであろう。北部戦区海軍は洋上での米軍等の接近阻止あるいは他の戦区海軍の支援を行うかもしれない。

前記の表から、陸上戦力については、兵員数は総兵力で10数倍、戦車、火砲など主要装備で6～8倍、正面戦力では兵員数で4・8倍、部隊単位では数倍程度の格差がある。中国軍には6個旅団の水陸両用旅団と7個の空挺旅団があり、ヘリにより輸送されるヘリボーン部隊が主の空中攻撃旅団も7・5倍編成されている。これらの戦力による迅速な多正面からの立体包囲・着上陸作戦が脅威となるとみられる。

海軍戦力については、正面戦力でも駆逐艦が約6倍、潜水艦は中国軍の原潜6隻を含む38隻に対し台湾は2隻しかない。中国海軍は空母2隻、巡洋艦1隻、コルベット49隻を保有しているが、これに対抗する艦艇は台湾側にはない。上陸用艦艇についても、台湾正面

2020年10月、米政府が台湾への売却に合意した主な長距離兵器システム

売却兵器システム	数量	概略の射程
対艦ミサイル「ハープーン」	400発	140km
「ハープーン」搭載沿岸防衛システム	100基	140km
移動式ロケット砲システム「HIMARS（ハイマーズ）」	11基	
空対地巡航ミサイル「SLAM-ER」長距離空対地誘導ミサイル	135発	250km
ATACMS 短距離弾道ミサイル（「HIMARS」から発射）	64発	300km

＜出典＞諸資料から筆者作成

で35隻に対し14隻と2・5倍の差があり、特に中国軍の戦車揚陸艦、ドック型揚陸艦などの大型揚陸艦艇が増加している。中国軍のミサイル哨戒艇は総数で約2倍、台湾正面で1・5倍に上る。

その結果、潜水艦、各種艦艇・航空機からの長射程ミサイルの集中攻撃などによる洋上からの台湾封鎖、台湾の地上目標制圧、米海軍空母打撃群の来援の遅延と阻止、さらに水陸両用艦艇を使用した迅速な大規模上陸侵攻支援に適した戦力構造になっている。また民間船舶の動員による後続上陸戦力と兵站輸送能力の増強にも注意が必要である。

航空戦力については、戦闘機の総機数で4倍近い差があり、台湾正面では1・5倍の格差がある。また、爆撃機は台湾側にはない。輸送機の総数は13・3倍の格差がある。長距離輸送力があり総機数の大半の台湾正面への集中は可能とみられる。その他の民間航空機の動員による輸送力増強も注意が必要である。

航空戦力バランスについて全般的には、長距離の爆撃機、輸送機の戦力は中国側が優位にある。また第4世代機以上の近代化された戦闘機戦力約800機は域内の日米台韓の航空戦力に迫って

いる。『令和2年版防衛白書』では、中国の第4・第5世代戦闘機の数は、2020年には1080機と見積もっており、米軍の2019年の見積もりよりも約280機多くなっている。ただし中国側は、日韓と在日・在韓米軍の空母艦載機を含めたF－35の数は2025年頃には計約1000機に達すると予測し、J－20は2025年までに200機を製造できるにすぎず、「J－20などの生産能力を可能な限り高めると同時に第6世代機の研究を急ぐべきである」としている（『第5世代戦闘機の数、日本は来年にも中国抜く？―中国メディア』Record China、2018年12月18日）。

今後中国海空軍の戦闘機の近代化が質量ともに進み、米空母艦載機の来援が無ければ、台湾海峡と東部戦区を含む周辺の航空優勢は中国海空軍機に奪われるおそれが高まるであろう。

ロケット戦力については、射程が300km以上の各種ミサイル戦力は中国軍が一方的な優位にある。短距離ミサイルは移動式であり、300kmあれば台湾海峡を射程下に入れ、西岸からの台湾侵攻を掩護できる。新型の短距離ミサイルは射程が約1000kmあり、台湾海峡や日本の南西諸島周辺を制圧できるだけではなく、台湾と沖縄の東部海域を攻撃することも可能であり、米海軍の来援阻止に使用可能とみられる。

また射程が1500kmから3000kmの準中距離ミサイルは日本全土を攻撃でき、射程約3000km以上の中距離弾道ミサイルはグアムを制圧できる。特に通常弾頭の対艦弾道ミサイルDF－21Dは洋上の空母など大型艦を攻撃でき、DF－26は核・非核両用でグアムを攻撃でき、いずれも米軍から重大な脅威と見られている。

これらの各種ミサイル戦力が有事には、米空母打撃群来援の遅滞と阻止のためのA2／AD戦略の基幹戦力となるとともに、当初の奇襲段階では台湾、尖閣諸島、南西諸島、必要に応じ日本本土、グアムに対する攻撃に使用されるとみられる。

なお、台湾軍も、前に述べた開発中の長距離ミサイルのほか、短射程の各種ミサイル、防空部隊、PAC－3などの弾道ミサイル防衛システムを保有している。これらの戦力により、中国軍の各種ミサイル・航空機の迎撃、対岸の中国内陸部のミサイル部隊・レーダ・指揮統制・通信施設・基地などに対する反撃、着上陸部隊の洋上、空中での撃破を最大限に追求するとみられる。

しかし、その総合的な戦力の質・量両面での格差は拡大しており、台湾に対する中国の圧迫と脅威度も強まっていると判断される。

次頁の図からも、特に尖閣諸島から宮古水道経由沖縄と台湾の東岸部への海空軍の活動が活発化していることが明らかである。また、台湾東側からバシー海峡を経て南シナ海北部に至る活動も多く、台湾周回飛行・航海が増加している。

日本海から津軽海峡、宗谷海峡への進出、太平洋での空母の演習など主要海峡から北極海を含めた外洋に出ようとする行動も活発になっている。

さらに、中露海空軍のわが国周辺での共同演習・訓練も増加している。防衛省によると、2020年12月22日、中国とロシアの爆撃機が日本海から東シナ海にかけて共同監視飛行を行った。参加したのは、中国軍H－6爆撃機4機、ロシア軍TU－95爆撃機2機であり、竹島周辺、対馬海峡、

わが国周辺海空域における最近の中国軍の主な活動（イメージ）

<出典>令和２年版『防衛白書』

沖縄本島と宮古島の間を飛行した。両国による共同飛行は２０１９年7月以来2回目であり、極めて異例な訓練である。

これらの中国軍の動向は、前記の軍事ドクトリン、戦略、軍事バランスなどからみた分析と符合しており、特に南西諸島から台湾周辺にかけての活動や宮古水道やバシー海峡から西太平洋に出ようとする中国軍の意図は明らかである。また、ロシアとの共同を誇示し、日米台を牽制しようとする狙いも伺われる。

ただし、ロシアは２０２０年の中印紛争の最中、インドに対し最新鋭の防空ミサイルS－４００や最新鋭戦闘機を供与しており、中国と全面的に親密な関係になっているとはみられない。

いずれにしても、中国の台湾統一、尖閣

諸島を含むわが国南西諸島に対する侵攻作戦の能力は、ミサイル戦力、海空・両用作戦能力など質量ともに着実に向上しており、侵攻を可能にする軍事力バランス上の優位が現実のものになろうとしているとみるべきであろう。

第2節　予測し得る台湾及び尖閣諸島に対する軍事侵攻の場所・時期
――侵攻があるとすれば、その侵攻の場所・時期は

1　侵攻正面（場所）

侵攻正面としては、台湾のみの単独侵攻（ケース1）、尖閣のみの単独侵攻（ケース2）、台湾と尖閣の同時侵攻（ケース3）の3通りが考えられるが、以下の分析から、中国軍の東部戦区と南部戦区の部隊（第1節参照）を主体としたケース3の同時侵攻の可能性が高いものと判断される。

この際、以下の理由により、東部戦区部隊が侵攻戦力の主体戦力になるとみられる。

①台湾の対岸に位置し地理的に最も近いこと

②習近平中央軍事委員会主席が軍務を経験した戦区であること

③人事・装備面で重視されており習主席自らしばしば部隊訪問を行っていること

④軍改革により他の戦区は担任区域が拡大されるなか、旧南京軍区をそのまま継承しており部隊の配備・態勢面も充実していること

⑤活発な活動・演習状況が見られること

なお、南部戦区部隊は南シナ海正面を防衛しつつ、東部戦区部隊の攻勢を支援することになるとみられる。

（1）ケース1（台湾のみの単独侵攻）

台湾単独侵攻の場合は、まず澎湖列島を奪取し、それを侵攻基盤として主に台湾西及び南西方向から戦力を投入して、米・日の介入前に台湾を早期に屈服させ占領することを目的に行われるとみられる。

台湾単独侵攻では、南シナ海正面との連携を重視し、また在日・在韓米軍を極力刺激せず、その参戦を抑止あるいは遅延させるとともに、台湾本島と太平島（イトゥアバ島）、フィリピンとの連携を絶ちつつ台湾を孤立させながら、台湾本島を主として西・南西方向から攻撃占領するという狙いをもって行われる可能性が高い。ただし、以下の問題点がある。

台湾本島侵攻に際しては、本島の西南方向から東部戦区部隊を主戦力とし、南部戦区部隊により南翼を掩護しつつ、攻勢を行なうことになるとみられる。その場合、南翼の掩護の拠点となる南シナ海の西沙・南沙諸島の軍事基地群は、もともと岩礁と小島嶼であり、基地機能の抗たん性に劣り、

長期の兵站維持にも問題がある。

また南シナ海の基地群は、態勢上、東・西・南の3正面を、敵性国のベトナム、フィリピン、シンガポール、インドネシア、さらにその背後のオーストラリアとグアムの米軍基地に囲まれている。このため、有事には短時間で制圧されるおそれがある。

逆に米軍としては、グアムやオーストラリア、シンガポールの基地群を反攻作戦の基盤として利用でき、かつベトナム、フィリピンなどの協力も得られる。そのため、反攻作戦としては、南太平洋・オセアニアから脆弱な南シナ海正面、次いで台湾へと北上する戦略攻勢方向をとるのが、リスクが小さく、成功の可能性が高いとみられる。

南翼からの掩護が不十分な場合、東部戦区部隊を高雄正面から投入したとしても、南シナ海・フィリピン正面からの米軍の海空戦力により中国軍の海空後方補給路に対して常続的に攻撃を受け、同正面の着上陸部隊への継続補給は困難になるであろう。

中国軍としてこれらの脅威に対処するには、南部戦区による掩護戦力の増強が不可欠になる。

しかし南部戦区としては、同時に、対米戦略抑止のために南シナ海、特に原潜（SSBN）基地が所在する海南島の防衛とSSBNの西太平洋への進出も掩護しなければならない。

また台湾本島南西方向からの主攻勢は、中国大陸の長江以北に展開する海空軍基地からの支援を得にくく、海南島以外に支援基地群も脆弱であり、戦力の集中と維持がより困難とみられる。そのため、東沙（プラタス）諸島や膨湖諸島の先行奪取に注力することになろう。

これらの諸要因から、南部戦区の主任務は南シナ海基地群の防衛にあり、台湾本島南西方向からの攻勢への参加は一部戦力に留まる可能性が高いとみられる。

半面、台湾単独侵攻の場合でも、在沖縄・日本本土・韓国の米軍基地の参戦を阻止・遅延させるため、同時に先島・南西諸島の自衛隊基地及び在沖縄米軍等を制圧する必要がある。

換言すると、台湾単独侵攻を企図しても、南西諸島の自衛隊基地と在沖縄米軍基地等を制圧しなければならない。もし制圧をしなければ、台湾関係法に基づき無傷の在沖縄米軍等による台湾防衛への早期の先制介入を招く可能性が高い。

以上の理由から、中国軍としては、台湾単独侵攻を企図するとしても、台湾北翼と在沖縄・在日・在韓米軍への対処を同時に行わねばならないであろう。

すなわち、台湾単独侵攻は全般態勢と戦略的合理性から見て、成立し難いことになる。

(2) ケース2(尖閣諸島のみの単独侵攻)

ケース1の台湾侵攻と連動しない、尖閣諸島のみへの単独侵攻は、米バイデン政権の出方、あるいは日米台の連携の度合いを探るなどの政治的目的を達成するために行われるであろう。

尖閣単独占領は、所要戦力が最も少なく、現在の戦力バランス、軍事態勢上いつでも実行可能とみられることから、漁民に偽装した海上民兵、準軍隊の海警などを主用し、日本側の防衛出動下令を努めて遅延させつつ、奇襲的に作戦が実行され数日以内の短期占領を目指すとみられる。

しかし、その後日米による尖閣上陸部隊に対する海上封鎖と遠距離火力による反撃に会い、尖閣諸島の占領を維持するのは、容易ではない。

また尖閣諸島が占拠された場合には、日本のみならず周辺諸国、ひいては国際社会の激しい反発を招き、政治的にも対中融和派が完全にその立場や影響力を失う。そして、米国との対立は決定的となり、同時に中国は世界から孤立する。さらに、日本の本格的な防衛力増強、台湾との安全保障協力強化を誘発するなど、その代償は大きいだろう。

特に、日本の台湾支援政策は一挙に進み、対台湾武器援助、日本版台湾関係法の制定、さらには日中国交断絶と日台国交回復など、米台のみならず日台間の防衛協力が加速されるであろう。

また同時に台湾の対中警戒心を高め、台湾の軍事力増強、米国からの武器支援による台湾の防衛力強化がさらに進むであろう。半面、中国側が目論んでいる、平和裏の政治統一の可能性は遠のき、台湾武力統一の選択肢を採らざるを得なくなるであろう。むしろ台湾の軍備増強が進むため、軍事力バランスも中国側の優勢度が低くなるであろう。

米国内では、民主党の人権派を含めた米国議会の超党派及び国民の反発を招き、米国の軍事力の増強と米国による日台に対する防衛力増強支援を促進させることになろう。

東南アジア諸国やインド、オーストラリア、欧州各国の反発も強まり、世界的な対中包囲網が軍事・非軍事両面で強まり、中国の国際的孤立が決定的となろう。

以上の、日米の対応による軍事的リスク、日台米の反発による政治的リスクと防衛力増強の誘発、外交的孤立のリスクなどを総合的に考慮すれば、中国による尖閣諸島への侵略と占領は軍事的にはいつでも可能としても、安易に実行される可能性は低いとみられる。

ただし、米バイデン政権の意思を試し、あるいは米国と日台との連携の度合いを探るために、中国が、尖閣諸島侵攻あるいは台湾本島以外の太平島、澎湖諸島など台湾周辺の島嶼を占領するなどの行動を起こす可能性はいつでもありうる。

その場合中国は、自ら仕掛けた紛争であるにもかかわらず外交的な解決を主張し、日台と米政府を油断させ、紛争後はむしろ緊張緩和を演出するとみられる。しかし、その真意は、あくまでも台湾併合のための有利な状況の作為に主眼があることを忘れてはならない。

（3）ケース3（台湾・尖閣諸島への同時侵攻）

この侵攻は、前述（382〜383頁）の五つの理由により、中国の東部戦区部隊を主戦力として行われるとみられる。

この侵攻が行われる可能性は、以下の理由から、三つの侵攻ケースのうちで最も高いとみられる。

①中国軍の戦略家たちの文献では、台湾と尖閣諸島を中国軍が太平洋に出るための「大門」の「かんぬき」として、戦略的に一対不可分の地政学的価値を持つとみており、実際の中国軍の海空軍の演習や訓練でも宮古水道を通過して西太平洋に出て、それから台湾東岸に回り更に台湾を周回する経路、また日本本土太平洋岸に出る経路が多数確認されていること

②Ａ２／ＡＤ戦略を基本とする中国軍にとって、米軍空母部隊の来援阻止のために、海空軍と各種ミサイル戦力により西太平洋を制圧しつつ、台湾の南北にある宮古水道とバシー海峡の両翼から台湾を包囲するのが、最も早期かつ確実に米軍来援を阻止・遅延する態勢を確立でき、台湾を完全に孤立させることができること

③また沖縄には米軍基地があり、南西諸島には自衛隊が配置されているが、同地域に対する東部・北部戦区の海空軍の支援を直接得られ、上海以北には港湾や航空基地、兵站拠点も多く距離的にも近いことから、中国軍が戦略攻勢を採る条件が整っていること

④奇襲的なミサイルの集中攻撃、宇宙・サイバー・電磁波戦での戦略先制奇襲に成功すれば、日米の戦力発揮は一時的に困難となり、反攻作戦を遅延させ、その間に台湾を一挙に占拠する可能性があること

しかしこの侵攻には、以下のような問題点もある。

①台湾の両翼包囲には大規模な侵攻戦力の集中が必要となり、北部戦区の一部も支援する必要がある。南部戦区も南シナ海正面の防衛に主力を使用するため、バシー海峡からの攻勢に全力で参加はできないとみられる。

結果的に、両翼から同時に台湾を奇襲的に包囲するに十分な戦力を集中するのは限界があるとみられる。

②逆に、在沖縄・日本本土、在韓国の米軍が存在する限り、台湾に対する宮古・バシー両海峡からの両翼包囲による分断孤立は容易ではないとみられる。

結論的に言えば、中国軍としては、在沖縄・日本本土、在韓国の米軍の撤退又は不介入を保障できる情勢の下で、宮古水道正面を主攻としバシー海峡方面からの助攻による台湾両翼包囲作戦を奇襲的に行い、一挙に既成事実化してしまう可能性は高い。その際には、一体とみている尖閣諸島を台湾本島侵攻と同時または直前に奪取するとみられる。

2　侵攻時期

侵攻時期については、2021年夏~22年（ケースa）、2023~27年（ケースb）、2028~35年（ケースc）の三つのケースが考えられる。

このうち、中国の戦略的な狙いと日米台の国内情勢及び対応により異なるが、尖閣など周辺島嶼への限定目的の局地侵攻については、ケースaの可能性が高いとみられる。また、台湾全島の併合については、各国の国内情勢、戦力整備などの諸要因が成熟する期間を考慮すれば実行の可能性の面から、ケースbを追求することになるとみられる。

しかしケースbが実現できなかった場合も、ケースcの、習近平政権が「強軍の夢」達成の中間目標年として掲げている2035年までに台湾統一のための行動に出る可能性が残される。

以上の理由は以下の通りである。
①小島嶼への限定目的の侵攻は、いつでもありうるが、バイデン政権成立後間もなく米国内が不安定で、海象が安定し、コロナ禍で日米が弱体化した、北京冬季オリンピック（2022年2月4日から2月20日までの17日間）後の2022年夏以降が好機になるとみられる。
なお、日米への刺激を避けて、台湾のみを対象とするため、金門・馬祖島、太平島、あるいは東沙諸島、澎湖諸島など台湾の周辺島嶼への局地侵攻もありうる。
②ケースbは、バイデン政権後にさらに極左の米政権が成立して米国の国力と軍事力が弱体化し、米国内は巻返しを図る保守派と極左に分断されて経済も低迷し国内の混乱が深まる一方で、中国共産党内の権力闘争が激化せずに習近平独裁体制が維持される場合は可能性が高い。
米国のトランプ政権が約束した台湾に対する長距離ミサイル戦力を含む各種装備により、台湾と中国の戦力格差はやや縮まり、中国の侵攻準備は従来の見通し（2023年以降に台湾本島侵攻が可能との米台の見積もり）よりも少し遅れるとみられる。

中国国内ではまだ習近平派と江沢民派等の反習近平派の権力闘争は続いており、習近平派が権力を固めるにはまだ数年を要するとみられる。

米国の内政の行方も不透明である。例えば、中国から資金提供を受け息子のハンター・バイデンの事業で利益を得ているバイデン大統領の対中融和政策が頭をもたげるのか、ハリス副大統領の大統領昇格はあるのか、トランプ前大統領支持派の巻き返しが成功するのか、米国内の混乱が深まるのか否か、米国経済特に軍需産業の衰退は起こるのかなどの不透明な要因がいくつもある。

これらの帰趨を見極めなければ、台湾統一が可能な情勢になるかどうかは判断できない。また、選挙介入、政治家・財界人・学界・メディアなどへの影響力の浸透、フェイクニュースなどによる世論操作、心理戦、法律戦も展開されるとみられ、浸透工作の発動とその効果の見極めにも数年は必要である。

選挙介入については、2020年の大統領選挙でも、ブラック・ライブズ・マター（BLM）やANTIFAへの支援、選挙集計機の操作、投票用紙の偽造など、中国の選挙介入の証拠が挙げられている。台湾でも中国によるサイバー攻撃による選挙介入が行われたとみられており、今後日米台の各種選挙でも同様の介入が行われる可能性がある。

他方、第14次5ケ年計画（2021〜25年）において「2027年までの強軍の実現」を目標に掲げている通り、中国軍の戦力整備にはまだ数年を要するとみられる。

例えば、直接の侵攻戦力の骨幹となる、大型揚陸艦艇、新型の空母、巡洋艦、潜水艦などの海軍渡洋戦力の増勢、第6世代機の開発配備、海軍陸戦隊（海兵隊）や陸軍東部戦区部隊、海上民兵の増強、兵站準備などがそれに該当する。

また、画期的な各種先端兵器の開発配備にもまだ数年を要する。IoTの進歩により、物理的破壊も含めたインフラ攻撃が、サイバー攻撃により可能となるかもしれない。電磁波攻撃も宇宙空間、航空戦、弾道ミサイル防衛などでは多用されることになるであろう。しかしまだ兵器として運用できるほど成熟してはいない。

米中露間ではミサイル迎撃システムを突破する極超音速滑空体などの開発配備の競争が激化しているが、各国とも主力装備として配備するにはまだ数年を要する。大型ジェットエンジン、第６世代機、新型潜水艦の開発にも中国はまだ数年を要するとみられる。

５Ｇの情報通信機器、ＡＩ、量子技術、自律型致死性兵器システム（ＬＡＷＳ）など先端兵器の開発も進んでいるが、中国が優位を追求するとしても、それにはまだ時間を要するであろう。

台湾の平和統一は可能か、武力併合を必要とするか、武力併合をした場合に米日の介入をさせないような外交軍事情勢に持ち込めるかなどの不可測要因を見極めるには、２０２０年代中ごろまではかかるとみるべきであろう。

以上から、台湾本島の侵攻については、条件成熟を待つためケースｂとなる可能性が高い。特に、２０２０年10月の共産党第19期中央委員会第５回総会で「奮闘目標実現」の年として掲げられた、中国人民解放軍創設１００年を迎える２０２７年が節目の年になるとみられる。

ケースｃについては、習近平政権の「強軍の夢」実現の中間段階の目標年の、２０３５年が節目となる。前述したように、「強軍の夢」実現までの年表として挙げられた3段階のうちの第２段階は、２０２１年から２０３５年とされ、その間に、全面的な軍事理論、軍隊組織形態、軍事人事、武器装備の現代化を達成するとされている。

他方、2018年3月の全国人民代表大会で、それまで2期10年までと定められていた国家主席の任期条項を削除した。結果的に習近平は2035年頃までは国家主席、党総書記、中央軍事委員会主席として留まる可能性がある。

前掲の李登輝元台湾総統も述べているように、習近平には軍事的実績が無いことから、在任中に宿願の台湾併合を何としてでも成し遂げる意向をもっているとみられており、必要とあれば武力行使をしてでも、2035年までには台湾併合を成し遂げる可能性は高い。

中でも、2027年までに尖閣・台湾を併合することを目指すケースbの可能性が最も高く、情勢が成熟せず同時期までに実行できなかった場合も、さらに長期の一貫した戦略目標として、ケースc、すなわち任期中に、「強軍の夢」達成の中間目標年である2035年までに達成すると見ることができよう。

第3節　軍事侵攻の可能性

以上、中国の国家戦略から紐解き、軍事的な台湾・尖閣侵攻能力、そして侵攻があるとした場合の場所・時期等について分析してきたが、現時点において、はたして中国はその意図を実行に移す能力を持ち、その可能性は切迫しているのであろうか。

侵攻時期に影響する各種事象の推移

年	日本	米国	台湾	中国	侵攻時期
2021	7月オリンピック 9月までに選挙	1月バイデン政権発足		尖閣諸島、南シナ海等での威圧活動・訓練の増加第14次5ケ年計画（2021-25、目標：2027年までの強軍の実現）	a
2022	7月参議院選挙	11月中間選挙		2月北京冬季オリンピック	
2023		台湾武器供与完了？		共産党大会／全国人民代表者会議	
2024	31中期防最終年度	大統領選挙	総統選挙 5月次期台湾総統就任	東部戦区水陸両用戦部隊、海軍陸戦隊、海上武装民兵などの配備・増強	
2025	4月大阪万博 7月参議院選挙	新政権成立		空母、新型巡洋艦、大型戦車揚陸艦各3隻就役？大型ジェットエンジン、	b
2026		中間選挙 米新型核戦力本格配備		第6世代機、各種先端兵器、新型SSBN、極超音速滑空弾等の開発配備？	
2027				奮闘目標の年、建軍100年	
2028	7月参議院選挙	大統領選挙	総統選挙	国家主席任期	
2029		米新政権			
2030		戦略新態勢 中間選挙			
2031	7月参議院選挙				
2032		大統領選挙	総統選挙		c
2033		新政権		国家主席任期	
2034	7月参院選挙	中間選挙			
2035				強軍夢中間目標達成年	

＜出典＞各種資料から筆者作成

それを判断する最大のポイントは、中国軍が東シナ海あるいは台湾海峡によって隔てられた尖閣をはじめとする日本の南西諸島や台湾に侵攻し、その土地と住民を支配する能力を保有しているかどうかに掛っている。

現状では、中国軍の経海・経空（着上陸）侵攻作戦を担い占領支配を決定づける中国の海軍陸戦隊を尖兵とした陸上戦力については、その造成・戦力化が遅れていると見られている。

台湾国防部が2020年9月に発表した最新の中国の軍事力に関する年次報告書は、「（中国軍の）台湾に対する戦術や戦略の運用では、台湾海峡の自然地理的環境によって制約を受け、陸用装備や後方支援態勢も不十分」であることから、「中国は台湾を全面的に侵攻する正規作戦能力を依然として有していない」と分析している（括弧、傍線は筆者）。

また、日本の防衛白書（令和2年版）も、「中台の軍事力の一般的な特徴」について、「陸軍力については、中国が圧倒的な兵力を有しているものの、台湾本島への着上陸侵攻能力は現時点では限定的である。しかし、近年、中国は大型揚陸艦の建造など着上陸侵攻能力を着実に向上させている」（傍線は筆者）と記している。

そのためか、習近平国家主席は、2020年10月に海軍陸戦隊を視察し、第14次5ケ年計画（2021〜25年）による「国防・軍隊の現代化の加速」を訴え、「戦争への備えに全身全霊を注ぐ」よう部隊に求めた。同5ケ年計画では、「2027年までの強軍の実現」を主要目標に掲げており、台湾武力統一などを念頭に置き、今後約5年間で海軍陸戦隊の実戦力の強化に注力する構えである。

習近平国家主席が中国共産党においてその地位を守り、また国内世論、特にナショナリズムの高揚を図るために南シナ海の東沙諸島や太平島などの離島の奪取など、ある程度の限定的な軍事侵攻までは否定できないものの、国際世論を敵に回し、米国による反撃の機会を与える行動は、その能力からもとりづらいのが、現状における妥当な見積もりだろう。

前記見積もりは、現状で中国が軍事力で強引に台湾及び尖閣諸島を含む南西諸島に侵攻し支配する場合であるが、一方で国際世論の形成や台湾での内部工作に成功すれば、国内問題として香港同様に支配することが可能となろう。そのためには、サラミスライス戦術により、台湾、尖閣諸島が中国の附属領であることをアピールし続けるだろう。更には、ロシアがクリミア半島を併合した際と同様に、中国本土からの大量移住により世論を形成する方式も採用されていて、実際、中国人の台湾への移住は、毎年10万人とも言われている。沖縄に対しても浸透工作は継続している。

結論的には、現状の中国の軍事力とその継戦能力から考えると、現時点で直ちに本格的な軍事的侵攻を発動するとは考えづらい。軍事的侵攻を主体に台湾及び第1列島線を支配するためには、米軍の介入を阻止できる態勢を確立してから、第1列島線、第2列島線へ一気に侵攻することが考えられよう。その時期については、中国の軍事費の伸び、軍事技術の進展、海上・海中戦力及び航空戦力の充実次第であろうが、中国は2035年までに総合国力で米国に追い付くことを目標に、経済成長率を上回るハイペースで国防予算を増額しており、日本、米国、台湾の防衛努力が現状のまま推移すれば、2035年までの間には中国が軍事的優位を確立する可能性がある。

従来は中国の国家主席の任期は2期までであったところ、習近平国家主席は生涯にわたり国家主席を務めることができるように憲法を改正した。この意味は、2任期では短すぎて、台湾問題の解決、国家戦略の実現などが出来ないことが背景にあると言われている。つまり、3任期目（2023~28年）以降には、何らかの結果を出さなければならない状況に置かれるのである。よって、3任期目初年度にあたる2023年度以降で、最も早い時期に台湾支配及び第1列島線支配を目指すと考えるべきだろう。習近平国家主席にとって、軍事的優位（継戦能力を含めた）確立までには、どうしても一定の期間を要するとともに、台湾が中国の国内問題であるとの国際世論を形成するのは極めて困難であると予測される。その一方で、任期を延長することを可能にしたがために、台湾・第1列島線の支配実現には一定のタイムリミットが国内政治上存在すると言えよう。

つまり、これからの5~10年間が、日本にとっても台湾にとっても、第2節で分析した中国の軍事侵攻を予期しなければならない重大な危機の局面を迎える時期となる。特に、人民解放軍創設100周年の節目を迎える2027年前後は危険域に入ると考えておかなければならない。

日米台にとっては、この時期的リミットまでに中国に侵攻の口実を与えないように、あらゆる手段を尽くすべきである。そこにこそ中国の弱点が存在するのである。

第3章

中国の侵略的覇権拡大の抑止

中国による尖閣諸島や台湾及び第1列島線への侵攻は、いつ行われるのか、というより、これまで本書で述べてきたとおり、現在既に行われているというのが正しい認識である。

ただし、その侵略的覇権拡大は、単純に純軍事的な作戦ではなく、既に述べた通り情報化戦争、「三戦」といった非軍事的手段を多用して、軍事的侵攻のための環境作りを行なうとともに、可能な限り非軍事的手段のみで尖閣諸島や台湾及び第1列島線の支配を完成しようとするものである。その可能性が尽きた場合には一挙に軍事侵攻へと移行し、政治目的を達成するのである。

今差し迫っている軍事侵攻を思いとどまらせるには、抑止力の要となる同盟国・友好国と共同・協力連携した軍事的な守りを固めつつ、中国が台湾・尖閣を欲する究極の目的である覇権国家を目指す行動を抑止する、経済・技術、外交、情報などの様々な努力を併せて進めなければならない。そのためには中国が追及しているA２／AD戦略や「一帯一路」構想などを推進する戦略手段の弱点を追求する必要がある。これは言うまでもなく、中国の台湾・尖閣侵攻を抑止するためには、軍事的手段のみならず経済・外交等の非軍事的手段を総動員して当たらなければならないということである。

本章では、中国の侵略的覇権拡大を抑止するための総合的方策について述べる。

第1節　中国の覇権追及に当たっての弱点

1　「一帯一路」構想実現にあたっての弱点

「一帯」では、ロシアとの対立を避けることが必要条件であるにも関わらず、中国は北極海航路の開拓に積極的に関与しており、ロシアは警戒感をあらわにしている。また、「一路」では、マレーシアなどは「債務の罠」に陥ることに警戒感を強めており、中国からの借款と合同プロジェクトの推進から引上げるなど、順調にはいっていない。東南アジア諸国は、自国の利益に繋がらず、中国による一方的な利益獲得が「一帯一路」の正体であることに気がついている。過去親中派であったオーストラリアでさえ、同政府が2021年4月21日、ビクトリア州と中国が結んでいた「一帯一路」構想参加協定を国益に反するとの理由で破棄させている。

ただし、東南アジア諸国の中には、「一帯一路」構想のもと、インフラ整備支援などを通じて中国との経済関係を深めざるを得ない国や、軍事力維持のための装備品、あるいはコロナ対策でのマスク外交やワクチン外交に頼らざるを得ない国もあり、仕方なく中国寄りの政策をとっている国も少なからず存在する。

一方、中国は、南シナ海のほぼ全域を「九段線」で囲み、その内側を自国の領海と宣言して内海化・軍事的聖域化を図ろうとしている。また、南シナ海沿岸6ケ国が領有権を主張している南沙諸島の七つの岩礁を埋め立て、人工島化・軍事拠点化しており、本地域における領土主権や安全保障、資源エネルギー開発上の重大な争点となっている。

このように、東南アジア諸国では、中国との経済的利益を追求する関与と安全保障上のリスクに備えるヘッジとの間のジレンマに揺れ動いている。したがって、リスクが高まるにつれ、中国からは離れたいとの思いを持つのは当然で、この面従腹背の国が多く存在することは、中国にとっての弱点になろう。

更に経済的には、中国は2012年頃に生産年齢人口がピークアウトしている。2029年頃には中国の総人口が14億4000万人となり、それ以降は人口減少が続くとみられている。超高齢化社会を迎えるのは2025年頃以降であり、65歳以上人口が2億人にのぼり、それは全体の14%となる。それとともに、アリババをはじめとするインターネットプラットフォーム企業が「独禁法違反」のターゲットになり、厳しく取締まられている。更には、金融会社アントグループの上場を延期し、電子商取引の買収計画は却下され、学習塾大手など十数社には罰金を科した。また、著名で裕福な女優3人を中国の映画業界から追放するなど、格差を強引になくそうとする施策が行われている。つまり、「一帯一路」が行き詰まると共に、国内経済も衰退の兆しが現われ始めているのである。この経済的苦境を脱するために、中国は次なる手を繰り出す可能性が考えられる。この際には、その初動を押さえ、不法な活動や国際協調に悖る行動を制限することが、中国の経済的弱点を追及することとなる。

2 「核心的利益」追求にあたっての弱点

中国のいわゆる「核心的利益」とは、2011年に発表した『中国の平和的発展』において、国家主権、国家安全保障、領土保全、国家統一、憲法で確立された政治制度と社会の安定、社会の持続可能な発展の基本的保障に関るものと定義した。台湾やチベット、新疆ウイグルにおける中国の主権の維持、そして南シナ海や尖閣諸島の領土保全であり、そのためには、武力行使を含むあらゆる手段を用いることを意味するとされる。

中国は、台湾との平和的統一を指向しているとした上で、外国勢力による中国統一への干渉や台湾独立の動き（米国による台湾への武器売却等）に反対し、「反国家分裂法」等で武力行使を放棄しないことなどを表明している。つまり、核心的利益とは、絶対に妥協することのできない中国の内政問題であり、他国の干渉を許さないとの断固たる意思表示である。実際、2021年3月18日と19日に米アラスカ州で行われた米中外交トップ会談の席上、米政権交代直後で米中関係回復の絶好のチャンスであったにも拘わらず、楊中国共産党政治局委員は「台湾問題・新疆問題・ウイグル人問題などは、まったく中国の内政問題である。内政問題に対するアメリカの干渉には断固として反対する」と述べ、反米姿勢を前面に出したのである。

香港問題では、一国二制度を維持するとの中国の国際的な約束があてにはならないことを自ら露呈してしまった。2020年、香港国家安全維持法を施行し、さらに香港議会の民主派を排除できるように選挙制度を見直した。こうした中国の行動は、英中共同声明を反故にするものであり、その結果、香港問題は、すでに国際問題化している。更には、同じことが台湾に対しても行われるのではないかと、当の台湾や米国、その他の自由民主主義の国々が危惧しているのは間違いない。中国の台湾に対するこうしたアプローチの可能性について、中国寄りの台湾人以外は、「起こり得るリスク」として深刻に悟ったのは間違いない。ちなみに、2020年5月に発表された米国ピュー研究所の調査によると、台湾国民のうち、自分のことを台湾人と見ている人は66％、台湾人と中国人の両方と見ている人は28％、中国人と見ている人は4％であった。

チベット自治区、新疆ウイグル自治区の人権抑圧問題やモンゴル自治区での同化政策などに関しては、世界の民主主義国の周知の事実となっている。中国自身は、これらは内政問題であり、他国が口を出すことではないと主張しつつも、今や人権問題は国際的なスタンダードであり、世界が注視する事態となっている。

東シナ海における領土問題（日本は領土問題があるとの認識はもっておらず、あくまで日本固有の領土という認識である）は、中国がどれほど歴史的なねつ造を繰り返しても、国際社会が認める方向にはいかないだろう。米国の歴代政権（オバマ、トランプ、バイデン）は、いずれも尖閣諸島は日米安保条約第5条発動の対象地域であるとの意思を示している。つまり、中国が自国領土と主張して尖閣諸島を奪取しても、日米共同の反撃により再奪取されるのは自明である。また、南シナ海の南沙諸島にある七つの岩礁において、大規模かつ急速な埋立を強行し、軍事目的に利用し得る各種インフラ整備を推進してきたことに対し、2016年には南シナ海仲裁裁判所裁定において、中国の主張する権利が否定され、埋立てなどの活動の違法性が認定されている。南シナ海に面する国々、フィリピン、マレーシア、ベトナムなどは、対中警戒を増すことはあっても減じることはないと断言できる。そもそも中国は、南シナ海の「軍事化の意図はない」と、2015年に習近平国家主席がオバマ米大統領に約束していたはずである。

米国は、こうした中国の言行不一致の行動や南シナ海における中国の活動に対して、米海軍艦艇による「航行の自由作戦」や台湾海峡通過を反復するなどの措置をとっている。

以上のように、中国の核心的利益は、中国の内政問題ではなく既に国際問題化しており、中国の主張は国際社会で孤立する主張となりつつあるのが現実であろう。ここにも、やはり我々が付け入ることの出来る中国の弱点があると言えよう。

3　中国軍を世界一流の軍隊へ育成するにあたっての弱点

中国軍の育成については、第1段階で、「軍の機械化と情報化の実現」、第2段階で、「国防と人民解放軍の現代化実現」、そして第3段階では「世界一流の軍隊の育成」を目指すとしている。

令和3年度版『防衛白書』の記述では、「中国は、過去30年以上にわたり、透明性を欠いたまま、継続的に高い水準で国防費を増加させ、核・ミサイル戦力や海上・航空戦力を中心に、軍事力の質・量を広範かつ急速に強化している」とある。更に、白書は、情報優越を確実に獲得するための作戦遂行能力の強化の重視、サイバー領域や電磁波領域における能力を急速に発展させるとともに、敵の宇宙利用を制限することなどを可能とする能力の強化の継続など、新たな領域における優勢の確保を重視してきていると、中国の軍事力の強化を指摘している。

こうした記述から、中国軍の育成は、第1段階、第2段階と順調に進んでいると考えられる。この育成は、国防費の急激かつ継続的な伸びと、軍事技術によって支えられている。つまり、今後の第3段階を目指すには、中国の経済発展の持続と将来の戦闘様相を一変させるゲーム・チェンジャーとしての先端技術の開発・獲得が不可欠である。

そのうち、経済は、米国との貿易戦争の行方や「一帯一路」構想実現の可能性低下により、中国経済発展への影響は少なからずあるものと判断できよう。一方、コロナ感染拡大に伴い中国に部品製造などを依存していた国々が、安全保障に関わる重要生産品のサプライチェーンを一定程度見直すことで、中国の経済発展の減速への影響は未知数ではあるものの、米国と歩調を合わせる民主主義国家による対応次第で中国の経済発展や技術獲得のための機会は減ることとなろう。このため、今後の中国の経済発展は、これまでのような成長率を維持継続できるとは必ずしも言い切れないだろう。

特に、貿易戦争にはじまった米中冷戦は長期化するとの予測が強まり、また、近年一部の「一帯一路」構想の協力国において、財政状況の悪化などからプロジェクト見直しの動きも見られる。

また、軍事技術については、令和3年版防衛白書に記述されている「中国は自国で生産できない高性能の装備や部品をロシアなど外国から輸入しているが、軍近代化のため装備の国産化をはじめとする国防産業部門の強化を重視していると考えられる。自国での研究開発に加えて対外直接投資などによる技術獲得に意欲的に取組んでいるほか、機密情報の窃取といった不法手段による取得も指摘されている」とある。つまり、ロシアに頼るとともに、国産化のために技術の窃取や技術者の取込みといった他の国とは異なる取組みに依存していると言えよう。

渡部悦和著『中国人民解放軍の全貌』（扶桑社新書、2018年）では、「人民解放軍の兵器の質的な向上には目覚ましいものがあるが、その大きな理由は他国の技術の窃取により研究開発期間の短縮及び研究開発費の節約が可能だったからだ」との見方がある。その窃取の手段は、①サイバースパイ活動、②古典的な人によるスパイ活動、③リバースエンジニアリング（徹底的に分解して技術を窃取）、④企業を買収して技術を入手、などである。中国のIT企業「APT10」のターゲットは、工学系企業、エネルギー企業、技術関連機関などで、英、日、米、仏、スイスでも大量の設計図を盗み出している、との報道がある。

こうした事態に対して、米国は、中国のハイテク製品などへの関税賦課、対米投資に対する監視強化など、軍事転用の恐れもある技術分野の競争力確保や技術窃取防止を意図した措置を講ずるなど、対中抑止の姿勢を強化している。

以上のように、中国軍の育成は、違法な手段や強硬な経済政策に負っていることが明らかである。欧米主要国の結束及び東南アジア諸国の対中政策の変化によっては、経済発展と技術開発が順調に進まない可能性があり、今後、中国軍が第3段階目の世界一流の軍隊へと発展するには、このような弱点があることをしっかりと認識して対抗策を採ることが必要である。中国は、経済発展や軍事技術取得のために新たな手段を繰り出してくる可能性が考えられ、こうした動きに対しても警戒を怠らないことが必要である。

4　A2／AD戦略実現にあたっての弱点

中国は、軍事力による「台湾統一」のためには、A2／AD戦略の下、「Short Sharp War」を発動し、一挙に第1列島線を占領し、第2列島線まで軍事力を展開しなければならない。中国による「台湾統一」作戦は、前述の通り日本の南西諸島からフィリピン北部ルソン島の各領土占領と、東シナ海・南シナ海、西太平洋の海空域までの広域広正面・同時一体侵攻とならざるを得ない。

一旦侵攻の目的を達成したとしても、その後は地域と住民を占領支配し続けなければならない。そして、それを実効支配しているとして国際社会に認めさせ、領土主権を固定化させることが必要であるが、これに対し、自由民主主義国家は挙って、かつ永遠に抵抗し続けるであろう。

この事態発生に対して、自国領土を侵犯された日本、台湾及びフィリピンなどは、頑強に抵抗を継続することは当然である。また、米軍は、一度後退したとしても、態勢を整えて、自由な方向から攻撃し、中国の維持しようとする島嶼部の各個撃破を追求するであろう。

加えて、前述のとおり、中国は侵攻を成功させるため、日本、米国、台湾、フィリピンなどの対応のいとまを与えず、奇襲的に攻撃する可能性が高い。ルトワックの説によれば、奇襲には、相手の戦力を十分に把握することができず、コストをかけることが必要となる。この場合、従来の領域である陸海空戦力については、中国に振り向ける日本、米国、台湾の戦力量はある程度は予測可能であろう。

しかし、中国にとって完全に予測ができないのは、新たな領域である宇宙戦力、サイバー戦力、電磁波戦力などである。実際、日米台とも、かかる領域の能力向上を漸次図っているところである。こうした戦力がどの程度中国に対して指向されるのか、その能力がどの程度なのかは、中国がA2／AD戦略を発動して初めて分かるのである。また、中国の核兵器による対米抑止効果についても未知数のままであろう。

また、中国のA2／AD戦略に対して、米国はオバマ政権の第2期後半からトランプ政権時代へと、本気で対抗する方針に大きく舵を切った。この方針は、確実に米軍に引き継がれており、バイデン政権でも、従来の対中融和政策へとふれ戻ることはないと断言できる。

2018年の核態勢見直し（NPR2018）においても、米国は、低出力の核兵器を開発することを決定すると共に、2019年にはロシアのINF全廃条約違反を理由に同条約からの離脱を表明し、同年8月には同条約は終わりを迎えた。これは、ロシアを理由にしているものの、中国の中距離核弾道ミサイルへの対抗手段を持つためというのが本音にはあると考えるのが妥当である。

繰り返すが、中国がA2／AD戦略を奇襲的に発動しようとすると、そのコストやリスクはかなり高いものとならざるを得ない。侵攻初動においては、南西諸島や台湾など第1列島線の支配に十分な従来領域の戦力を投入できても、新たな領域の戦力は優位に立てるのかどうか不明なままの作戦となろう。さらに、占領支配地域の確保能力は、長大な第1列島線及び第2列島線の全ての島嶼と海空・水中域を保持するに足るとは考えづらい。太平洋戦争で日本が米国に悩まされたように、東シナ海、台湾海峡そして南シナ海の海・空路を経由する後方連絡線は、日米等の戦闘機やミサイル、潜水艦や機雷等によって常に脅かされ続けることになろう。これに加えて、中国はベトナム戦争以来戦争を行っておらず、ましてや米国の実施した湾岸戦争やイラク戦争型の近代戦については実戦経験がないため、その戦争遂行能力は未知数である。ここにも、中国人民解放軍の作戦運用上の弱点があることを認識しておかなければならない。

第2節　中国の弱点を追求する方策

1　中国による第1列島線支配の弱点追求

第1列島線の支配こそが、「中国の夢」が目指す最優先かつ最重要な目標である。そこで、再度、第1列島線の価値を確認した上で、日本として第1列島線防衛において取組むべきことを述べてみたい。

（1）中国の第1列島線支配のための軍事戦略

第3章で述べた通り、中国にとっての第1列島線は、その中国側を自国の本土や沿海、近海を守るための「絶対国防圏」とすることである。

その絶対国防圏の北側の東シナ海から台湾海峡を経て南シナ海へ至る航路は、シーレーンとしての高い価値を有する。特に、南シナ海を通るシーレーンは、インド洋と東シナ海を結ぶ最短の航路で、年間4万隻以上の船舶が航行し、世界経済を支える重要なシーレーンである。中国が南シナ海を実態上内海化して軍事的覇権を確立すれば、米国や日本をはじめとする周辺国の航行の自由を奪い、世界経済に死活的かつ重大な影響を及ぼす。

更に南シナ海は、戦略ミサイル原子力潜水艦（ＳＳＢＮ）を展開しうる海域である。同潜水艦に潜水艦発射弾道ミサイル（ＳＬＢＭ）を搭載し、対米核抑止力としての反撃能力を保持することができる近海地域は、充分な水深を有し陸上基地からの掩護が受けられる南シナ海に限定される。それを裏付ける様に、中国は南シナ海にある海南島に大規模な潜水艦の地下基地などを建設している。そして、空母「遼寧」を２０１６年に南シナ海へ進出させたり、２０１８年に同海で海上閲兵式に参加させたりしている。さらには、中国2隻目の空母である「山東」は海南島三亜で就役するなど、南シナ海に展開するＳＳＢＮを守る態勢を着々と整えつつある。

中国にとって、南シナ海の内海化すなわち軍事的聖域化は、ＳＬＢＭを残存させるという対米戦略上の絶対の条件であり、また、南シナ海から接近する米軍の行動を阻止するため、いかなる国際

中国海軍艦艇が太平洋・インド洋へ展開するための10の進出経路（出口）		
日本海から（対馬海峡経由）	①宗谷海峡	～オホーツク海～太平洋へ
	②津軽海峡	太平洋へ
東シナ海から	③大隅海峡	太平洋へ
	④トカラ海峡	太平洋へ
	⑤宮古水道	太平洋へ
	⑥与那国西水道	太平洋へ
南シナ海から	⑦バシー・バリタン海峡	太平洋へ
	⑧ミンドロ海峡	～マカッサル海峡～ロンボク海峡～インド洋へ
	⑨スンダ海峡	インド洋へ
	⑩シンガポール・マラッカ海峡	インド洋へ

＜出典＞「中国が意識する九つの出口」（新華社系「国際先駆導報」（2010・10・4）を基に筆者作成

的世論にも耳をかさず、南沙諸島の軍事拠点化を推し進めるであろう。実際、２０１６年の南シナ海仲裁裁判所裁定で、中国の主張する「九段線」の根拠たる歴史的権利が否定されたものの、中国はこの裁定に従う意思は全くみせていない。

また、中国海軍艦艇は、米国海軍などの接近阻止を図る狙いをもって太平洋及びインド洋に展開するために、10の進出経路を念頭に置いている。その内、最も北側は宗谷海峡と津軽海峡である。それ以外の八つの経路は全て第1列島線を通過するものである。東シナ海から四つの出口を使って通航の自由を確保するためのものと、南シナ海から四つの経路を通過して太平洋・インド洋に進出するものである。このうち、特に第2列島線に進出して、米海軍の接近阻止を図るためには、東シナ海と南シナ海からの各々四つの経路を確保することが必要となる。

東シナ海の水深は浅く、潜水艦の展開には不向きであるものの、第1列島線を越えてからは急激に水深が深くなり、潜水艦による展開が可能となる。また、中国が核心的利益と主張している「台湾」「尖閣諸島」は、米海軍の接近を阻止する上で必須の要域であり、第1列島線の占領または支配が不可欠である。こうした観点から、中国にとっての第1列島線の価値は極めて高く、同地域における中国軍艦艇及び中国海警局所属艦船の活動は活発化こそすれ、低下することはありえないであろう。

(2) 日米が追求するべき第1列島線保持のための戦略

これまで述べたように、中国が、米国のプレゼンスを西太平洋から排除し、東アジアに地域覇権を確立するという野望を実現するためには、何としても南西諸島や台湾など第1列島線の占領支配が必要である。そのため、中国は、米国の介入を阻止し、あるいは遅らせ、その弱点に乗じて奇襲的に侵攻する、すなわち「Short Sharp War」を発動する可能性が高いと見られる。

そのため、日米台は、米国の拡大抑止の強化を背景に、平素から本地域に通常戦力による確かな抑止体制を維持することが極めて重要である。それによって、中国の野望実現の第1歩となる第1列島線の支配を拒否し続け、侵攻時期を遅らせ、ついには断念させるのである。

そこで、日米が中国の第1列島線に対する侵攻を抑止するためには、どうすれば良いのかを考えてみたい。

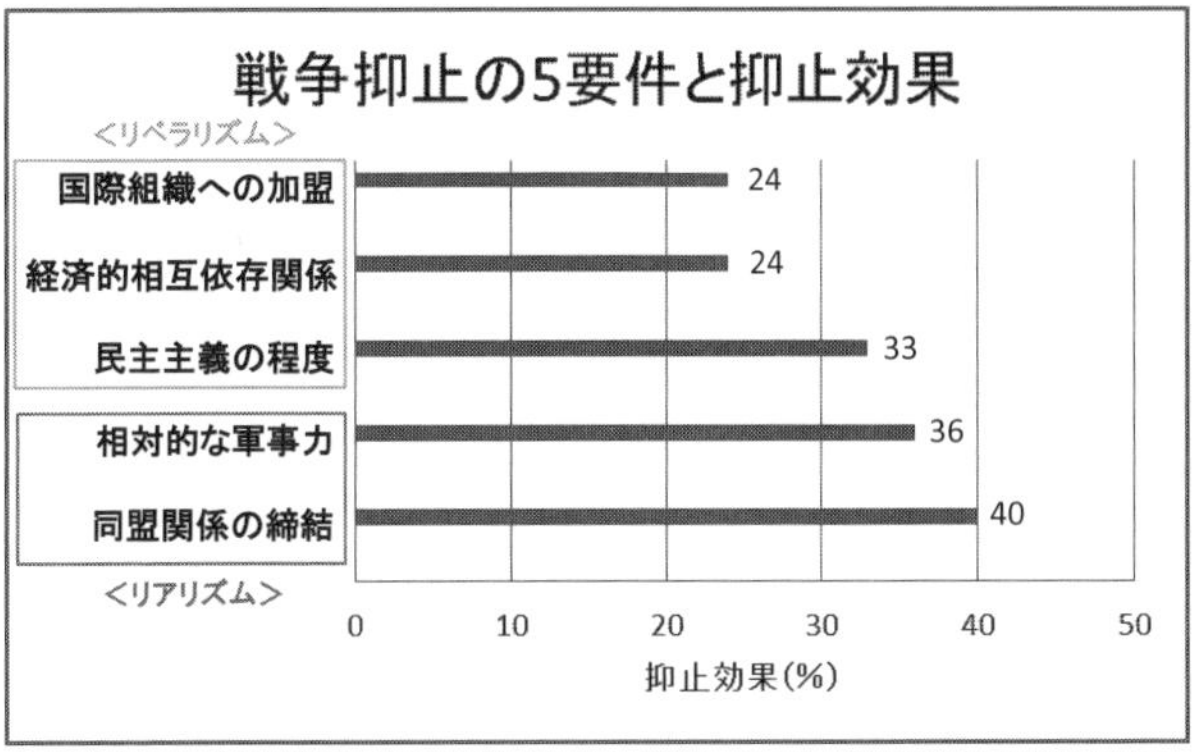

＜出典＞米国の国際政治学者ブルース・ラセット／ブライアン・オニール著『Triangulating Peace』の「平和の五要件」を基に筆者補正

ア　抑止戦略の方向

米国の国際政治学者ブルース・ラセットとブライアン・オニールは、その共著『*Triangulating Peace : Democracy, Interdependence, and International Organizations*』（The Norton World Politics, *2001*）で、戦争抑止の5要件と抑止効果（上記図表参照）について述べている。

それによると、戦争抑止には、①国際組織への加盟（24％）、②経済的相互依存関係（24％）、③民主主義の程度（33％）、④相対的な軍事力（36％）、⑤同盟関係の締結（40％）の5要件が必要とし、抑止の効果をそれぞれ括弧内の数値で表している。①から③はいわゆるリベラリズム的要件、④と⑤はリアリズム的要件と見ることが出来よう。

中国は、上記の「戦争抑止の5要件と抑止効果」を逆手にとり、日米台による抑止体制を破壊する動きを見せていると思われる。以下では、要件ごとにその実態を概観し、中国による有利な状況作為の危険度を評価してみる。

〈国際組織への加盟〉

中国は、国際組織に加盟しその存在感を高めている。また、国連安保理常任理事国として拒否権を行使し得る一方、多国間協議と2国間協議を巧みに使って自国に有利な立場を築こうとしている。中国は、冷戦崩壊の1990年代初頭までは「平和五原則」に基づき、多国間外交に対しては消極的であった。しかも、天安門事件によって、中国は外交的な孤立状態に追い込まれたため、近隣ASEAN諸国との2国間関係強化を図ろうとした。しかしながら、ASEAN諸国には南シナ海の領有権問題を巡って「中国脅威論」が高まった。その局面打開のため、中国はASEAN地域フォーラム（ARF）をはじめ、上海協力機構（SCO）といった地域の多国間安全保障協力の枠組を通じ、多国間外交にも積極的に取組むようになった。更には、2021年9月に環太平洋パートナーシップ（TTP）への加入を申請するなど、多国間の枠組みを利用しようとの動きが加速している。

その一方、南沙諸島の領有権をめぐる南シナ海仲裁裁判所の裁定を無視するとともに、東シナ海でも力による現状変更の動きを強めるなど、国際社会での「中国脅威論」はますます高まっている。こうした状況において、中国は、新型コロナウイルスの感染拡大を利用する動きも活発である。自らがコロナウイルスの発生源でありながら、マスク外交やワクチン外交に見られるように、国際社会を覇権的拡大のフィールドとして利用している。

近年の中国は、南沙諸島での軍事拠点化の動き、「一帯一路」の推進、及び自国に都合の良い

「核心的利益」の追求など、世界の安定を維持しているルールに基づく国際秩序を中華的秩序に置き換えるべく、前記のような多数派工作に余念が無い。

こうした動きは、立場の弱い国々を中国に従わせる影響力を増加させつつも、強制力によって従来の国際秩序を破壊する者であるとの懸念をもつ国も増えつつあり、中国の思惑とは異なり国際組織への加盟がそのまま戦争抑止効果をもたらしているとは言い難い。力による国際ルールの変更などにより、逆効果をもたらしてもいるのだ。

結論としては、中国の国際組織への加盟や多国間外交の活発化では、他国の警戒感を高めつつある。

column

平和五原則

1 主権と領土の相互尊重
2 相互不可侵
3 相互内政不干渉
4 平等互恵
5 平和共存

※中国は、伝統的な華夷秩序の下で、長きにわたり国家主権の概念を明確に持たなかっ

たものの、近代に至り半植民地状態に置かれるという苦い経験をした。この反省から、中華人民共和国の建国後は、「平和五原則」に象徴される国家主権の至高善を謳うとともに、内政不干渉減速を前面に掲げた外交政策を打ち出した。国際社会における中国の独立性を守るための外交上の優先課題であり、多国間外交からは事実上一線を画してきた。〈出典：「現代中国の政治的安定（現代中国分析シリーズ2）」松本はる香〉

〈経済的相互依存関係〉

中国海関総署（日本の税関に相当）の発表によると、2017年の中国からの輸出相手国1位はアメリカ、2位が香港、3位が日本であった。中国の輸入相手国1位は韓国、2位が日本、3位が台湾であった。このように、中国と日本、米国、台湾は経済的相互依存関係にある。外交・安全保障では対立していることから、日本を含め欧米主要国はサプライチェーンを見直す動きも出ているものの、経済による相互依存の緊密さを考えると、その見直しは各国の安全保障上死活的なものに限定せざるを得ないし、時間がかかるものと思われる。

各国にとって、自国の経済成長を完全に諦めることとなるような経済的相互依存関係を断ち切ることは相当難しいと思われ、経済貿易の面からは双方に妥協点を見出す努力が必要になろう。こうしたことから、経済的相互依存関係は、短期的には一定程度の中国への有利な状況が継続すると言えよう。一方、長期的となると、今後の各国の施策次第ということで、その判断は難しい。

〈民主主義の程度〉

中国は、共産党一党独裁の政治体制を採り、全体主義、強権主義の政治を行っており、日本や米国、台湾が共有する自由、民主主義、人権、法の支配といった普遍的価値を否定する対極に位置している。お互いの主義主張が、「21世紀における民主主義国家と専制主義国家の有用性をめぐる闘い」(バイデン大統領)として体制間の争点となっており、日米台と中国の双方が寸分も譲れない本質的な対立に発展している。この点では、中国の体制に対して警戒感を抱く民主主義国は多く、その共産党一党独裁体制による周辺国や国際社会における健全な秩序構築への悪影響は大きいと断定できよう。

〈相対的な軍事力と同盟関係の締結〉

他方、リアリズム的要件では、相対的軍事力(パワーバランス)の優越を図り、対米戦略的優位を構築するため、ロシアやイランとの戦略的連携を強化している。こうして、日米台に対して軍事的脅威を増加させ、意図と能力の双方を増大させているのが最近の中国である。つまり、パワーバランスを中国に有利にしようと努めており、不安定化を増しつつあると言えよう。

しかしながら、ロシアやイランなどとの戦略的連携が即座に脅威になるとは断定できない。例えば前述したとおり北極海航路を巡り、ロシアが中国に対する警戒感をあらわにするなど危うい側面も存在している。

また、中国軍の強化を順調に進めるための経済発展や軍事技術取得への障害も予測されるなど、弱点が少しずつ露呈する可能性もありえると考えるべきである。

以上、5要件に対する中国の取組みは、①、②、③のリベラリズム的要件によって自国に有利な状況を作為しているものの、一定の限界がある。こうした動きは日米台にとって脅威である一方、中長期的にはいずれ付け入ることのできる弱点となる面も包含していると認識するべきである。

④と⑤のリアリズム的要件については、目に見える形で対中抑止の実効性が得られると言えよう。

イ　日米台の立場からの視点

＜国際組織への加盟＞

一方、バイデン政権になって、トランプ前政権の「一国主義」による弊害の反省に立ち、自国のみが行動することでは安全保障を担保できないとの認識から、あらゆるテーマについて同盟国及び友好国との間で「多国間主義」の手法を取入れ、国際協調路線に復帰している。特に、ＥＵとＮＡＴＯが米国と足並みを揃えつつあることは、計り知れないほど大きな戦略的価値を生み出す可能性がある。

他方、台湾は、中国の圧力によって国際機関から締め出され、外交関係のある国々との断交に追い込まれている。台湾の新型コロナ対策の成功を機に、台湾の国際活動領域を拡大し、台湾問題を広く周知して台湾への国際的支援を働きかける努力が一層必要である。

レアアースの埋蔵量と生産量（2020年）

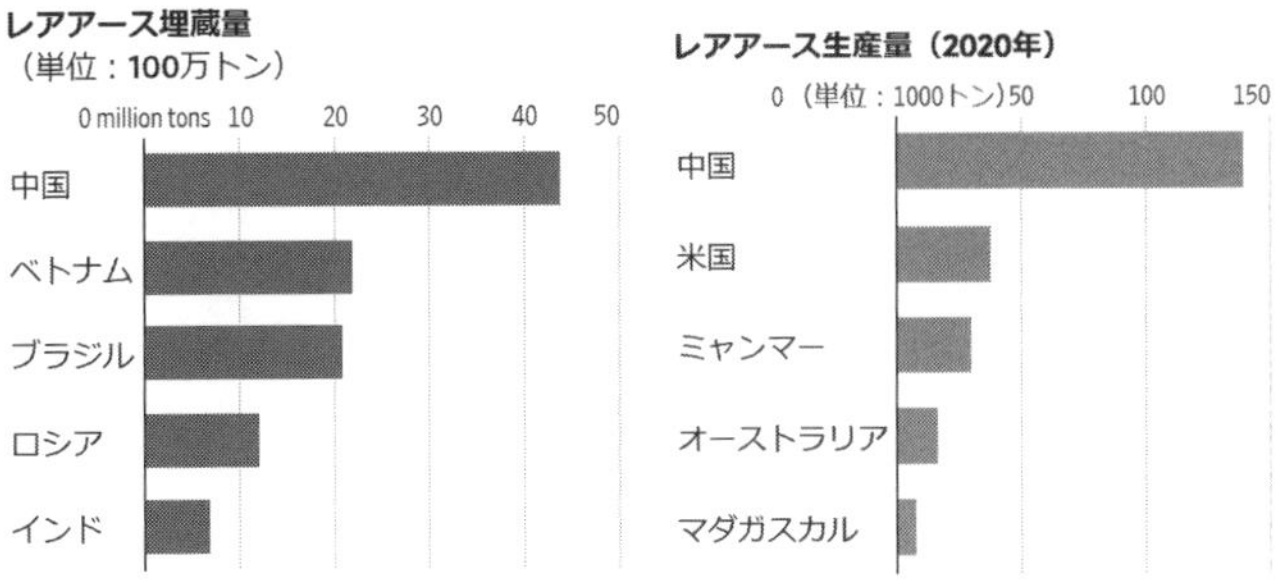

＜出典＞原資料：米地質調査所、Alistair MacDonald「中国のレアアース支配 いつまで苦戦する欧米」（WSJ、2021.4.14）

〈経済的相互依存関係〉

日米台の経済的相互依存関係については、改めて述べるまでもないが、コロナ禍で明らかになったように、中国に過度に依存しているサプライチェーンの多角化や多重化が急務である。

特に、安全保障に重大な影響を及ぼす戦略物資、例えば、半導体や第５世代移動通信システム（５Ｇ）、人工知能（ＡＩ）、生命工学（バイオテクノロジー）、光ケーブル、量子計算などの核心となる技術分野について、中国の入手を阻むとともに、中国の脅威について認識を同じくする国々が技術開発やインフラ投資、それに貿易管理や技術標準、監視テクノロジーの管理規制などに力を結集して取組む必要がある。

米国は、これを「デモクラシー10」と呼んでおり、Ｇ７にインド、オーストラリア、台湾、韓国などの参加を想定している。その観点から、世界最大の半導体受託生産企業である台湾積体電路製造（ＴＳＭＣ）が、米国と日本に生産工場を建設する意義は大きい。

また、世界有数のレアアース（希土類）供給国である中国は、尖閣諸島をめぐって日本と対立した2010年には、日本向けレアアース輸出を制限するなど、その立場を利用して貿易相手国に圧力をかけてきた。そして、2021年には、レアアースに関する新たな規制を導入した。

このような中国の対抗手段を回避できるよう、オーストラリアやインドなど他の供給国とともに、レアアースの生産拡大や代替となる合成物質の開発を行なうシステム作りが必要である。

〈民主主義の程度〉

台湾は、成熟した民主主義国家であり、日本や米国など他の民主主義国家と自由、人権、法の支配などの普遍的価値を共有している。

その台湾は、呉釗燮外交部長（外相に相当）が2020年9月、仏テレビ局フランス24（France 24）で「台湾は共産主義の中国に民主主義が乗っ取られないよう防衛する最前線に立っている」と説明したとおり、日本や第1列島線の国々とともに、中国の武力行使の直接的脅威に曝されている。

さらに、香港の民主主義弾圧、新疆ウイグル自治区でのウイグル民族抹殺（ジェノサイド）、内モンゴル自治区での同化政策など、中国の蛮行は目を覆わんばかりである。

この中国の覇権主義的拡張や全体主義的動機を阻むため、志を同じくする（like-minded）国々や同胞たる民主主義国家とその市民がこの地域に重大な関心を寄せ、国際協力で相互に連携した行動を起こすことが、今ほど求められている時はない。そのうねりを起こすのは、日本や米国、台湾そしてフィリピンなどの当事国による努力に他ならない。

〈相対的な軍事力〉

抑止とは、相手から攻撃される場合、軍事的な対応を行ない、攻撃で得られる利益以上の損害を与える意思と力（軍事力）を示すことで攻撃そのものを思いとどまらせることである。

そのためには、「敵の侵略を撃退するだけの十分な軍事力を持つこと」、「その軍事力を使用する用意があること」、そして「敵に対して自国の戦う決意を悟らせること」が必要である。

米国は、日本や台湾、フィリピンなどとの条約や法令上の義務の履行責任を負っているが、中国の侵攻当初は、長距離弾道ミサイル攻撃等による損害を避けるための作戦戦略上の必要から、一旦第2列島線以遠へ主力を後退させ、態勢を立て直してから反撃する場合が十分にあり得る。そのため、日本や台湾などの第1列島線上の国は、その間、独力で自国を守り切る確かな防衛力と国を挙げて戦う体制を整備しておかなければならない。

台湾は、2021年の防衛支出を4534億台湾ドル（152億4000万米ドル、約1兆6400億円）と、2020年の4113億台湾ドル（139億9000万米ドル、約1兆4878億円）から10％超増額した。2020年の国内総生産（GDP、同年5月予測）の2・4％と、過去最多となった。中国からの軍事的圧力が増す中、防衛費の拡大計画は正しい方向へのステップだと評価されているが、中国の脅威が高まる中で強靭な防衛を確固たるものにするには、さらなる努力が求められている。

他方、日本の2021年度の防衛費は、前年度予算（5兆688億円）から547億円増の5兆1235億円と、9年連続で増加するとともに、7年連続で過去最大を更新した。しかし、防衛費の

GDPに占める割合は、依然として1％以内に留まっている。

エスパー前米国防長官は2020年9月、日本を含む同盟国に「国防費をGDP比で少なくとも2％に増やしてほしい」と表明した。中国やロシアに対抗するためと説明し「私たちの相互の利益と安全、共通の価値を守るため」と訴えた。

北大西洋条約機構（NATO）はオバマ前政権時代に2024年までに国防費をGDPの2％にあげる目標を掲げた。米国を除く加盟国の2020年の国防支出の合計額が前年比4・3％増と6年連続でプラスになり、GDP比2％以上の目標を2020年に達成した加盟国は、米国を含め10ケ国（前年8ケ国）となった。

日本の防衛費は、米国や台湾と比較して格段に低く抑えられているのは否めない事実である。コロナ禍とともに、中国の脅威の増大によって戦後最大の危機に直面している日本としては、米国や台湾、そしてNATO諸国並みの防衛努力を行なうのは当然ではなかろうか。

〈同盟関係の締結〉

同盟関係の締結は、当代の最も強力な国あるいはその他数ケ国と軍事システムを統合して軍事力を補完・強化し、脅威対象国（仮想敵国）との勢力均衡の維持、軍事的優越の獲得あるいは地域の平和と安定を図るものである。

戦後の日本は、自国の国力・軍事力のみでは国家の安全保障・防衛を全うできないので、米国との間で軍事同盟を結び、共同防衛の体制をとってきた。

ジョセフ・S・ナイ著『アメリカの世紀は終わらない』（日本経済新聞出版、2015年）によると、米国は世界約60ケ国との間で同盟関係を結んでいる。

インド太平洋地域では、日米同盟を基軸として、米韓相互防衛条約、台湾関係法、米比相互防衛条約、東南アジア集団防衛条約（マニラ条約）に基づく米泰相互防衛義務、そしてオーストラリア、ニュージーランドとの太平洋安全保障（ANZUS）条約があり、そのネットワークが米国のパワーの源でもある。

他方中国は、周辺国は「世界の中心」である中国に従属すべきであるとの中華思想の伝統に沿っているためか、非同盟政策を基本としている。例外的に、軍事同盟としての中朝友好協力相互援助条約を締結し、ロシアとの間で準同盟的な関係を強化しつつあるが、真の同盟国はないに等しい。

オーストラリアのローリー研究所による「アジアの国力指数2018」では、米国の国力指数85・0、日本42・1、インド41・5、オーストラリア32・5で、それらを加えると201・1ポイントとなり、中国の75・5に対して2・7倍にもなる。

このように、非公式な安保会議体ではあるが、日米豪印4ケ国（クアッド）の力を結集すれば相対的に国力の優越を獲得し、それによって中国の野望に対抗する抑止力を強化することが出来る。

さらに、欧州からは、国際秩序を乱している中国を警戒するとの立場で、英国やフランスが艦艇をインド太平洋に派遣して「航行の自由」作戦を展開している。これに加え、ドイツは2021年夏にフリゲート艦を派遣し、オランダもこれに続いた。

日米同盟を基軸としたクアッドの枠組に、中国の脅威に曝されている台湾やフィリピン、マレーシアそしてベトナムなどを糾合したアジア版「ＮＡＴＯ」の構築に向けた取組みが進展すれば、「自由で開かれたインド太平洋」を維持する大きな地域抑止力として期待できるのである。

ウ　軍事戦略・作戦上からの第１列島線に対する抑止

第１列島線に対する抑止を焦点として分析すると、第１列島線は中国による太平洋・インド洋への海洋侵出を制約する自然の要害を形成している。対馬を含み九州とフィリピンを両翼とし、中国の海空軍を東シナ海、南シナ海域内にほぼ完全に封じ込めることができる一連の島嶼群が第１列島線である。

中国が標的とする第１列島線上の日本、台湾、フィリピンにとって、第１列島線の防衛はすなわち国土防衛そのものである。一方で、第１列島線は、いわゆるエアーシー・バトル（ＡＳＢ）や海洋圧迫戦略（ＭＰＳ）などと呼ばれる米国の対中軍事戦略を実行に移すための基盤となる要域でもある。

ちなみに、ＡＳＢやＭＰＳは、現在、統合アクセス行動構想（ＪＡＭ－ＧＣ）というドクトリンに集約されている。しかしながら、共同防衛の責任を有する米国が、中国のミサイル攻撃などの第１撃による被害を避けるため、前方展開戦力を第２列島線以東へ一時後退させ、あるいは、第１列島線の国々との連携のタイミングを失して対中反撃が遅れる場合には、その間隙をついて中国は、

「Short Sharp War」によって速やかに目標を奪取し既成事実化を図る可能性がある。これが最も恐れるシナリオである。

また、中国が懐柔・浸透工作によって第1列島線の要所に作戦基盤を確保してしまった場合には、中国海空軍に第1列島線から西太平洋への自由通行を許し、米軍は西太平洋地域から駆逐されてしまう恐れも生じる。

こうした中国軍有利な態勢に対して、現在の米インド太平洋軍の戦略は、中国の脅威に対応するために広域に分散して戦力発揮することを目指している。この米軍の戦略をベースにして、日米が一致協力して中国のグレーゾーンでの現状変更を阻止するための体制構築を図ることが最も重要である。

軍事的に見て、現時点では、中国の地上発射型中距離弾道ミサイルの保有状況、海空軍の戦力投射能力、着上陸侵攻能力などから判断すれば、中国軍の態勢が有利であると評価せざるを得ないだろう。

換言すると、第1列島戦の攻防を巡る中国軍の態勢には明瞭な弱点は乏しい。この場合には、弱点の追求というより、戦略的に重要な地域に必要な戦力を集中するべく、インド太平洋軍の戦略通り、分散して戦力を健在させその分散した状態から中国軍に対して日米が共同して効果的な火力を指向して形勢の転換を図ることが必要となる。そのためには、自衛隊は統合運用によって、南西諸島を防衛するとともに米軍の戦力推進と発揮のための最大限の支援をすることが最優先課題となる。

つまり、日本、台湾、フィリピンに繋がる第1列島線上の国々の防衛を確実にするために、米国の対中軍事戦略と連携させて配備を補強・重層化させることが最優先事項となる。同時に、攻撃においては、相手（敵）の弱点を看破し、そこに戦力を集中して突破口を開くことを常道とするので、各国の緊密な協力・連携によって、国境に沿って生じやすい防衛の弱点を相互に支援し第1列島線の「阻止の壁」に断裂を生じさせないことである。また、各国、各島嶼が単独で戦うのではなく、共同作戦を行なう態勢を整備することが重要である。

例えば、中国の台湾侵攻を「存立危機事態」と認定した場合には、自衛隊のSSMやASM、潜水艦などによって、中国海軍艦隊を減殺するとともに、航空阻止作戦や近接航空支援に参加するなどである。また、与那国南水道やバシー海峡及びルソン海峡の海峡封鎖を行なうため、日米台比が相互支援を行なうのである。さらに、共同作戦を遂行する上で、中国軍の行動に関する情報共有のネットワークを構築することも重要である。

第1列島線の関係国は、こうした認識を共有して、軍事的な準備を整え、同じ戦略構想に基づいた共同訓練を米国のイニシアティブによって継続実施することが重要である。

エ　外交的努力による抑止

他方、国際政治的には、中国は、尖閣諸島や、台湾、そして南シナ海を自国領土であり、内政問題であるとの主張を執拗に繰り返すであろう。

そのため、国際社会が中国の主張を受け入れない外交努力を継続しなければならない。つまり、台湾は独立国であり、尖閣諸島は日本の固有の領土であり、南シナ海は中国領海ではないとの国際世論を形成し続けることである。それらの外交努力が、中国の軍事力行使の動機を排除する有効な手段となるのである。

２０２１年4月17日、日米首脳会談では、中国が軍事的圧力を強める台湾問題への対応を協議し、共同声明に「台湾海峡の平和と安定の重要性を強調するとともに、両岸問題の平和的解決を促す」と明記するとともに、東・南シナ海情勢について、中国の「力による現状変更の試みと地域の他者への威圧に反対する」ことでも一致した。菅首相は会談後の共同記者会見で、共同声明に関し「今後の日米同盟の羅針盤だ。『自由で開かれたインド太平洋』構想の実現に向け、両国の結束を力強く示す」と強調した。米国の対日防衛義務を定めた日米安保条約第5条の沖縄県・尖閣諸島への適用も改めて確認した。

バイデン大統領による初の外国首脳との対面での対談となった日米首脳会談で、米国は、従来の主張通り、尖閣諸島が日米安全保障条約第5条の適用範囲内にあることを再確認し、台湾関係法や米比相互防衛条約に基づいて義務を果たすことを明言した。また、中国による南シナ海での国際法で認められていない権益主張を拒否し、東南アジア諸国とともに中国の圧力に抵抗する立場を表明しており、そのような米国の立場の確認と具体的行動としての実行が中国の軍事的侵攻を抑止する力となる。

以上のように、軍事戦略及び外交努力による抑止の結果、前述した米国の核戦力、陸海（海兵隊を含む）空軍のマルチドメイン作戦遂行能力、そして米国と共同した第1列島線諸国による国土防衛の相互連携によって、中国による第1列島線支配を躊躇させることとなるのである。

2 アジア太平洋地域諸国等との連携による「一帯一路」構想の弱点追求

中国の「一帯一路」構想は、現時点で既に警戒感をあらわにする国があるように、中国以外の国にとっては夢の実現ではなく、悪夢であるとの認識が広がりつつある。そして、ロシアとは対立の可能性があり、また東南アジア諸国では、債務不履行に陥った国、例えばカンボジア、パキスタン、スリランカなどは、やむを得ず中国に港湾を差し出すなど、従わざるを得ない状況にあり面従腹背の国が増えつつある。

日本としては、こうした「一帯一路」の債務不履行に陥った国々に対して支援の手を差し伸べ、中国依存からの自立を促す政策を実行するべきである。その際、日本だけでなく、米国、オーストラリア、インドなどインド太平洋地域の国々と協力して、支援を進めることが重要である。

また、欧州では、対中政策に温度差があり、イタリア、ドイツのように親中国の国があるが、英国、フランスのように反中の国と対中政策で共同歩調を取り協力するべきである。特に欧州は、中国による人権抑圧などの問題に関心が高いので、その点を重視しつつ対中政策で共同歩調が取れるように働きかけ続けることも重要であろう。

「一帯一路」上にある東南アジア諸国の中では、ミャンマーやバングラデシュ、カンボジアのように軍事力維持のための装備品を中国に頼らざるを得ないとの事情や、コロナ対策でのマスク外交やワクチン外交に頼らざるを得ない国もあるなど、仕方なく中国寄りの政策をとっている国も少なからず存在する。

こうした中国寄りの政策をとらざるを得ない国は、その軍事力維持やコロナ対策の援助が得られれば、中国から離れたいとの思いに傾くかもしれない。このような国々に対しても、米国、オーストラリア、インドと連携して支援の手を差し伸べ、中国に頼ることなく自国防衛力の整備を可能にし、国家として安全保障に影響を及ぼす感染症対策ができるように当該国を支援する等の中長期的視点にたった外交ビジョンとその実現が望まれる。

3　核心的利益追求における弱点の追求

中国は、独立問題を抱える「チベット」と「新疆ウイグル」、「一つの中国」問題に揺れる「台湾」、領有権問題の「尖閣諸島」と「南シナ海」を核心的利益と定義し、中国の内政問題であり、「外部勢力の干渉は許さない。中国は国家主権、安全、発展の利益を断固守る」と一方的かつ声高に主張している。

しかし、中国が核心的利益と称するこれらの問題では、その当事者そして世界が受け入れ難い事態が起こっている。

まず、台湾問題では、台湾人は、香港の民主主義弾圧を間近に見て、中国が言う「一国二制度」の欺瞞性を見抜き、「当たり前だと思っていた台湾の民主主義の貴重さを再確認した」との思いを強くしている。

香港問題は、その民主化を止め、自由主義をも踏みにじり、報道の自由、主義主張の自由さえも認めない中国の施策が公になり、国際社会からの批難が高まっている。台湾に対しても、同様のことが行われるのを懸念して、当の台湾人は先の総統選挙で蔡英文氏を選出したようにその意志は明確であり、米国や欧米諸国も、台湾に対する第2の香港化は許さないとの姿勢を明らかにしつつある。チベット自治区、新疆ウイグル自治区及びモンゴル自治区に対する同化政策などを人権抑圧問題として、国際社会は重大な関心を示している。

国連には、人権を普遍的価値として取扱う人権理事会があり、人権と基本的自由の促進と擁護に責任を持つ国連の主要な政府間機関として活動している。

しかしながら、近年、人権侵害に関する批判が根強く存在する中国などを理事国に選出する問題が指摘されるなか、２０２０年10月13日、国連総会において国連人権理事会の理事国選挙が実施され、中国とロシアが選ばれた。ただ、中国の得票数は前回当選した4年前に比べて20％あまり減っているものの、中国による強い経済力を背景にした国際機関での多数派工作が功を奏しているのが現状である。

こうした中国による多数派工作が行われている一方で、欧米諸国による中国国内の人権問題の指摘が大きくクローズアップされている。中国の人権問題については国際社会が強く認識し、その訴えが続けば、人権について敏感なＥＵ諸国との協調がより進展することとなり、中国の核心的利益の追求は、非常に困難とならざるを得なくなるであろう。特に、こうした人権問題は、中国の内政問題ではなく、普遍的な国際問題として取上げ続けるように日本をはじめとする民主主義国が働きかけ、国際社会における中国の孤立を図り、中国の強引な要求が通らないように手を打ち続けることが極めて重要なのである。この際、トランプ米政権時に人権理事会を批判して、２０１８年に任期半ばで同理事会を離脱した米国との共同歩調の再開とその間のブランク修復が大いに望まれるところである。

また、東シナ海の尖閣諸島、そして南シナ海の南沙諸島、西沙諸島の領有権問題では、すでに日本やフィリピン、マレーシア、ベトナムなどの対中警戒が増しつつある。米国は、「自由で開かれたインド太平洋」を目指して、海軍艦艇による「航行の自由作戦」や台湾海峡通過を反復する措置をとっている。

日本としては、南シナ海の問題と東シナ海の問題とをリンクさせて、フィリピン、マレーシア、ベトナムなどと共に、対中政策を一致させて協力するとともに、領土問題について国際社会に訴えるなど、中国の核心的利益追求を阻止するのである。こうした政策を採れば、第1列島線支配を目指す中国の力による現状変更の一方的動きを切り崩すことにつながろう。

4　中国軍を育成する上での弱点の追求

中国軍の第1段階の育成は、順調に進み、第2段階へ移行しつつあると見られる一方で、中国経済や軍事技術の動向次第でその育成が頓挫する可能性もゼロではないだろう。

中国経済の発展は「一帯一路」構想を推進するとともに、「世界の工場」としてサプライチェーンを維持している点を見逃せない。

今般のコロナ禍によって、中国に生産拠点を置く諸国は、必要な資材や部品を中国が統制してしまい、生産工場を出している国にも届かない状況が発生した。この状況を受けて、サプライチェーンの見直しに着手し始めている。この連鎖が続けば、中国経済へのある程度の打撃は免れないだろう。

また、中国の軍事技術については、機密情報の窃取といった不法手段などにより、研究開発費を低く抑えられると共に、新たな開発にかかる時間が大幅に短縮されているのである。

欧米諸国は、2021年3月現在、中国による機密情報の搾取の問題に取組み始めている。米国は、トランプ政権以来、中国に対する厳しい姿勢で臨んでおり、中国が不当に他国の技術を搾取することを阻止できれば、中国軍の近代化への脱皮は、遅れざるを得なくなるだろう。

こうした対中技術流出防止は、米国が最も進んでいるところであり、そのイニシアティブの下、日本やオーストラリア、インド、そして欧州諸国とも共同で取組むより強固な枠組が作られることで、中国の技術入手は確実に困難になるであろう。

5 A2/AD戦略実現上の弱点の追求

A2/AD戦略は、第1列島線を確実に支配し、第2列島線以遠に米軍を阻止することを目指している。第1列島線の支配における中国軍の弱点は、「日米が追求するべき第1列島線保持のための戦略」で述べた。ここでは、中国軍が第2列島線までの海上・航空優勢獲得を目指す、いわゆる接近阻止(A2)上での戦略とその問題点について考えてみたい。

中国が第2列島線までの軍事的優勢を獲得するためには、何としても第1列島線の支配が必要条件となり、最低でも、沖縄を含む南西諸島や台湾、フィリピンのいずれかを支配しなければならない。そのうえで、最大の障害は、米軍の介入である。さらに、日米豪印の4ケ国戦略的連携（クアッド）に英国やフランス、ドイツ、オランダを加えたクアッド・プラスの民主主義連合の包囲網に対抗できるかである。

「Short Sharp War」によって奇襲的に第1列島線の重要な一角をたとえ占領支配できたとしても、その後は、民主主義連合の総合国力を背景とした同盟国・友好国の軍事ネットワークとの闘いとなり、中国の戦略的勝利は一段と遠ざかるのは目に見えている。

つまり、前述したように、日米同盟を基軸としたクアッド・プラスの構築と第1列島線諸国を糾合したインド太平洋版「NATO」への発展的拡大こそが、中国の野望を抑止し、「自由で開かれたインド太平洋」を維持する最も確かな戦略と言えるのである。

第4章 台湾防衛に寄与するための日本としての方策

日本の防衛と密接不可分な関係にある台湾危機を抑止するため、そして万一台湾危機が起こったら日本として何をしなければならないのか、何ができるのか。

この問いかけは、日本と一心同体、運命共同体の関係にある台湾の危機を我がことと考えた本書の出発点となったものである。以下、その答えを第4部の最後におき、本書のまとめとする。

1　南西諸島の防衛力維持・強化

台湾防衛に最大限寄与するということは、中国の国家戦略を実現させないことであり、それには第1列島線の支配を拒否することが根本である。つまり、日本は第1列島線に位置する自国領土を何が何でも中国の軍事侵攻から防衛することが、最も優先度が高く、かつ台湾防衛に最大限寄与することとなるのである。

現在の米インド太平洋軍の戦略は、前述したとおり、米海空軍を中国のミサイル攻撃などの脅威圏内外で分散して戦力を展開し、その分散状態から戦力発揮をして中国に対抗することとなっている。そのため、自衛隊は統合運用によって陸海空自衛隊の総力をあげて、島嶼防衛を行いつつ、米軍の防護と戦力発揮の支援を行なうことが必要となる。公にはされないものの、自衛隊は米軍との戦略の整合を図り、対中戦略策定と共同計画の策定を行っていると思われる。

こうした日米での対中共同戦略の下、自衛隊が進める日本の南西諸島防衛について更に詳しく述べてみたい。

現在及び近い将来には、自衛隊を与那国島、宮古島、石垣島、喜界島、奄美大島に配置することとなっている。これらの島嶼防衛及びその他の島嶼防衛は、海空自衛隊と協同連携しつつ陸上自衛隊が中心になって行われることになろう。

陸上自衛隊による南西諸島防衛は、中国の軍事侵攻までに海空自衛隊の支援を得て、計画する増援部隊を全国から南西地域に集中し、対空ミサイルや対艦ミサイル、電磁波戦部隊などを配備するとともに陸上での築城・障害により防衛能力を強化する。また、水際障害や機雷などで海上、海中の障害を構成する。それとともに、中国本土の軍事的な準備行動を情報収集・監視する態勢を構築することになろう。

今後の装備体系としては、島嶼相互間の火力支援が可能になるような長射程ロケット・ミサイル、目標情報収集・指揮統制のネットワーク化能力の整備が必要である。

また、兵站支援、特に弾薬、燃料、築城資材、糧食などの補給支援が継続できるように経海・経空輸送力を向上させるとともに、備蓄を増やす努力が重要である。

それとともに、国民保護法に基づく住民避難を武力攻撃予測事態認定と同時に速やかに完了するべく取組むとともに、現行国民保護法の実効性をより向上する施策を講じるべきである。更には、努めて早期に、民間防衛体制への移行を目指し、国家全体で国民を守る仕組みが必要である。

細部は、仮題「危機に備える――国民保護法で国民を守れるか」（2022年出版予定、日本安全保障戦略研究所編著、国書刊行会）を参照されたい。

2　国民の国を守る意識の醸成

中国は、いわゆる情報化戦争遂行に際して、「輿論戦」「心理戦」「法律戦」の「三戦」を属性として併用する。特に、第1列島線の支配をより容易にするとともに、尖閣諸島、台湾を自国領土であると国際社会に認めさせる工作を継続するであろう。

この際、国際世論と日本の国民世論がターゲットになる。中国による巧妙な「三戦」が、既に我が国で行われているのは公然の事実である。我が国が有事になった場合には、専守防衛の基本政策に従って、日本の領域内において武力行使が行われることとなる。その際の国防の重要な要素として、自衛隊の活動に加えて国民の支持・協力が欠かせない。

その国民の意識が、仮に中国の「三戦」、特に輿論戦、心理戦によって、その抵抗意志を弱める方向に誘導された場合には、日本の国防力は格段に低下することとなる。

たとえ、中国が日本人に対して、「三戦」を仕掛けたとしても、日本人の意識が強固で、国家防衛を第一優先に考えるようでがあれば、国家防衛は必ず達成されよう。

こうした通常の国家では常識であることが、日本では未だタブー視されている。

このような日本のタブーを打破して「三戦」による攻撃から守るには、結局、国民の健全な国防意識の高まりが必要である。

3　平和安全法制を根拠とした台湾防衛への軍事的支援

日本は、１９９９年に周辺事態安全確保法（以下「周辺事態法」）を制定した。当時の日米関係は、冷戦後の国際安全保障環境の変化を背景に、それまでの旧ソ連を対象とした１９７８年の「日米防衛協力のための指針（78ガイドライン）」が改訂され、１９９７年のガイドライン（97ガイドライン）は、朝鮮半島という地域脅威への対応を前提として制定された。一方、１９９５~９６年にかけて第３次台湾危機も発生したものの、米国による対中宥和政策の継続で、中国を主たる対象とされたものではなかった。

97ガイドラインの実効性を確保しつつ、さらに日本の平和と安全を確保するための態勢の充実を図るため、法的側面を含めて必要な措置を講じた結果、制定されたのが周辺事態法であった。

周辺事態法は、日米安全保障条約第６条のいわゆる「極東条項」を根拠としている。第６条は、「日本国の安全に寄与し、並びに極東における国際の平和及び安全の維持に寄与するため、アメリカ合衆国は、その陸軍、空軍及び海軍が日本国において施設及び区域を使用することを許される」と規定している。

衆議院安保特別委員会に提出した日本政府の統一見解（１９６０年2月26日）によると、極東の範囲は「大体において、フィリピン以北並びに日本及びその周辺の地域であって、韓国及び中華民国

（台湾）の支配下にある地域もこれに含まれている」としており、台湾及び朝鮮半島は日米安保条約第6条の適用範囲に含まれている。よって、同法が極東有事における対米支援の法的根拠を有しているのは明らかである。

周辺事態法は、その事態を日本の平和及び安全に重要な影響を与える事態であると定め、政府は、その事態を地理的な概念ではなく事態の性質に着目したものであると説明し、中国による反発に配慮している。そして、同事態においては、米軍に対する後方地域の支援、後方地域捜索救助及び船舶検査などの措置を行なえると定めている。

こうして97ガイドライン及び周辺事態法が制定されたものの、その前後から、日米では、21世紀に向けた新しい日米同盟の在り方を模索する動きが既に活発になっていた。樋口レポート（1994年）、ナイ・イニシアティブ（1995年）などにより、いち早く対中脅威を認識した新たな日米同盟のあり方を求めていたのである。

そして、その後の中国など周辺国の軍事活動の活発化、国際テロ組織などの脅威及び宇宙・サイバーなどの新たなリスクに対応し、日米同盟を現代により適合したものとするべく「日米同盟の再定義」が行われた。その結果、両国の潜在的脅威はソ連から中国へと移行したのである。同再定義の後、安倍政権下で、対中脅威認識を日米で共有して、2015年にオバマ政権との間で新「日米防衛協力のための指針（15ガイドライン）」が策定され日米防衛協力のあり方が格段に強化された。

国内法では、2016年に平和安全法制が整備され、周辺事態法は「重要影響事態安全確保法

（以下「重要影響事態法」）へ名称（目的等）が変更された。その詳細についての説明は省略するが、対応措置のうち、従来の後方支援活動（補給、輸送、修理・整備、医療、通信、空港・港湾業務、基地業務）に、宿泊、保管、施設の利用、訓練業務を追加し、弾薬の提供と戦闘作戦行動のために発進準備中の航空機に対する給油及び整備を新設して後方支援活動がさらに充実強化された。

また、同時に「事態対処法」が改正され、武力攻撃事態等（武力攻撃事態及び武力攻撃予測事態）に「存立危機事態」が新たに追加された。

存立危機事態は、「我が国と密接な関係にある他国に対する武力攻撃が発生し、これにより我が国の存立が脅かされ、国民の生命、自由及び幸福追求の権利が根底から覆される明白な危険がある事態」と定義している。

そのうえで、存立危機事態においては「存立危機武力攻撃を排除しつつ、その速やかな終結を図らなければならない」とし、存立危機事態を終結させるためにその推移に応じて実施する措置として次の3点を挙げている。

①我が国と密接な関係にある他国に対する武力攻撃であって、これにより我が国の存立が脅かされ、国民の生命、自由及び幸福追求の権利が根底から覆される明白な危険があるもの（以下「存立危機武力攻撃」）を排除するために必要な自衛隊が実施する武力の行使、部隊等の展開その他の行動

②①に掲げる自衛隊の行動及び外国の軍隊が実施する自衛隊と協力して存立危機武力攻撃を排除するために必要な行動が円滑かつ効果的に行われるために実施する物品、施設又は役務の提供その

日米台3ケ国の安全保障・防衛の関係性

各種事態	平和安全法制	日米安保	日本の台湾支援	米国の台湾支援
日本単独侵攻事態	武力攻撃事態	第5条適用	無	無
日台同時侵攻事態		第5・６条適用	無	有（日台双方に）
		日台の連結性の確保		
台湾侵攻日本波及事態	存立危機事態	当初第6条 じ後第5・６条適用	当初 有 じ後 無	有（日台双方に）
		日米台の共同連携（集団的自衛権）		
台湾単独侵攻事態	重要影響事態（周辺事態）	第6条適用	有（米軍の後方支援等）	有
		日米（台）の共同連携		

＜出典＞樋口譲次・作成

他の措置

③①及び②に掲げるもののほか、外交上の措置その他の措置（傍線は筆者）

すなわち、存立危機武力攻撃を排除するための自衛隊の部隊等の展開と武力行使、自衛隊と協力する外国軍隊への物品、施設又は役務の提供、そして存立危機事態終結のための外交努力の措置をとることとされている。

以上のことをまとめると、上記図表のように表すことが出来る。

このように、台湾単独侵攻事態には、重要影響事態を認定することができ、日本は米軍に対する緊密な後方支援活動等を実施できる。また、日本への波及の恐れがある台湾侵攻事態には、存立危機事態を認定することができ、自衛隊の展開と武力行使、そして自衛隊に協力する外国軍隊への物品、施設又は役務の提供等が可能である。

しかし、一応このような台湾防衛支援のための法的根拠は存在するが、それを実効性ある安全保障・防衛体制として整備するには大きな課題がある。

換言すると、日米台の3ケ国（トライアッド）による台湾有事をめぐる平時からの協議、政策面及び運用面の調整、そして共同演習・訓練などが行われなければ、有事における有効な機能発揮を期待することはできない。一方、いきなり台湾有事演習・訓練を始めれば、中国の激しい非難や抵抗を受けることは容易に察しが付こう。

そこで、日台の2ケ国（ダイアッド）間では、中国も容認せざるを得ない平和目的や不測事態発生防止のための活動や措置、例えば、国際災害派遣、非戦闘員を退避させるための活動、サイバー空間に関する協力、捜索・救難、海洋安全保障（海洋状況把握：MDAなど）、空域管理のための調整、情報共有体制や海空連絡メカニズム（ホットライン）の構築、情報交換など、実行可能なことから始めたらどうか。

さらに、米国が主導する台湾政府高官・軍高級幹部との交流プログラム、訓練・演習への台湾軍の招聘、西太平洋における台湾海軍との2国間海上訓練などに、日米同盟を通じて日本もオブザーバー参加すれば、それが日米台3ケ国防衛協力の枠組作りの大事な一歩となり、日米台の安全保障・防衛協力を促進する現実的かつ実効的なアプローチに繋がるのではなかろうか。

そして、日米防衛協力のための指針（ガイドライン）を基礎とし、あるいは参考として、日米台3ケ国の政府レベルから作戦レベルまでの同盟調整メカニズム（ACM）及び、共同作戦計画策定メカニズム（TPM）を構築し、実戦的な共同演習・訓練を積み重ねる日米台3ケ国の戦略的枠組へと拡大発展することが切に望まれる。

4　日米台の強固な協力連携

前述した日米台3ケ国の戦略的枠組構築は、時間がかかることが予測されるため、ここではそれまでの対策処置について述べてみたい。

日台間は「非政府間の実務関係」にあり、日本には米国と異なり台湾関係法がないため、法制上、国家間関係として直接台湾との共同防衛を行なうこと、装備品を提供すること、共同での装備品の研究開発を行なうこと、等が困難である。しかし、近い将来には堂々と法律を制定し、日本の防衛のためにも台湾を支援するべきである。

それまでの間、日本の台湾支援は、米国と密接に協議連携しつつ進めることが最も有効な方法であろう。米国は台湾に対して国防授権法及び台湾旅行法を可決しており、台湾に対する人的交流、防衛交流を解禁し、軍事的な支援を強化している。

台湾軍人も数多く米国の軍学校に留学しており、武器供与を行い、要人の往来も盛んとなっている。こうした米国の枠組を活用して、間接的に日本から台湾に対して各種支援を行なうのである。

最も緊急性の高い台湾に対する軍事的な支援は、中国からの軍事侵攻に対する共同抑止・対処である。抑止に関しては、核抑止はまさしく米国の拡大核抑止に期待することとなるが、ＩＮＦ全廃条約によって東アジア地域の中距離核ミサイル態勢には不均衡が生じている。

米国の地上発射型中距離核ミサイルを日本もしくは台湾に配置することは、残念ながら現状では極めて困難であろう。そのため、２０１８年の「核態勢見直し」（ＮＰＲ２０１８）に述べられている「低出力核兵器」を艦艇搭載型として、対中国核抑止のために第2列島線近傍に遊弋させることが考えられる。または、ＳＬＢＭを西太平洋地域で運用して核抑止を効かせることである。

いずれにしても、こうした核抑止の強化には、日本、台湾と米国との緊密な核抑止協議を更に深めることが求められよう。米国主導の下、秘密裡の3者協議で核抑止戦略を議論する場を設けて、冷戦期のＮＡＴＯが米国の核戦略をＮＡＴＯの核戦略として位置づけたように、東アジア地域における中距離核ミサイルのアンバランスを是正する対中核抑止体制を構築することが喫緊に必要であり、こうした提案を日本が行なうべきである。

更に将来的には、こうした米国の核による拡大抑止をより確実なものとするためには、日本は非核三原則を見直し、将来の米の地上発射型核ミサイル配置を可能とするような政策見直しも必要である。

共同対処について、特に台湾が懸念をもっている分野が、対潜水艦戦である。東シナ海などにおける海上自衛隊の潜水艦戦遂行能力及び潜水艦自体の能力は、群を抜いて優秀である。台湾は、日本の潜水艦の供与を強く望んでいるが、現行の枠組では不可能であることから国産開発を目指している。

米政府は2018年、台湾の開発計画に米メーカーの参加を承認し建造支援を行っているが、台湾国防部（国防省）は2021年4月2日、台湾による潜水艦の新規建造計画を欧州の複数の主要国が支援していると発表した。

このように、日本も台湾の潜水艦の共同開発に民間レベルで参画し、米国を通じて技術提供する可能性を追求するべきである。

また、潜水艦の運用、特に東シナ海及び南シナ海とその近海における対中潜水艦戦については、日米台の連携行動が不可欠である。しかし、この共同連携も、日台では困難である。そこで、日本の重要影響事態等を想定した日米の訓練に、台米訓練を連動させて、3者の連携行動、共同防衛行動の能力向上を図ることも追求するべきである。

こうした努力は、第1列島線の支配及び第2列島線までの海域での中国海軍による水中、海上作戦の行動の自由を大きく制約するとともに、台湾などの第1列島線防衛に極めて有益となろう。

5　アジア太平洋地域諸国等との協力連携

（1）クアッドの協力連携

中国の「一帯一路」構想は、インド太平洋地域に大きくまたがる構想である。これを阻止すれば、「自由で開かれたインド太平洋」が実現する。一方、中国にとって「一帯一路」構想が進まないということは、経済発展、資源獲得、西太平洋地域での軍事的優位性の保持が極めて困難になる。

2021年3月12日、日本、米国、オーストラリア、インドの4ケ国が、オンライン形式で初の首脳会議を開催した。民主主義的な価値観を共有するこの4ケ国の枠組が発展すれば非常に強い中国包囲網となろう。ただ、インドはやや温度差があり、伝統的に「非同盟」の立場で、中国とも他の各国とも等距離外交を重視してきている。そこで、日本としては、4ケ国による共同防衛条約及び同機構設立などに向けて、根気強くインドを説得していく役割も視野に入れるべきであろう。

この際、インドが、インド洋のアンダマン・ニコバル諸島の開発に力を入れていることに着目するべきである。マラッカ海峡に近いこの地域は、世界の東部と西部をつなぐ海上貿易の要衝に位置しており、同諸島のインフラ、経済、防衛プロジェクトがインドとその同盟国を益することになり、日本もこのプロジェクトを通じインドを積極的に支援することがインド説得の有力な材料となろう。

column

アンダマン・ニコバル諸島の価値

英ロンドン拠点のシンクタンク、ブリッジ・インディア（Bridge India）の顧問プラティク・ダッタニ（Pratik Dattani）氏によると、「同群島のラインを制御することで、理論的に海峡を横切る中国の動きを阻止することも可能で、中国の中東からの主要なエネルギー航路を断つこともできる」と述べている。

また、戦略国際問題研究所（CSIS）によると、世界の海上貿易量の60%が、マラッカ海峡を通過している。同海峡はスエズ運河、パナマ運河、ホルムズ海峡にならぶ重要な国際航路の一つである。さらに、「特に中国、台湾、日本、韓国にとって重要な海域だ。これらの国はいずれも南シナ海、太平洋とインド洋を結ぶマラッカ海峡に依存していると言っても過言ではない」と報告書で述べている。

〈出典〉インド、アンダマン・ニコバル諸島の軍事開発急ぐ　中国に対抗（epochtimes.jp）エポックタイムス2020年8月29日

前記と併行し、より短期的には、クアッド以外の枠組、例えば、第28回ASEAN外相会議（1991年7月）の場に特別ゲストとして中国外交部長を招待したり、第29回同会議では中国の地位を「特別ゲスト」から「対話国」（full dialogue partner）へと格上げしたりしたように、既存の地域機構を活用して、中国を含めての地域安定化施策をリードしていく役割を日本が担うことも考えるべきである。

（2）フィリピン、ベトナム、インドネシア、ブルネイとの協力連携

第2列島線に位置する国々と日台との連携は、今後ますます重要になろう。対中戦略は、国際的な結束が極めて重要である。旧ソ連とは異なり、中国に理想の世界や夢の実現を期待する国は希だと思われる。経済的な結びつきこそが、表記の国々が中国との協力関係を強化しようとする理由である。

中国の「一帯一路」構想には隠された狙いがあり、それに惑わされないように、選択肢の乏しい国々には、中国の覇権主義の危険性と経済的破綻への危険性とを理解させ、日本として必要な支援を躊躇なく行なうことが重要である。

（3）「一帯一路」で窮地に陥っている国々との協力連携

スリランカは、２０１７年に「借金を返さない代わりに中国に全面的に港を貸す」ことを約束し、99年間ハンバントタ港を貸し出さざるを得なくなった。また、中国による「債務のわな」が指摘されている国として、ラオス、モンゴル、パキスタンなどの8ケ国が「一帯一路」に伴う債務問題に直面していると、米研究機関「ＣＧＤ＝世界開発センター」が発表した。

また、中国が運営権などを取得した港を有する国として、オーストラリア、スリランカ、パキスタン、ギリシャ、そしてアラブ首長国連邦がある。

こうした債務超過に陥り、やむを得ず中国寄りの外交政策をとらざるを得ない国々は、本音では、反中もしくは日米欧寄りである。このような国を支援することで、中国とのしがらみが解ければ、米欧・日側が作り上げてきた共通の価値観や国際秩序構築への同調者になるであろう。日本は、かかる戦略的な視点をもって、関係国に対する支援を強化するべきである。

6　その他の方策

以上の他に、日本が対中戦略として実施するべき事項に、軍事技術への転用可能な科学技術及び技術者の流出防止が挙げられる。中国の急激な科学技術力の進展に裏付けられて、中国軍が近代化しているのは、非合法な手段での他国からの軍事機密などの窃取と、千人計画という有益な人材を多額の報酬や研究費で中国に吸引していることが背景にある。

日本としては、軍事技術及び軍事転用可能な民生技術の流出を厳格に防止する策を講じると共に、研究者が中国に渡って中国軍の発展に貢献するのを阻止することが必要不可欠である。例えば、台湾では、人材と技術の「中国流出」を阻止するための法律改正案が立法院で審議入りしているが、同法律案では台湾企業の技術を窃取した個人への罰則を「10年以下の懲役」から「無期懲役」に引き上げるなどの内容が盛り込まれている。日本経済新聞（2019年12月17日付）によると、日本政府も大学や研究機関で軍事転用できる先端技術の情報管理についての対策を検討するとのことであり、検討の加速化が望まれる。

また、日本には特定の業種などで、親中の集団やその思想を形成している集団があるが、こうした集団の自由な考え方は尊重するものの、国家防衛に関する最低限のルールとその遵守がなされるように法制度の整備に一層努めることが必要である。

こうした努力が中国軍の近代化を遅らせ対米優位の獲得を阻止することに繋がるとともに、中国による台湾軍事侵攻を遅延もしくは断念させることとなる。

また、中国の核心的利益には、新疆ウイグル自治区、モンゴル自治区などでの人権問題が存在する。EUをはじめ欧米主要国が、この人権問題を大きく取上げるなど関心も高く、制裁措置まで課しているのが現状である。

しかしコロナ禍以前には、EU内各国の対中外交にはかなりの温度差があった。それが、この人権問題を前にすると、ほぼ同じ方針で、対中非難や制裁へと踏み切っている。中国の人権問題には、日本も強く懸念を表明している。こうした人類が作り上げてきた共通の価値観、人権、民主主義、自由主義、資本主義のルールに基づく公平な貿易競争など、現代の国際秩序と相容れない中国の姿勢に対して、継続して厳しい国際世論を形成し続けることに日本は努力を傾注するべきである。しかし、欧米諸国は、中国の脅威を直接受ける立場にないために、経済を優先して、対中融和策に傾斜する国が必ず現われるので注意が必要である。

このように、台湾に対する中国の態度は、欧米諸国の価値観やこれまで築いてきた国際秩序とは相容れないことを問いかけ続け、国際世論の形成に注力することが日本の役割である。

おわりに

中国は、約960万平方キロメートル（日本の約26倍）の面積をもち、人口は約14億人あり、その約92％が漢民族で残りは55の少数民族で構成されている。政治体制は共産党1党独裁の人民民主専政で、内政は、①中国共産党結党100周年（2021年）までに「ややゆとりのある社会」（「小康社会」）を全面的に実現し、②2035年までに「小康社会」の全面的完成を土台に「社会主義現代化」を基本的に実現したうえで、③建国100周年（2049年）の今世紀中葉までに富強・民主・文明・和諧の美しい社会主義現代化強国を実現するとの目標を掲げている。

中国の外交方針は、世界第2位の経済規模を有する一方で、自らを「世界最大の途上国」と位置づけ、中国の発展は他国の脅威とはならないとする「平和的発展」を掲げている。また、①国家主権、②国家の安全、③領土の保全、④国家の統一、⑤中国憲法が確立した国家政治制度、⑥経済社会の持続可能な発展の基本的保障を「核心的利益」と位置づけ、断固として擁護し、各国に尊重するように求めている。

このような中国は、2009年に台湾、チベット、新彊ウイグル、南シナ海を核心的利益と公言し、中国外務省の華春瑩副報道局長は、2013年4月26日の記者会見で、沖縄県の尖閣諸島について「中国の領土主権に関する問題であり、当然、中国の核心的利益に属する」と述べた。その前年の2012年9月25日、中国は、「釣魚島（魚釣島の中国名）は中国固有の領土である」（丸括弧は筆者）とする『釣魚島白書』を発表し、「釣魚島およびその付属島嶼は中国台湾島の東北部に位置し、台湾の付属島嶼である」という独自の立場を主張していた。

中国の国防予算は、2020年のミリタリーバランスによると約1兆3553億元（約20兆3301億円）で、総兵力は推定で203・5万人、内訳は、陸軍が約97・5万人、海軍が約25万人、空軍が約39・5万人、ロケット軍（戦略ミサイル部隊）が約12万人、戦略支援部隊が約14・5万人、その他に約15万人を数えている。

中国は、一般的に大陸国家と考えられているが、国境線の長さに対する海岸線の長さを示す「海岸線比率」は約4割で、大陸国家であると同時に海洋国家でもある「両生類国家」の性格を有しており、今後、中国の海洋侵出の動機は、強まることはあれ弱まることはないと思われる。

その表れが、米国に対する「接近阻止／領域拒否（A2／AD）」戦略であり、米国の軍事プレゼンスを西太平洋から排除して東アジアに中国の地域覇権を確立し、それを基盤として、巨大経済圏構想「一帯一路」によって陸路・海路の両方向から勢力圏・影響圏を世界へと伸長し、世界的に覇権を拡大しようとしているのである。

かかる経済大国で軍事大国となった中国に対し、世界各国は、覇権主義的な行動で現状を変更しようとしていると警戒感を抱いている。中国が軍事的圧力を強めている台湾海峡の平和と安定を確保すること、そして日本領土としての尖閣諸島の確保は、東アジアの安全保障環境維持のための最重要な喫緊の課題であると言えよう。中国の恣意的な軍事行動に怯えることなく、民主主義国家の日米両国は、その同盟を基軸として、オーストラリアとインドを加えた4ケ国の戦略的枠組（クアッド）を強化し、さらに中国の脅威に曝されている台湾やフィリピン、ベトナムなどの周辺国を糾合した協力連携体制を確立することにより、中国の覇権的拡大を抑止するバランス・オブ・パワーの維持が求められているのである。

このように東アジア、ひいてはインド太平洋の安全保障環境が激変しつつある中で、本書の各章に盛り込まれた情報分析が、アジア地域そして世界の平和と安全の維持を考える上で参考になれば、各執筆者の大いなる喜びとするところである。

2021年10月吉日

執筆者一同

	AGM-88BHARMミサイル×50発など	148
	SM-2AブロックⅢAスタンダード・ミサイル改修キットなど	125
	警戒監視レーダー運用・整備支援	400
2018	米国製各種航空機の補用部品	330
2019	F-16の米国委託操縦訓練	500
	スティンガーミサイルBlk 1-92F本体、ミサイル、訓練装置等	224
	M1A2T戦車×108両、M88A2装甲回収車×14両、M1070A1戦車輸送車両×16両、SINCGARS無線システム×64セット、各種弾薬、補用部品、技術支援役務	2,000
	F-16C/D Blk70×66機、補用エンジン、関連装備品・部品、搭載爆弾、ミサイル等	8,000
2020	MK-48 Mod6重量魚雷×18発、関連装置、部品等	180
	ペトリオットPAC-3ミサイルの再保証、GSE更新、補用部品等	620
	F-16搭載用偵察ポッドMS-110×6基、関連装備品等	367
	AGM-84H航空機搭載用長射程対地攻撃ミサイル（SLAM-ER）×135発	1,008
	高機動砲ロケットシステム（HIMARS）発射機×11基、陸軍戦術ミサイル（ATACMS）×64発、高機動多用途装輪車両（HMMWV）×7両等	436
	RGM-84L-4ハープーン対艦ミサイル沿岸防衛システム×100基、同ミサイル×400発、関連装備品	2,370
	MQ-9B無人機及び関連装備品	600
	戦場情報通信システム（FICS）	280

出典：米議会調査局“Taiwan: Major U.S. Arms Sa+A62:C124les Since 1990” p.56-59、2015年以降は米国防安全保障協力局（DSCA）のデータを基に筆者が作成

2008	ペトリオット PAC-3防空ミサイル×330発	3,100
	UGM-84L ハープーン潜水艦発射対艦ミサイル×32発	200
	F-5E/F、C-130H、F-16A/B、IDF 補用部品	334
	ジャブリン対戦車ミサイル×182発	47
	E-2T ホークアイ早期警戒機のホークアイ2000への改修×4機	250
	AH-64D ロングボー・アパッチ攻撃ヘリコプター×30機、スティンガー空対空ミサイル×173発、AGM-114L ロングボー・ヘルファイア・ミサイル×1,000発	2,532
2009	ペトリオット PAC-3ミサイル防衛ミサイル×114発	2,810
	UH-60M ブラックホーク・ヘリコプター×60機	3,100
	ハープーン・ブロック2対艦訓練用テレメトリ・ミサイル×12発	37
	「博勝」指揮統制システム用 MIDS の継続技術支援×60セット	340
	オスプレイ級掃海艇×2隻	105
2011	F-16A/B 戦闘機×145機の近代化（AESA レーダー×176セット、JDAM 搭載改修など）	5,300
	ルーク米空軍基地での F-16戦闘機操縦訓練	500
	F-5E/F、C-130H、F-16A/B、IDF 補用部品	52
2015	ジャブリン対戦車ミサイル×208発	57
	水陸両用戦闘車両×36両	375
	台湾先進戦術データリンク（TATDLS）	75
	JTIDS 用 MIDS/LVT-1の維持	120
	オリバー・ハザード・ペリー級フリゲート×2隻	190
	MK-15ファランクス×13、弾薬、支援	416
	TOW 対戦車ミサイル×769発	268
	スティンガーミサイル Blk 1-92F 本体、ミサイル、訓練装置等	217
2017	キッド級駆逐艦用電子戦装置 AN/SLQ-32（V）3の近代化	80
	AGM-154C JSOW ミサイル×56発	186
	MK-54軽魚雷改修キット×168セット	175
	MK-46 Mod6 重魚雷×46発	250

	M109A5榴弾砲×146基、SINCGARS 無線システム×152セット	405
	F-16戦闘機用 AIM-120C AMRAAM ×200発	150
	RGM-84L ハープーン対艦ミサイル×71発	240
	戦術通信システム（IMSE）	513
2001	リンク16用 JTIDS ターミナル×50セット、	725
	F-16戦闘機用 AGM-65G マーベリック空対地ミサイル×40発	18
	ジャブリン対戦車ミサイル・システム×40基、同ミサイル×360発	51
	F-5E/F、C-130H、F-16A/B、IDF 後方支援／補用部品	288
2002	AN/MPN-14航空管制レーダー×3セット	108
	AAV7A1水陸両用車両×54両	250
	航空機、レーダー、AMRAAM、その他のシステム整備及び補用部品	174
	AIM-9M-1/2サイドワインダー空対空ミサイル×182発	36
	AH-1W 及び OH-58D 用 AGM-114M3ヘルファイアⅡ対装甲ミサイル×449発	60
	TOW-2B 対戦車ミサイル×290発	18
	キッド級駆逐艦×4隻	875
2003	「博勝」（Po Sheng）指揮統制システム用多機能情報伝達システム（MIDS）	775
2004	UHF 帯長距離早期警戒レーダー	1,776
2005	AIM-9M サイドワインダー×10発、AIM-7M スパロー空対空ミサイル×5発、ルーク米空軍基地での F-16戦闘機操縦訓練及び後方支援	280
2007	F-16戦闘機用 AMRAAM ×218発、マーベリック空対地ミサイル×235	421
	AGM-84L ハープーン・ブロック2 対艦ミサイル×60発	125
	キッド級駆逐艦用 SM-2ブロックⅢ A 対空ミサイル×144発	272
	P-3C 対潜哨戒機×12機	1,960
	ペトリオットのコンフィギュレーション2への能力向上	939

	スティンガーミサイル×465発、同ランチャー×55基	84
	M60A3TTS 戦車×300両	223
	スティンガーミサイル×1,299発、アヴェンジャー車載誘導ミサイルランチャー×74基、高機動多用途装輪車両（HMMWV）×96両	420
	MK-46 Mod5 対潜水艦魚雷×110発	66
1997	ハープーン対艦ミサイル×54発	95
	TOW2A 対戦車ミサイル×1,786発、TOW ランチャー×114基、HMMWV ×100両	81
	AH-1スーパー・コブラ・ヘリコプター×21機	479
	OH-58D カイオワ・ウォリアー・ヘリコプター×13機	172
	F-16戦闘機操縦訓練および後方支援	280
	各種航空機用補用部品	140
1998	ノックス級フリゲート艦×3隻、MK-15ファランクス近接防御火器システム×1基	300
	F-16戦闘機用航法／目標捕捉ポッド（パスファインダー/ シャープシューター）×28セット	160
	ハープーン対艦ミサイル×58発	101
	2連装スティンガー地対空ミサイル	180
	MK-46 Mod5（A）S 対潜水艦魚雷×131発	69
	CH-47SD チヌーク・ヘリコプター×9機	486
1999	AGM-114KS ヘルファイアⅡ空対地ミサイル×240発	23
	AN/VRC-92E SINCGARS 無線システム×5セット、情報電子戦システム×5セット、HMMWV ×5両	64
	F-5E/F、C-130H、F-16A/B、IDF 補用部品	150
	E-2T ホークアイ2000E 早期警戒機×2機	400
2000	TPS-43F 防空レーダーの TPS-75V への改修	96
	ホーク防空ミサイル×162発	106
	F-16戦闘機用航法／目標捕捉ポッド（パスファインダー/ シャープシューター）×39セット	234
	F-16戦闘機用 AN/ALQ-184 ECM ポッド×48セット	122

参考資料

表　米国から台湾への主要な武器輸出（議会への通告分）（1990～2020）

年	品名・形式・内容	金額（100万ドル）
1990	後方補給支援	108
	C-130H 輸送機×1機	45
1991	MK-46魚雷×100発	28
	SM-1スタンダード防空ミサイル×97発	55
	M60A3戦車×110両	119
	ホーク防空ミサイル用フェーズⅢ PIP 改キット	170
1992	貸与艦艇3隻分の兵器、弾薬、支援	212
	既存装備品の補給支援	107
	SM-1スタンダード防空ミサイル×207発	126
	F-16A/B 戦闘機×150機	5,800
	ペトリオット派生型の改良防空システム（MADS）	1,300
	SH-2F LAMPS 対潜ヘリコプター	161
1993	C-130H 輸送機×12機	620
	既存装備品の補給支援	156
	ハープーン対艦ミサイル×38発	68
	T-38練習機（貸与）×40機分の後方支援役務	175
	E-2T ホークアイ早期警戒機×4機	700
	MADS の後方支援役務	175
	MK-46 Mod5 対潜水艦魚雷×150発	54
	フリゲート艦（貸与）×3隻分の兵器、弾薬、支援	238
	艦載防空システム用 MK-41 Mod 垂直発射システム（VLS）	103
1994	AN/ALQ-184電子戦（ECM）ポッド	150
	MK-45 Mod2 5インチ砲システム	21
1995	MK-75 3インチ砲システム×6基、ファランクス近接防御火器システム×6基	75
	補給支援	192
1996	戦術通信システム（IMSE）	188
	TH-67練習ヘリ×30機、AN/AVS-6暗視ゴグル×30セット	53

主要参考文献

・日本経済新聞「日米豪印、対中国で結束」（2021年３月13日、第一面）
・矢野一樹「新たな日台関係」（安全保障懇話会第763号、2018年12月）
・ジョセフ・Ｓ・ナイ著『アメリカの世紀は終わらない』（日本経済新聞出版社、2015年）
・John R. Oneal & Bruce Russett "Triangulating Peace : Democracy, Interdependence, and International Organizations"（The Norton World Politics, 2001）
・松本はる香著「現代中国の政治的安定（現代中国分析シリーズ２）」（日本貿易機構アジア経済研究所、2009年）
http://hdl.handle.net/2344/00017021（as of 2021.5.06）
・田村重信編著「新・防衛法制」（2020年３月、内外出版株式会社）

bat-03102021110542.html（as of March 12, 2021）
・Reuter, “As Biden's emissaries go to Taiwan, China terms exercises 'combat drills'”, 2021.4.14（as of April 15, 2021）
・Charles L. Glaser, “Washington Is Avoiding the Tough Questions on Taiwan and China”（Foreign Affairs, April 28, 2021）, https://www.foreignaffairs.com/articles/asia/2021-04-28/washington-avoiding-tough-questions-taiwan-and-china（as of May 7, 2021）

・中村祐悦著『白団：台湾軍をつくった日本軍将校たち』（芙蓉書房）
・３等空佐（当時）松島和美「国民党軍の再建に関与した「白団」」（鵬友、平成18年２月号）
・門田隆将著『この命義に捧ぐ』（角川文庫）
・波多野澄雄「沖縄返還交渉と台湾・韓国」（外交資料館報27号、2013年12月）
・栗山尚一「台湾問題についての日本の立場」（日本国際問題研究所コラム、2007.10）
・林金茎著『戦後の日華関係と国際法』（有斐閣）
・一般社団法人日本戦略研究フォーラム編『日本と台湾』
・丹羽文生著『日中国交正常化と台湾』（北樹出版）
・許珩「経済協力と日華関係の再模索」（日本台湾学会報第18号（2016.8））
・服部龍二「田中首相・ニクソン大統領会談記録」（人文研紀要68号、2010年）
・田久保忠衛「「天安門事件」で日本は民主主義を裏切った」（正論令和３年３月号）
・呉春宣「日米安保体制と台湾の国家安全保障」（人文学法（2004））
・渡辺悦和他共著『台湾有事と日本の安全保障』（ワニ・プラス出版）

・『防衛白書』平成29年度版、平成30年度版、令和元年度版、令和２年度版
・日本安全保障戦略研究所編著『近未来戦を決する「マルチドメイン作戦」』（国書刊行会、2020年）
・渡部悦和著『中国人民解放軍の全貌』（扶桑社新書、2018年）
・日本戦略研究フォーラム編『中国の野望をくじく　日本と台湾』（内外出版、2014年）
・日本安全保障戦略研究所編著『中国の海洋侵出を抑え込む』（国書刊行会、2017年）
・藤井厳喜著『台湾を知ると世界が見える』（ダイレクト出版、2019年）
・エドワード・ルトワック著『エドワード・ルトワックの戦略論』（毎日新聞社版、2014年）

究所紀要第53巻、2020年４月）
・高橋慶吉「アメリカの戦後台湾政策－形成期を中心に」（大阪大学中国文化フォーラム編「現代中国に関する13の問い」第12章、2013年３月）
・劉傑「太平洋戦争と中国の大国化」（防衛研究所平成24年度戦争史研究国際フォーラム研究書、2012年４月）
・添谷芳英「1970年代の米中関係と日本外交」（日本政治学会年報政治学48巻、1997年）
・森本敏「米国のアジア重視政策と日米同盟」（国際問題No.609、2012年３月）
・佐橋亮「米中和解プロセスの開始と台湾問題――アメリカによる信頼性と安定の均衡の追求」（日本台湾学会報 第12号、2010年５月）
・松本はる香「第１次台湾海峡危機をめぐる大陸沿岸諸島の防衛問題の変遷」（「アジア経済」LⅧ～３、2017年９月）
・野村貴之「1996年の中台危機――当時の総統である李登輝は、中台危機の際、どのような対応を行い回避したか？」（愛知淑徳大学現代社会研究科研究報告（７）、p.159～180、2011年）
・西川吉光「米中関係の展開」（国際地域学研究第６号、2003年３月）
・渡辺剛「米台関係――ブッシュ政権の対台湾政策と住民投票」（日本貿易振興機構アジア経済研究所アジ研トピックリポート51号、2004年）
・関野博「アメリカのアジア太平洋リバランス－二重の安心供与」（海幹校戦略研究（７～１）、2017年６月）
・中居良文「オバマ２期目の対中政策－初期政策の形成過程」（問題と研究第42巻１号、2013年）
・秋田浩之「強硬な中国、変わらない　軽視できぬ軍事衝突リスク」（日本経済新聞、2021年３月27日）
・「米国の「2021 戦略的競争法案」の注目されるポイント」（一般財団法人安全保障貿易情報センター、2021年４月28日）
・White House, "Sustaining U.S. Global Leadership: Priorities for 21st Century Defense"（January 3, 2012）
・White House, "Interim National Security Strategic Guidance"（March 4, 2021）
・117th Congress（2021-2022）, "S.1169 - Strategic Competition Act of 2021", https://www.congress.gov/bill/117th-congress/senate-bill/1169/text（as of May 4, 2021）
・Shirley A. Kan, "Taiwan: Major U.S. Arms Sales Since 1990"（Congressional Research Service, August 29, 2014）
・AFP, "China's Xi Jinping Tells People's Liberation Army to Get Ready For Combat" 2021.03.10, https://www.rfa.org/english/news/china/com-

Regnery Publishing, New York & London, 2002
・Bill Gertz, *Deceiving the SKY: Inside Communist China's Drive for Global Supremacy*, Encounter Books, New York & London, 2019
・中国政策科学研究会国家安全政策委員会編『中国の地理的安全環境評価に関する評価報告2010－2011（中国地缘环竟评估报告二〇一〇－二〇一一）』（中央編訳出版社、2011年８月）
・劉明福『新時代の中国の強軍夢（新时代中国强军梦）』（中共中央党校出版社、2020年11月）
・矢野義昭『軍拡中国に対処する－独裁国家に屈するのか』勉誠出版、2018年
・矢野義昭『中国が本格的に検討し始めた尖閣、台湾侵攻シナリオ』（2021年１月19日）、http://ismedia.jbpress.jp（as of February 7, 2021）
・矢野義昭『尖閣を中国から守る施策、徹底解説』（2021年３月１日）、http://ismedia.jbpress.jp（as of March 5, 2021）

・小野田治、渡部悦和、矢野一樹、尾上定正共著『台湾有事と日本の安全保障』（ワニブックスPLUS新書、2020年）
・（一社）日本戦略研究フォーラム編『中国の野望をくじく日本と台湾』（内外出版、2014年）
・日本安全保障戦略研究所編著『中国の海洋侵出を抑え込む』（国書刊行会、2017年）
・松田康博、清水麗編著「現代台湾の政治経済と中台関係」（晃洋書房、2018年）
・日本国際問題研究所編著「米中関係と米中をめぐる国際関係」（2017年）
・ハルフォード・ジョン・マッキンダー著『マッキンダーの地政学』（曽村保信訳、原書房、2008年）
・奥山真司著『地政学　アメリカの世界戦力地図』（５月書房、2004年）
・曽村保信著『地政学入門』（中公新書、1984年）
・阿南友亮著『中国はなぜ軍拡を続けるのか』（新潮選書、2017年）
・エズラ・F・ヴォーゲル著『リバランス』（ダイヤモンド社、2019年）
・マイケル・ピルズベリー著『China 2049』（日経BP社、2015年）
・Toshi Yoshihara and James Holmes,『Red Star Over The Pacific』（Naval Institute Press, 2010年）
・C. Fred Bergsten, Charles Freeman, Nicholas R. Lardy, Derek J. Mitchell,『China's Rise: Challenges and Opportunities』（Peterson Institute for International Economics, 2009.11.1）
・黄逸「南北戦争直後のアメリカから見た清日両国の使者－蒲安臣（バーリンゲーム）使節団と岩倉使節団をめぐる米紙の報道」（関西大学東西学術研

・高哲翰、邱伯浩、蔡衡、蘇育平著『中国人民武装警察の大解構』(揚智出版社出版、2003年)
・施哲雄、邱伯浩、王嘉州、何秀珍、吳榮鎮、張執中、陳重成、曾喜炤著『発見当代中国』、(揚智出版社、2004年)
・邱伯浩著『恐怖主義與反恐』(新文京出版社、2004年〉

・防衛省『平成28年版防衛白書　日本の防衛』
・防衛省『令和２年版防衛白書　日本の防衛』
・外務省ホームページ『菅総理大臣とバイデン次期米国大統領との電話会談｜外務省 (mofa.go.jp)』、2021年１月８日アクセス
・川崎真澄「李登輝二〇一八年インタビュー　台湾が中国の手に落ちれば日米の喉元にナイフ」『正論』令和二年一月号増刊、産経新聞社、令和元年十二月
・喬良、王湘穂著、坂井臣之助監修、劉琦訳『超限戦 21世紀の「新しい戦争」』共同通信社、2001年
・「蔡英文総統二〇一九年単独インタビュー　中国に誤った判断させない」『正論』二〇一九年増刊、産経新聞社、令和元年十二月
・「白団」物語、偕行社、http://www.kaikosha.or.jp/old/kankousi-kaiko/paidan.html (as of 2021/02/12)
・一般社団法人日本戦略研究フォーラム編『中国の野望をくじく日本と台湾』(内外出版、平成26年)
・日本安全保障戦略研究所編著『中国の海洋侵出を抑え込む日本の対中防衛戦略』(国書刊行会、2017年)
・日本安全保障戦略研究所編著『近未来戦を決する「マルチドメイン作戦」』(国書刊行会、2020年)
・日本安全保障戦略研究所編著『中国の海洋侵出を抑え込む日本の対中防衛戦略』(国書刊行会、2017年)
・台湾の2009年版、2011年版、2013年版、2015年版、2017年版、2019年版『國防報告書』など
・台湾の2017年版2019年版2021年版『國防總検討 (QDR)』など
・台湾の国防部史政編譯處『實踐檔案、國防大學日籍教官史料』2013年
・「聯合報系民意調査中心国族認同意向／世代差異」台湾の『聯合報』、2016年３月14
・米国の2015・2017年「国家安全保障戦略」(NSS)、2018年「国防戦略」(NDS) など
・U. S. DoD, “Military and Security Developments Involving the People's Republic of China 2020,” *Annual Report to Congress*, 2019
・Bill Gertz, *China's Threat: How the People's Republic of China Targets America*,

・長沼加寿巳「新型コロナウイルス感染症後の国際情勢：大国間競争を通じたブロックの形成」（NIDSコメンタリー第125号、2020年6月18日）
・令和2年版『外交青書」（外務省）
・日本安全保障戦略研究所編著『中国の海洋侵出を抑え込む　日本の対中防衛戦略』（国書刊行会、2017年）
・UK Ministry of Defence "Global Strategic Trend-The Future Starts Today", Sixth Edition, 2018
・ドイツ連邦共和国「インド太平洋ガイドライン」（August 2020）
・平成20年版『防衛ハンドブック』（朝雲新聞社）

・若林正文編『台湾総合研究II：民主化後の政治』調査研究報告書、（アジア経済研究所、2008年）
・川島真、清水麗、松田康博、楊永明著『日台関係史　1945～2020』増補版（東京大学出版会、2020年）
・竹茂 敦著「台湾の外交関係断絶国との実務関係――1950年初頭の英国との例を中心に」、日本台湾学会報 第九号（2007年）
・松田吉郎著「日本統治時代台湾の土地制度と農業生産力」（兵庫教育大学研究紀要第24巻2004年）
・松田吉郎編著『日本統治時代台湾の経済と社会』（晃洋書房、2021年）
・彭瓊慧著「日本統治時代における言語教育政策の展開と特質――台湾人の受容態度を中心に」、『財団法人交流協会研究報告書』（2010年）
・台湾外交部法律条約局「台湾の国際法的な地位に関する説明」（2010年発表）
・台湾の2009年版、2011年版、2013年版、2015年版、2017年版、2019年版『國防報告書』など
・台湾の2017年版2019年版2021年版『國防總検討（QDR）』など
・米国の2015・2017年「安全保障国家戦略」（NSS）、2018年「国防戦略」（NDS）など
・一般社団法人日本戦略研究フォーラム編『中国の野望をくじく日本と台湾』（内外出版、平成26年）
・平成28年版・令和2年版『防衛白書』
・渡部悦和、「安全保障を考える」中国人民解放軍の戦略支援部隊について http://www.anpokon.or.jp/pdf/kaishi_777.pdf
・下平拓哉、「中国人民解放軍戦略支援部隊の特徴と課題」http://www.jfss.gr.jp/index.php/Home/Index/kiho_page/id/283
・安豊雄、邱伯浩、羅慶生、張彦之著『軍事学導論』、（揚智出版社出版、2002年）
・新世紀反テロ大戦（軍事迷出版社出版、2002.12.15）共著、中国語

湾』（内外出版、平成26年）
・令和３年版『防衛白書』
・劉華清著『劉華清回顧録』（解放軍出版社、2004年）
・令和２年版『防衛白書』（防衛省）
・樋口譲次編著『日本と中国、もし戦わば』（SB 新書、2017年）
・日本安全保障戦略研究所編著『中国の海洋侵出を抑え込む　日本の対中防衛戦略』（国書刊行会、2017年）

・産経新聞社『国民の憲法』（産経新聞出版、平成25年）
・日本郷友連盟・偕行社共同プロジェクト『「国防なき憲法」への警告』（内外出版、平成27年）
・一般社団法人日本戦略研究フォーラム編『中国の野望をくじく日本と台湾』（内外出版、平成26年）
・下斗米伸夫著『アジア冷戦史』（中公新書、2004年）
・政策研究大学院大学・東京大学東洋文化研究所「データベース「世界と日本」（代表：田中明彦）」・「上海コミュニケ」
・毛里和子・増田弘監訳『周恩来キッシンジャー機密会談録』（岩波書店、2004年）
・塚越敏彦他訳『キッシンジャー回顧録　中国（上）（下）』（岩波書店、2012年）
・ミンシン・ペイ「歴史で読み解く米中「新冷戦」の本質—再び敵対関係に逆戻りした本当の理由」（HISTORY REPEATS: BACK TO CONFLICT）（ニューズウィーク日本版、2020年９月24日）
・米国の2015・2017年「国家安全保障戦略」（NSS）、2018年「国防戦略」（NDS）など
・日本安全保障戦略研究所編著『中国の海洋侵出を抑え込む　日本の対中防衛戦略』（国書刊行会、2017年）
・日本安全保障戦略研究所編著『近未来戦を決する「マルチドメイン作戦」』（国書刊行会、2020年）
・劉明福著『中国の夢－ポスト・アメリカ時代の中国の大国的思考と戦略的位置づけ』（China Dream : “Great Power Thinking and Strategic Positioning of China in the Post-American Age”、2010年）
・趙宏偉など著『中国外交の世界戦略』（明石書店、2011年）

・フランシス・フクヤマ著『歴史の終わり』（渡部昇一訳、三笠書房、1992年）
・ロバート・クーパー著『国家の崩壊』（北沢格訳、日本経済新聞社、2008年）

主要参考文献

・海上保安レポート2005「尖閣諸島等の領海警備」（海上保安庁）
https://www.kaiho.mlit.go.jp/info/books/report2005/tokushu/p018.html（as of February 10）
・共同通信外信部次長・太安　淳一「尖閣－漁業権解決し沈静化した台湾－中国の共闘呼びかけは拒否」（季刊「現代の理論」論壇、2014年）
・伊藤潔著『台湾』（中公新書、2008年）
・渡辺利夫著『台湾を築いた明治の日本人』（産経新聞出版、2020年）
・喜多由浩「台湾日本人物語――統治時代の真実」（産経新聞連載）
・河崎真澄著『李登輝秘録』（産経新聞、2020年）
・河崎真澄「【一筆多論】台湾統治に欧米の高評価」（産経新聞、2020.4.14）
・喜多由浩「台湾日本人物語――統治時代の真実」（産経新聞連載）
・今井和昌「軍事力を強化する中国　～中国の軍事・安全保障をめぐる動向と主な論点～」（外交防衛委員会調査室、立法と調査 2011.12 No.323（参議院事務局企画調整室編集・発行））
・高木誠一郎「「核心利益」論の展開と中国外交」（日本国際問題研究所）
http://www2.jiia.or.jp/pdf/resarch/H24_Asia_Security/04_takagi.pdf（as of February 7）
・松尾聡成（海上自衛隊幹部学校主任教官、作戦法規研究室長）「中国海警法草案の公表　－外国軍艦等に対する実力行使を独自に規定－」
https://www.mod.go.jp/msdf/navcol/assets/pdf/column182_01.pdf（as of February 14）
・越智均「中国海警局の改編について」（海保大研究報告第64巻第１号－133）
http://harp.lib.hiroshima-u.ac.jp/jcga/metadata/12280（as of February 14）
・田中明「朝鮮戦争における後方支援に関する一考察－仁川上陸作戦に焦点を当てて－」
http://www.nids.mod.go.jp/publication/mh_tokushu/pdf/mh001_07.pdf（as of February 17）
・一般社団法人日本戦略研究フォーラム編『中国の野望をくじく日本と台

共同執筆者略歴

矢野一樹（やの　かずき）
1955年生まれ、愛媛県出身
防衛大学校卒業（22期生、電気工学専攻）海上自衛隊潜水艦部隊勤務
この間、米国防大学留学
潜水艦ふゆしお艦長、第31護衛隊司令、海上幕僚幹部教育課長、潜水艦隊司令部幕僚長、防衛大訓練部長、海上幕僚監部装備部長、潜水艦隊司令官を歴任、2013年退官（海将）
現在、日本安全保障戦略研究所上席研究員、日本戦略研究フォーラム政策提言委員、隊友会本部担当執行役等

矢野義昭（やの　よしあき）
1950年生まれ、大阪府出身
京都大学卒業（工学部、文学部）陸上自衛隊の普通科部隊等勤務
第6普通科連隊長兼美幌駐屯地司令、第1師団副師団長兼練馬駐屯地司令、陸自小平学校副校長等を歴任、2006年退官（陸将補）
その後、拓殖大学院博士後期課程（安全保障専攻）卒業、博士号（安全保障）取得
現在、日本安全保障戦略研究所上席研究員のほか、防衛法学会理事、国際歴史論戦研究所上席研究員兼理事、日本安全保障・危機管理学会顧問、日本戦略研究フォーラム政策提言研究員等

共同執筆者略歴（五十音順）

小川清史（おがわ　きよし）
1960年生まれ、徳島県出身
防衛大学校卒業（26期生、土木工学専攻）陸上自衛隊の普通科部隊等勤務
この間、米陸軍指揮幕僚大学留学
第８普通科連隊長兼米子駐屯地司令、自衛隊東京地方協力本部長、陸上幕僚監部装備部長、第６師団長、陸上自衛隊幹部学校長、西部方面総監等を歴任、2017年退官（陸将）
現在、日本安全保障戦略研究所上席研究員、日本戦略研究フォーラム政策提言委員、隊友会参与等

小野田　治（おのだ　おさむ）
1954年生まれ、神奈川県出身
防衛大学校卒業（21期生、航空工学専攻）航空自衛隊の警戒管制部隊勤務の後、航空幕僚監部防衛課長、第３補給処長、第７航空団司令兼百里基地司令、航空幕僚監部人事教育部長、西部航空方面隊司令官、航空教育集団司令官を歴任、2012年退官（空将）
米国ハーバード大学アジアセンター上席研究員（2013年～2015年）
現在、（一社）日本安全保障戦略研究所上席研究員、（一財）平和・安全保障研究所理事、（一社）日本戦略研究フォーラム政策提言委員等

邱　伯浩（キュウ　ボウハオハ）
1967年まれ、台湾彰化県出身
陸軍軍官学校卒業（58期生）台湾の憲兵部隊等勤務
この間、中央警察大学警政研究所（大学院）国家安全組 修士、国防大学陸軍參謀学院卒業、国防大学政治研究所 中国政治専攻博士
国防部後勤次長室參謀、軍備局參謀、国防大学戦略研究所専任助教授などを歴任、2009年退官（陸軍大佐）
その後、東海大学政治系非常勤助教授兼任、DRC 国際研究委員、国防大学校務諮詢委員、台湾行政院退撫會諮詢委員
現在、日本安全保障戦略研究所研究員

髙井　晉（たかい　すすむ）
1943年生まれ、岡山県出身
青山学院大学（法学部）卒業、青山学院大学大学院法学研究科博士課程単位取得済退学、防衛庁教官採用試験合格後、防衛研修所助手、防衛研究所研究室長、主任研究官、図書館長等を歴任
この間、青山学院大学等の大学及び大学院における兼任講師、カナダ・ピアソン平和活動研究センター客員研究員等を兼務、ロンドン大学キングズカレッジ大学院で「防衛学の法的側面」を研究し2007年に退官
現在、日本安全保障戦略研究所理事長、防衛法学会名誉理事長。このほか統合幕僚学校、陸上自衛隊幹部学校、航空自衛隊幹部学校等における講師等

樋口讓次（ひぐち　じょうじ）
1947年生まれ、長崎県出身
防衛大学校卒業（13期生、機械工学専攻）陸上自衛隊の高射特科部隊等勤務
この間、米陸軍指揮幕僚大学留学
第２高射特科群長、第２高射特科団長兼飯塚駐屯地司令、第７師団副師団長兼東千歳駐屯地司令、第６師団長、陸上自衛隊幹部学校長等を歴任、2003年退官（陸将）
現在、日本安全保障戦略研究所副理事長兼上席研究員、偕行社・安全保障研究会研究員、隊友会参与等

台湾《たいわん》・尖閣《せんかく》を守《まも》る「日米台連携《にちべいたいれんけい》メカニズム」の構築《こうちく》

2021年11月25日　初版第1刷発行

編　著　日本安全保障戦略研究所
発行者　佐藤今朝夫
発行所　株式会社 国書刊行会
〒174-0056 東京都板橋区志村1-13-15
TEL 03（5970）7421　FAX 03（5970）7427
https://www.kokusho.co.jp

装　幀　真志田桐子
カバー画像：Shutterstock
印刷・製本　三松堂株式会社

ISBN 978-4-336-07264-1